中国金融制度的结构与变迁

张杰 著

中国人民大学出版社

·北京·

图书在版编目（CIP）数据

中国金融制度的结构与变迁/张杰著. —北京：中国人民大学出版社，2011.8
ISBN 978-7-300-14107-7

Ⅰ.①中… Ⅱ.①张… Ⅲ.①金融制度-经济体制改革-研究-中国 Ⅳ.①F832.1

中国版本图书馆 CIP 数据核字（2011）第 152267 号

中国金融制度的结构与变迁
张　杰　著
Zhongguo Jinrongzhidu de Jiegou yu Bianqian

出版发行	中国人民大学出版社			
社　　址	北京中关村大街 31 号	**邮政编码**	100080	
电　　话	010 – 62511242（总编室）	010 – 62511398（质管部）		
	010 – 82501766（邮购部）	010 – 62514148（门市部）		
	010 – 62515195（发行公司）	010 – 62515275（盗版举报）		
网　　址	http://www.crup.com.cn			
	http://www.ttrnet.com（人大教研网）			
经　　销	新华书店			
印　　刷	涿州市星河印刷有限公司			
规　　格	170 mm×228 mm　16 开本	**版　　次**	2011 年 8 月第 1 版	
印　　张	16.25 插页 1	**印　　次**	2011 年 8 月第 1 次印刷	
字　　数	305 000	**定　　价**	39.80 元	

前　言

　　本书第一版面世于 1998 年，作为一项纪念经济改革 20 年系列研究中的一种，由山西经济出版社出版。转眼间，12 年过去了，中国的经济改革也走过了第三个 10 年。12 年，对于中国长期制度变迁的历史长河，只不过是一刹那；对于真真切切亲历改革过程"沧海桑田"变化的人们，则是一段不算太短的经历。那么，对于一本书，对于那些需要用时间和经验来检验的命题和假说，12 年又是一个怎样的时间长度？

　　的确，1998 年以来，中国金融制度的结构发生了不少新的变化，作为对这些新的变化的理论回应，笔者先后撰写了《经济变迁中的金融中介与国有银行》（中国人民大学出版社 2003 年版）和《中国金融制度选择的经济学》（中国人民大学出版社 2007 年版）两部专门著作。尽管我一直坚信，"面对'常绿'的金融制度变迁过程，再鲜亮的理论都是'灰色'的"，但却一直保持着对这本"老"书的偏爱。我之所以如此地"敝帚自珍"，个中缘由大概是，一方面，它是倾注心血之作，也是学术风格形成之作；另一方面，也是最重要的，我坚持认为 12 年前的"分析框架和基本观点在总体上并不过时，对当下的金融改革过程仍具解释力"。后来那两部"姊妹篇"对这本"老"书的内容与命题的确有所扩展，但那只是补充性的，而不是建构性的。此外，笔者虽不敢贸然自诩本书为国内最早试图在主流经济学框架中系统描述中国金融制度变迁过程的学术著作，但它也的确提供了观察与分析中国金融制度演进的初步理论框架，其中所包含的一些有意义的命题与假说已经部分地得到既有金融改革实践的检验。

　　此次再版，除对第一版少量的文字错漏做了改正之外，就内容本身未作任何改动。有些读者曾经建议我对书中原有的相关观点与命题进行扩展，或者至少应当更新有关数据，最终我还是婉拒了这些建议。窃以为，保存本书的原貌以及可能存在的瑕疵，真实记录曾经的学术足迹，未尝不是一种合理而妥当的选择。

尤须提及的是，本书第一版出版以来，一直得到读者们的厚爱与支持。近年来，越来越多的读者直接或间接地向我索要本书，因为他们中的不少人曾经遍寻大小书店而未果，方知拙著已售罄多年。抱歉之余亦感欣慰，未曾料想本书虽付梓经年，市场中仍存可观之需求。以上这些便构成了本书再版的直接理由。借此次再版之机，理当表达对广大读者们的深深谢意，并恳请各位新老读者不吝赐教。

张 杰

2010 年 11 月 18 日

中国人民大学明德主楼

目 录

导　论 ·················· >>>>

　　中国现存的金融制度是总体制度结构演进的一个长期过程的结晶。我们可将要付诸考察的 1978—1996 年这将近 20 年的金融制度变迁视为长期制度结构演进过程的一个有机组成部分或者演进片段，这一演进片段可以集中反映总体制度结构演进过程的积淀与绩效。显然，我们有必要在这近 20 年的"短期过程"与总体制度结构演进的"长期过程"之间建立某种令人信服的逻辑联系。而这又进一步需要在一个特定的研究框架内描述影响中国"长期过程"的制度结构与制度演进图景。

第一节 ▷ 国家、产权与制度结构

　　中国的制度结构相对于其他国家是十分独特的，基本情形可以概括为：发达而富有控制力的上层结构，流动性强且分散化的下层结构，但在上下两层结构之间却缺乏严密有效且富于协调功能的中间结构。我们姑且将这种情形称之为制度的"二重结构"。

　　上述二重结构的形成有一个十分吸引人的演进过程①，国家与产权这两大要素的作用次序与联系形式是理解这一过程的关键。从理论上讲，"理解制度结构的两个主要基石是国家理论与产权理论"，"因为是国家界定产权，因而国家理论是根本性的，最终是国家要对造成经济增长、停滞和衰退的产权结构的效率负

---

　　① 有关此问题更为详尽的讨论，请参阅本书"附录Ⅰ"。

责";另外，如果离开产权，人们也很难对国家作出有效的分析（诺思，1981，第 17、21 页）。我们不妨以封建制度安排的形成与解体过程为例来加以说明。封建主义是决定一种制度结构中产权形式如何产生并与国家达成何种联系的关键阶段。根据我们的初步研究，在中国，国家相对于封建主义是先入为主的，它直接参与了封建主义的"创造"。由于封建领主是封建国家的直接代理人，因此在他们与平民之间实际存在的是一种自上而下的控制与监督关系，而不是相互依存的契约关系。当封建国家足够强大时，封建领主作为一级代理人，并不拥有所有权，只代表国家对平民及其财产进行控制；而当封建国家力量式微时，封建领主便一般都自立门户，直接行使对平民及其财产的控制权与所有权，也就是说，蜕变为新的封建国家。因此，在中国，国家一直支配着产权形式，平民与封建领主之间微弱的契约关系与产权保护关系使得他们在封建主义演进过程中一直未能形成稳定的产权形式以及与此相对应的独立谈判能力。这样，当封建主义解体之后，国家与平民产权形式之间的力量对比出现极不对称的格局：一方面是强大的国家控制；另一方面是分散而虚弱的产权形式，这决定了中国经济史演进的基本走向与绩效。

　　相比之下，西欧的封建主义则呈现出另外一种图景，其最鲜明的特征是封建领主与平民之间的契约关系先于国家的出现而建立。一旦这种契约关系确立，封建领主便逐步成为君主与平民之间的中间缓冲力量，并且在面对外力的侵扰时保护平民的利益。更为重要的是，领主们并不是严格意义上的君主偏好的代理人，他们拥有相对独立的产权形式，而且在他们之间又时常存在各种形式的竞争（包括政治的和经济的）；在竞争存在的场合，领主们也就不会对平民为所欲为，有内在积极性去遵守契约规定（诺思，1981，第 147 页）。正是基于此，西欧漫长的封建体制使平民们拥有了属于自己的稳定产权形式，并拥有了足以保护这种产权形式的谈判能力，这是理解西欧制度结构演进的关键。进一步地，由于对平民产权形式的保护是有成本的，因此，在一个足够长的演进过程中，领主们逐渐产生了由一个在产权保护方面具有规模经济优势的组织（如国家）来代替自己保护产权的需求，尤其是在贸易与交换规模突破领主的地理限制时，这种需求就显得更为迫切。这样，国家便被领主们与平民们自下而上更为经济的产权保护需求"内生"出来。产权保护从领主到国家的自然传递无疑是这一过程最为引人注目的故事。由于国家的出现是人们的一种内在需求，而且它出现后面对的又是已经拥有足够谈判能力的产权形式，因此，它也就能够与各种产权形式订立契约关系，并在对产权的保护中实现租金最大化，而不可能实施单方面的控制。结果，国家通过供给制度产品来保护产权而不直接介入经济过程实施控制，商人、企业家以及其他经济组织则自愿支付一定的费用（税收）购买制度产品并消费国家的产权保护。正是在这种情况下，企业家、银行家和许多有效率的经济组织迅速崛起，成为经济增长的基本贡献者。与此同时，产权结构、市场结构以及法律结构等制度的中间结构也随之确立并日臻完善，最终形成制度的三重结构。

值得注意的是，在中国，封建主义解体后，下层结构所获得的经济自由及其产权形式并没有与国家的产权保护达成一致。在这种情况下，下层结构的经济自由与产权形式是极不稳定的，国家提供的只是自上而下的控制而不是平等的产权保护。因此，下层结构中的孤立产权形式本身就不会有稳定的经济预期。在它们那里，即使有一定的资本积累与投资能力，也没有投资于经济增长的足够激励。也就是说，在二重结构中，失去保护的产权形式不会与经济增长建立紧密联系，资本积累、投资与经济增长完全成为国家的事情，经济增长绩效与资源配置效率也就取决于国家的能力与偏好。当然，由于在二重结构中，国家注定掌握着最大份额的资源，因此经济增长也只有依赖于国家的推动了。国家的投资推动与经济增长之间的高度正相关是二重结构演进的一个基本特征。

从这个角度看，从20世纪50年代开始实施的赶超战略实际上是二重结构演进的一个必然结果。表面上作为经济战略选择者的国家事实上是别无选择地选择了这个战略以及与此相配套的一系列制度安排。不难设想，在三重结构中，经济增长与资源配置效率不是哪一方可以单独决定的，而是在特定的产权结构与市场结构中，国家与单个产权形式各自偏好的合成结果。不论是国家还是单个的产权形式，都从一个初始禀赋点出发，在市场中交易其偏好，在经过一番交易之后所达成的均衡点上，各方的偏好得到整合，依此产生的经济政策与资源配置行动无疑会兼顾各方的最大利益追求，从而最接近于帕累托有效。可是在二重结构中，除了国家偏好，不存在其他产权形式的偏好，而仅存在单一偏好的经济是无从产生均衡点的。也就是说，没有别的偏好力量将国家的偏好从初始点拉向均衡点。不达到均衡点的资源配置状态显然不会是帕累托有效的，赶超战略实施的后果是最好的证明。

20世纪70年代末启动的经济改革推动了经济的迅速增长，其基本原因是，被中央计划经济体制长期禁锢着的下层结构的经济自由得到松动，这种经济自由蕴含着巨大的经济增长动力与激励。可是，从长期的经济增长过程看，仅仅依靠下层结构的经济自由所提供的增长潜能与改革激励是远远不够的，长期的增长需要中间结构的支持。具体而言，只有在中间结构确立的场合，下层结构的增长潜能与激励才能得到合理动员与配置从而转化为经济增长结果。仅以国有企业改革为例：中国的国有企业改革在解决激励机制方面是相对成功的，而在解决经营者选择机制方面则是不成功的（张维迎，1995）。原因在于，前者是一个下层结构问题，而后者则是一个中间结构问题，或者说是一个市场选择问题。不管下层结构多么活跃，只要它们不是存在于一个稳定而有效的中间结构中，那么它本身将不会与长期的经济增长建立联系。下层结构的经济自由只是一个有效率的制度结构赖以确立的必要条件而不是充分条件，充分条件是中间结构的形成，也就是让人们按照中间结构所提供的规则充分地行使经济自由，国家通过中间结构保护与调节人们的经济自由。观察已有的经济改革过程，无论是起初的分权化改革还是后来的市场化改革，在中间结构确立方面的绩效都不是十分显著，整个经济运行与资源配置仍在很大程度上依赖于国家（上层结构）的安排与控制。一方面是强大的国家，另一方面是逐步获得经济自由的下层结构，改革中的经济仍处在二重结构之中。或者说，既有的改革并没有改变国家与产权的原有联系逻辑，国家依然支配着产权形式，经济增长依然在很大程度上是国家推动的结果。国家如何从直接控制下层结构转而依赖中间结构间接控制下层结构，进而确立相互之间的契约关系与产权保护关系从而将经济增长转变为国家与产权的合成结果，是经济改革的未竟事宜。

第二节　二重结构中的金融制度

从理论上讲，金融制度是一种节约交易费用与增进资源配置效率的制度安排；并且，金融制度的产生与变迁既不是随意的，也不是按照某种意志与外来模式可以人为安排的；同时，它并不仅仅是一种有形的框架，而是一系列相互关联的演进过程的结晶。在三重结构中，作为金融制度基本要素的金融组织，其产生是社会分工合乎逻辑的结果，而社会分工的演进又以市场范围的扩展为依据。专业化生产者的出现和存在只有在社会对某一产品或服务的需求随市场范围的扩大而达到一定水平时才能变为现实。这就是所谓"斯密定理"的要义所在。从产业结构的变迁过程看，起初农业产出了自己消费不了的剩余，从而对别人劳动生产物的剩余提出交换需求；伴随交换发展而出现的货币导致了交换本身的革命和交换的专业化；交换的专业化使资源配置空间和生产范围大大扩展，因此进一步推动了交换本身的分工，银行家和金融组织便是这种分工的产物。这一逻辑过程在诺思的制度变迁理论框架中也得到了关注。诺思认为，制度往往是在市场规模的扩张、专业化进程的推进和资本的频繁流动过程中逐渐演进的。就拿金融制度而言，一开始，出于增强资本流动性和节约交易费用的考虑，人们进行了交易方式上的某些创新，比如汇票的演进和贴现方式的发展。紧接着，随着交易规模的扩大，产生了利用和发展交易中心的需求，这类交易中心首先是集市，随后是银行，最后是专门可以进行贴现的金融组织。因此金融组织的发展"不仅是特定制度的函数，而且也是经济活动规模的函数"（诺思，1990）。

可是，在二重结构中，金融制度安排的产生则遵循着特殊的逻辑，其功能也迥异于三重结构。基于已有的讨论，国家在二重结构中是储蓄动员、资本形成与经济增长的主要推动者，而用于经济增长的资金一般而言总是短缺的。在这种情况下，金融制度的出现也就自然首先是国家出于解决资金短缺问题的考虑从而具有自上而下"制造"的特征了。更进一步讲，金融组织在二重结构中往往首先遵循的是上层结构（国家）的偏好，而不是下层结构的需求。

基于上述逻辑差异，在二重结构中，金融制度安排可以完全按照国家的偏好产生或废止，扩展或收缩，其功用也由节约交易费用与增进资源配置效率让位于聚集与控制金融资源，以最大限度地服务于国家所偏好的经济增长方式以及国家租金最大化目标。

既然是由国家出面制造金融制度，那么，这种制度进而由国家直接控制也就自不待言了。不过，饶有意味的是，国家制造的金融制度一旦出现，便同时表明其他非国家制造的金融制度属于非正式的制度安排。不管这种非正式的金融制度是多么符合制度演进的一般逻辑与下层结构的金融需求，最终都要成为正式金融制度的整合对象。当然，非正式的金融制度本身也往往因缺乏中间结构的规制而流于散漫无序，其金融行为也时常既与国家的租金最大化目标相冲突，又无法满足下层结构的金融需求。但无论如何，下层结构的需求服从于上层结构的需求，是二重结构的基本规则，金融制度安排自然不能例外。

我们不妨以中国金融制度的实际演进过程为例。历史考察结果表明，一些初始的金融（信用）制度安排在中国封建主义初创时即已存在，比如西周时期的泉府。在随后的演进过程中，出现了诸如南北朝隋唐以来的柜坊、公廨钱、飞钱、质典以及典当等多种金融形式，到了近代，又陆续产生了银铺、钱庄、票号与官银钱局等新的金融安排。从总体上讲，这些金融安排大都不是内生于下层的金融需求，其金融资源也基本上不以投资于产业为主要目的。可以说，中国的金融制度安排若从一开始由上层结构直接创设，则都无一例外地是出于财政需要，如隋代公廨钱"回易取利，以给公用"；若由民间创设，则大都基于商业目的，如加藤繁（1959）就认为唐代柜坊主要是依据商人的要求而产生的，而且也主要是为商业所利用（第412页）。实际上，在二重结构中，整个社会存在着一个特殊的获益机会分布结构。获益机会主要集中分布于社会的上层结构与可在短期内投机获利的行业，而其他对长期的经济增长至为关键的产业则因不存在产权保护机制与缺乏稳定的收益预期而很少具有长期获益机会。而金融（信用）业即属于短期获利行业。因此，民间一旦积累了一定资本，就会对此行业趋之若鹜。同样基于上述的特殊获益机会分布结构，这些新创设的金融信用组织自然不会把资金投向虽对长期经济增长弥足珍贵但与己短期利益无补的产业，而竞相从事商业性经营。由此也就不难理解，为什么在中国的制度演进过程中，每当经济增长处于低谷，其经济秩序相对混乱时，金融信用制度安排相对活跃（张杰，1993，第209页），其原因大致是经济衰退与经济无序最容易营造短期的商业获利机会。进一步地，在二重结构中，上层结构总归是处于控制地位的，因此，民间金融业无论怎样活跃，都需要首先与具有"暴力潜能"的上层结构达成妥协才能最终获利。因此，滋生于民间的金融组织总是要与上层结构达成合谋来共获收益便成为一种制度演进常态，比如山西票号（张杰，1993，第228页）。这也就是在中国历史中产生的许多金融形式最终都未能演化为现代金融制度安排的深层原因。

　　近代以来，中国金融制度安排继续按照既有的逻辑演进。中国最早的几家现代意义上的银行（如中国通商银行，1897年；大清户部银行，1905年；交通银行，1907年等）都是上层结构自上而下制造的：或由中央政府直接设立，或由官商合办，或由地方政府创设，其目的也大致是为了便利财政。由民间创设的所谓的商业银行（如最早于1909年设立的浙江兴业银行）也基本上是在追逐短期商业利益，视投资实业为畏途。自中华民国以来，这种情形得到进一步强化。北洋政府与国民党政府都先后创设了旨在支持财政的庞大金融组织体系，各地方政府也莫不兼办银行；其他形式的商业银行则依然将大量金融资源用于商业投机。据统计，金城、中南、盐业等14家中国最大的商业银行，其资金大部分用于房地产投资，其总额由1921年的347万元增加到1936年的6 144万元，获利也相应由3万余元猛增至169万元，其中上海联合银行准备库的财产共5 000万元，房地产即占82.6％。另据重庆市的调查结果，1939年底，在15家金融业的放款余额中，商业放款占89％；1940年在26家金融业放款中，商业放款占96％以上；1941年，在36家金融业放款中，商业放款占89％；1942年3月下旬，在60家金融业放款中，商业放款占80％（张杰，1993，第233页）。

　　上层结构的金融垄断是二重结构在近现代金融制度演进中的重要景象。据1946年6月统计，在当时的国统区的3 489家银行中，官营银行达2 446家，占2/3以上。同年12月底，"四行二局一库"存款占存款总额的91.7％，其贷款占贷款总额的比例高达93.3％。中华人民共和国成立后，由于二重制度结构依然存在，因此国家的金融控制与金融垄断也就在所难免。到1952年，国家银行所提供的贷款占贷款总额的比重从 1950 年的 58.6％迅速上升到 92.8％（易纲，1996a，第 90 页），到 1956 年底，国家事实上控制了所有的金融业，下层结构中几乎不再存在任何形式的金融制度安排。这种状况在 70 年代末经济改革启动之后逐步有所变化，但在迄今为止的改革进程中，国家依然保持着对金融的控制与垄断。在改革开始启动的 1978 年，国有银行的存款占比为 87.23％，贷款占比为 97.62％；到 1996 年，上述占比仍分别高居 72.32％和 77.57％。若按资产总额计算，1996 年国有银行的市场占有率为 75％左右（中国人民银行，1997，第 38 页）。

不过，需要指出的是，1949 年以后的国家金融控制与金融垄断可以以 1979 年为界划分为两个阶段。在 1979 年以前，国家控制金融的目的是为了推行国民经济的"赶超战略"，而在 1979 年以后，国家之所以要继续控制金融，则是渐进改革的需要。饶有意味的是，尽管都是金融控制，但前后半段却具有不同的绩效：与前半段赶超战略的失败相比，后半段已有的渐进改革获得了成功。

本书的主旨在于：探讨 1979 年以后中国成功的渐进改革与金融制度变迁之间究竟具有何种逻辑联系？为什么国家的金融控制在渐进改革中是必要的？进而从金融制度变迁角度观察，二重结构走向三重结构的特殊路径到底是什么？当然，对 1979 年以前一个更长时期的制度变迁（包括金融制度变迁）过程作出描述与分析，或许会比本书所要进行的相对较短时期的考察更有意义。因为，一般来说，分析的准确性与解释能力会随着所考察的制度变迁时段的加长而增强。这无疑是一个尚待开拓的极具潜力与吸引力的研究领域。

第三节 一些基本假定

由于本书试图将中国金融制度的结构与变迁问题纳入主流经济学的框架进行讨论，因此，需要首先给出一些基本的理论假定。就理论假定而言，有弗里德曼意义上的工具主义（理论假定的现实性问题应当以它们产生的预言的准确性来衡量，至于这种假定或预言有没有现实基础并不重要）与萨缪尔森意义上的描述主义（强调理论假定的现实性）之分，而事实上，理论假定是它们二者的一种整合。也就是说，理论假定是一个既有现实性又有非现实性的二重性质的范畴。比如理性假定，它一方面反映了人类行为中自利的事实与本质，同时也舍去了某些利他的事实和现象。因此，在作出假定时，不仅不能损害现实性，而且要突出现实性，只有这样，才能使提出的假定成为理论分析的基本前提（张曙光，1997）。

一、国家的理性假定

制度变迁理论对经济学的一大贡献就是提出并坚持了国家的理性假定。在这里，国家同时包含了中央政府的因素。国家的理性假定指的是，国家具有自己的偏好与效用函数，在制度变迁过程中，它无时不在计算成本与收益。具体而言，在面对金融制度变迁与界定有效率的金融产权形式时，国家仅仅在可使其租金达到最大化的范围内才会主动加以推行。基于"搭便车"的原因，制度创新主要来自于上层结构而不是选民，因此，在制度变迁过程中，使国家拥有一个什么样的收益成本结构就显得十分重要。金融因素之间相对价格的变化与相对重要性的改变会导致国家对金融制度变迁所持态度的转变（是放松金融控制还是加强金融控制）。当金融因素之间相对价格的变化足以使国家的控制成本小于控制收益时，金融制度的变迁与创新就会被拖延。如果是这样，国家将会保护一个有利于自身租金最大化的金融产权形式而无视它对效率的影响。

由于中国金融制度的变迁是以国家控制的国有金融产权形式为背景与起始点的，因此，考察国家控制金融的成本收益结构的变化就显得尤其有意义。如果我们认定制度变迁本身会内生出大量提高国家控制金融成本的因素，那么国家的金融退让或者国有金融产权边界的收缩将在所难免。不过，如果更有效率的新的金融产权形式大量出现了，相对无效率的国有金融产权形式将受到外部的竞争压力与生存威胁，这时，国家面临的选择将是要么退出竞争要么被迫变更金融产权结构以使社会交易费用降低从而增进金融资源配置效率。从这种意义上讲，国有金融产权形式的变迁速度取决于其他金融产权形式的成长与竞争压力。由此可以解释，为什么国家从一开始要千方百计地对其他金融产权形式进行限制，因为一旦其他金融产权形式有了发展，就会改变选民金融选择的机会成本。只要选民（储蓄者与投资者）的机会成本保持不变，低效率的国有金融产权形式就仍然可以幸存下来。显然，扩展其他金融产权形式无疑是改变国有金融产权结构的一条重要途径。不难看出，以上推论需要有一个国家的理性假定来支持；若否，我们就不能有效地描述中国金融制度结构在这将近 20 年间演进的真实故事。

二、地方行为假定

基于中国的二重制度结构，地方行为在制度变迁中扮演着特殊的角色。就已有的改革经历看，地方行为是新金融产权形式的重要保护因素，尽管地方对新金融产权形式的保护本身也是为了追求自身收益的最大化，但它在客观上毕竟发挥着激励金融产权创新、改变既有金融制度结构的作用。一般来说，地方的效用函数与国家的效用函数难免会不一致，而由这种效用函数的不一致所导致的国家与地方之间的相互博弈正好为新的金融产权形式的扩展提供了机遇。可以说，改革以来，地方性商业银行以及合作银行等新的金融产权形式正是基于地方政府的产权保护才得以出现和扩展的。

事实上，在中国的制度变迁过程中，地方政府似乎具有中间结构的某些功能。我们已知，中国的中间结构是先天不足的，只有地方政府才具有与国家进行谈判的能力。或者说，在像中国这样一个国家（上层结构）与社会（下层结构）长期强弱对应的二重制度结构中，地方政府的"中间过渡"作用不可低估。当利益独立化的地方政府成为沟通上层结构的制度供给意愿与下层结构的制度创新需求的中间环节时，就有可能突破上层结构设置的制度创新进入壁垒，从而使上层结构的租金最大化与保护有效率的产权结构之间达成一致（杨瑞龙，1998）。在中国的制度变迁过程中，地方政府具有二重性质（张曙光，1994），一方面，它是上层结构的组成部分，具有暴力潜能；另一方面，它又与某一地区下层结构的经济利益紧密相关，具有很强的经济社会功能。正是由于地方政府对上层结构与下层结构的功能兼而有之，因此，在制度变迁中，它自然而然成为上层结构与下层结构的中介。当放权让利改革使地方力量逐步增大时，上层结构的暴力潜能将受到很大限制与约束；由于制度变迁使地方利益与本地区下层结构的利益越来越具有一致性，因此地方为了自身利益最大化也就会越来越关注下层结构的产权结构与经济激励，因为它们直接决定着本地区的经济增长与社会福利。结果，在地方的保护之下，私有产权与非国有经济迅速得到成长，比如农村改革与农民产权的重新确立，乡镇企业的发展与民营经济的崛起，当然也包括地方与民间金融（非国有金融）的兴起。不难看出，由于地方因素的加入，中国改革的经验与西欧早期的路径存在很大差异，比如，中国农村新产权的保护机制不是依托"个人—市民公共领域"制衡国家，而是依托"家庭—村庄地区—地方政府"的联盟与国家之间正式和大量非正式的交易。改变了的国家与社会的关系提供了保护和执行经过初级界定的产权合约的环境，在此基础上，更为复杂的产权合约形式将大量生成（周其仁，1994）。

不过，由于地方政府毕竟具有一部分暴力潜能，因此它保护产权本身是有界限或者是有条件的。地方政府作为上层结构的一部分，其成本收益结构有别于纯粹的产权形式或者经济组织。比如，在公有金融产权结构中，它会一味追求金融组织规模的扩张，与别的地方展开兄弟间的寻租竞争而不顾及对效率的影响，由此造成金融组织在空间上的不经济分布与金融资源的不当配置。当然，从地方政府自身的利益函数出发，以上情形又是完全可以理解的，问题的根本仍在于公有金融产权结构本身而不在于地方行为。基于此，我们在本书中便把这种情形与金融资源配置的低效率作为金融制度变迁过程应当支付的成本来考虑。可以预见，随着制度变迁的推进，新产权形式自身与地方政府进行谈判的能力也在逐步增强，这无疑有利于新产权形式的独立发展。同时，当新的产权形式发展到一定程度时，它与上层结构的利益矛盾将逐渐退居次要位置，与地方政府的矛盾冲突则会迅速上升，曾在地方政府保护之下得以成长的新产权形式最终必然要追求产权的真正独立，这将意味着地方政府需要从自上而下以单方面实现其自身租金最大化为目的的"产权保护"转变为真正意义上的产权保护，而新产权形式也以购买的方式"消费"这种保护。如果各个地方政府都转入这一路径，那么，它们会觉得由自己分别提供产权保护的成本太大，因此会出现产权保护由地方政府向上层结构（国家）转移的趋势。这时，正如我们已经指出的那样，国家已无法像原来那样可以单方面地支配新的产权形式，而只能以提供更好的产权保护来换取租金的增加。

三、国有金融部门的三重利益结构

在中央计划经济条件下，国有金融部门（如国有银行）的利益追求是单一性的，作为一级政府部门，它的目标无疑是要追求中央政府（或国家）的利益最大化。分权改革使国有经济的利益构成发生了显著变化，由于地方因素的介入，出现了国有金融部门的地方分支机构对地方政府的实际隶属现象，因而它们的利益追求函数在很大程度上受地方利益偏好的支配和影响。这样，在改革过程中，国有金融部门的行为本身便既体现了国家与地方利益的冲突，也反映了各个地方政府之间的利益矛盾，并且，国有金融部门的利益偏好会随着国家控制的放松与抽紧而不断调整。一般而言，当国家加强金融控制时，国有金融部门的行为会更多地体现国家的利益偏好；而当国家放松金融控制时，其金融行为又转而趋同于地方的利益偏好。国有金融部门行为的这种变化实际上起到了增加国家控制成本从而促使国家退让的作用，各级地方政府在此过程中却不同程度地争取到了通过其他渠道无法获取的资源支配权及其各种相关利益。

更有意义的是，国有金融部门在进一步的市场化改革过程中也在逐步调整着自身的"私人利益"函数。金融上层结构调整金融资源配置方式与放松金融管制的行动（比如开放资金拆借市场与证券市场，允许设立非银行金融机构等）大大刺激了国有金融部门的趋利冲动，使得它们纷纷在国家的"全局利益"和地方的"局部利益"之外开始追求属于自己的私人利益（张杰，1996）。这样，在国有金融部门内部出现了外部利益（中央和地方）与内部利益的冲突，国有金融部门开始堂而皇之地追求私人利益，这对整个金融制度变迁过程所产生的影响是极为深刻的。总之，三重利益偏好并存于国有金融部门构成了中国金融制度变迁过程中一幅特殊的图景。

四、关于金融产权形式、金融市场与金融中间结构

对于描述与解释中国金融制度的结构与变迁而言，认识金融产权形式、金融市场与金融中间结构之间的逻辑联系十分关键。中国经济学界曾就产权与市场环境究竟谁对国有经济改革更为重要展开过一场广泛而深刻的争论①，揭示了许多深层次的问题。实际上，若从制度结构的历史演进过程考察，一种制度安排的效率并不取决于单个产权形式的状况，而市场的重要性及其对产权效率的作用也不能从新古典的框架中得到十分满意的解释。市场与效率并不直接对应，而市场本身也不是可以独立存在的，它依存于产权形式，或者说，它依存于产权的交易。如果说是市场导出了效率，那一定是因为许多产权形式界定权利的费用与权利带来的好处在边际上相等，或达到了均衡点。

显然，单独强调市场与单独强调产权都是没有意义的，一种制度安排的效率或者一种有效率的制度安排的形成与变迁取决于：第一，产权形式的多样性，即"多数条件"②；第二，产权形式的可交易性，即"交易条件"③。市场环境显然不能依赖于自上而下的人为营造与安排，或者说，市场不是可以人为制造的。在国有产权形式占据垄断地位的条件下，只有当其他产权形式（如地方保护下的产权形式）独立发展并取得一定谈判能力后，在与国有产权形式展开充分竞争的过程中，有效率的市场环境才会出现。因此，市场与产权都不是一个可以事先给出的确定的经济变量，两者的实际情形取决于众多产权形式之间展开的交易。只有不同的产权形式从各自的禀赋点出发，经过一番交易，最终能达成妥协，即导出一个均衡点，有效率的制度结构才会产生。不过，这个均衡点又具有不确定性，每一次交易可能达到的均衡点都不尽相同，也正因如此，各种产权形式间才会进行不断的重组，由此推动产权创新与效率改进。

---

①　1995年7月，林毅夫与张维迎就市场与产权产生的争论在学术界引起强烈反应，有关情况可参阅《经济学消息报》1995年7月15日（第132期）至11月10日（第149期）各期的讨论。

②　世界银行（1996a）在考察中央计划经济国家的产权与企业改革时认为，分散所有权是增加竞争及改善业绩的最好方法。要转向由私人部门占主导地位的经济有两种方式可以实现：其一是对现有国有资产进行私有化；其二是对新兴私人企业的准入。这两种方式同等重要（第44页）。

③　世界银行（1996a）同时认为，要使财产权发挥高效率，尤其重要的是，它们必须是可交易的，而且可以自由发展（第49页）。

　　从这种意义上讲，中国金融制度变迁的关键既不是直接改变国有金融制度的产权结构，也不是由国家出面建立金融市场，而是激励足够多并具有谈判能力（交易能力）的新金融产权形式的产生。只要众多的产权形式能够进行对等的谈判与交易，就会出现两种积极后果：第一，促使交易各方产权结构的重组，只要交易展开了，人们便会自然而然地去寻求最有效率的产权结构。因此，产权结构本身并不能事先给定，而只有在交易过程中确立。潜在的参与者们只有进入过程时才知道他们自己的选择是什么，制度是一种过程的结果（布坎南，1986，第106页）。第二，交易双方会对产权交易所产生的规则及其市场竞争环境主动加以维护。因此，金融市场是金融产权形式相互交易合乎逻辑的结果，或者说，产权与市场都是内生的。

　　一旦金融产权形式大量产生并展开交易，就会产生某种知识积累，交易越广泛，参加交易的金融产权形式越多，这种知识积累也就越迅速；知识积累到一定程度就会在人们之间达成共识并加以制度化，制度化的结晶就是金融市场结构、产权结构以及法律结构，由这三种结构共同构成金融制度的中间结构。金融中间结构为金融上层结构（中央银行）与金融下层结构（储蓄者、金融组织等）提供了一个制度化的交易框架，人们在此框架中进行互利交易，各个金融产权形式谁都无法单独决定金融制度变迁，金融制度变迁成为一种各方偏好的合成结果，如图1所示。正是基于此，中国金融制度变迁本身并不意味着国有金融制度将被其他金融产权形式完全替代，而是新成长起来的金融产权形式与国有金融产权形式一道从各自的禀赋点出发，经过一番交易后，共同走向均衡点。在均衡点上，总体金融制度结构或许表现为国有金融产权、地方金融产权与私人金融产权的某种组合。

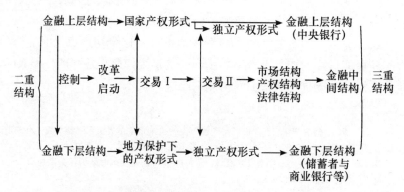

图1　中国金融制度变迁：从二重结构到三重结构

第四节　方法论

一、关于实证经济学

　　本书试图对改革以来中国金融制度的变迁过程进行考察与分析，既然是对一个变迁过程的分析，就自然离不开对历史轨迹的刻画，但本书并不拘泥于对金融制度变迁过程作简单的叙述或者"编年史"式的描述，而是通过一个特定的理论框架来解析和展示这一变迁过程的内在机理，从而追求理论逻辑与历史逻辑的一致。

　　基于这种考虑，我们需要使用实证经济学的方法论。通过对中国金融制度变迁过程的多年观察与体验，我们在本书中将构造一个基本的理论框架，其中，基于一些基本的理论假设，提出若干理论假说，并对这些理论假说进行力所能及的经验检验。从本书的主旨出发，我们将对大部分理论假说进行验证，但同时也保留了一些尚没有条件进行验证的假说，这就意味着本书所作的分析并不是十分完整的。

　　从理论上讲，实证经济学方法的关键可以理解为：虽然我们力图从制度变迁的现实出发（经验出发）来讨论问题，但并不打算将讨论仅局限于经验主义的归纳法，而是尽量把讨论导入理性主义的演绎分析，也就是首先从经验现象中归纳出基本变量、概念以及前提条件，再根据有关人类经济行为的一般性原理（如最大化行为与边际效用递减等）和一般的技术函数关系去推导经济现象之间的必然联系，最后再进行经验检验（左大培，1996）。没有抽象深入的理论分析，只凭感觉与直观的经验将不能深刻理解金融改革过程，无法把握金融制度变迁中各种事件与现象之间的内在逻辑联系。改革以来，学术界对中国金融改革过程的讨论不可谓不积极，研究成果也不可谓不多，但总给人以支离破碎与不得要领之感，其中的一个基本原因就是就事论事，就金融论金融，不能从理论抽象的角度入手将观察到的具体改革事件加以整理，因而得到的总是零散与混沌的表象；从经验感觉中得到的结论进而导出的政策建议，很有可能对金融改革实践产生误导效应。因此，经验实证只有在理论实证之后才有意义，根据经验观察到的现象和从数据中直接得出的结论是不可靠的，只有与理论假说相联系，才能从零散的经验感受中得出可靠的结论（樊纲，1992，第886页）。如果不是自己有了一个观点和结论，然后去实践中寻找有关证据，而是从观察到的经验现象和实际数据中推出自己的理论结论与政策主张，那么在这种情况下，尽管搜集了大量数据，做了许多数学模型与回归分析，却并不能说明什么东西（张曙光，1996）。

本书的讨论不打算涉足政策层面，但这并不意味着我们没有能力导出一些政策建议，而是想把政策建议留给读者与金融实际部门去揣摩。只要得出实证分析结论，本书就算完成了自己的使命。这样做更为实际的考虑是，本书所分析的只是金融制度本身的变迁过程，而可行的政策建议则是要与整体制度变迁过程的方方面面相照应，因此我们虽然对金融制度变迁过程做了系统分析并得出了相应的结论，但是由于没有与其他方面的变迁过程做相关研究，所以没有理由提出政策建议，即便提出来了，也将是不审慎的。总之，本书只回答近20年来中国金融制度变迁过程"到底是什么样子"的实证性问题，而不回答从今往后的变迁过程"应该是什么样子"的规范性问题。不过，只有在回答了第一个问题之后，才有可能回答第二个问题。

二、关于均衡分析

从总体上讲，本书的分析是在新古典的均衡分析框架中进行的。本书试图继承自科斯和诺思以来将新古典均衡分析与制度分析相结合的方法。将制度分析"引入经济学的理论核心中去"是一项开拓性的工作[1]，而这项工作的首要一步，用舒尔茨（1968）的话表述就是，需要有两个关键的概念，即一种制度所执行的功能的经济价值以及经济均衡的概念。将制度解释为一种具有供给与需求的范畴，并将这一供求分析置于均衡框架中，其中的一个关键假定是，当这些制度所提供的服务与其他服务所显示的报酬率相等时，关于这些制度的每一经济服务的经济就达到均衡。

---

[1] 张军（1997a）曾认为，似乎并没有理由认为制度分析一定是研究制度和制度变迁问题的唯一和最好的方法。事实上，新古典的方法作为现代主流经济学的研究方法常常被运用于对制度变迁问题的研究和对制度变迁过程的理论构造（81～84页）。他举出了杨小凯与林毅夫等的研究作为例证，认为在这些研究中，他们把交易成本概念引入了正统经济学的环境。杨小凯本人就曾认为，中国经济学只有进入主流才能真正现代化，才能立足于世界，他构建"新兴古典经济学"即是一种尝试。张维迎也认为，研究制度变迁不应局限于制度经济学，而要进入主流经济学（参见张曙光，1997）。张曙光（1997）把融入主流经济学十分精炼地概括为，要接受、采纳和遵从主流经济学的学术规范和学术传统，主要包括经济学的自由主义精神、理性主义前提、经验主义内容和实证主义方法（251页）。而杨晓维（1997）则认为，一般而论，主流经济学对现实有更广泛的解释能力，但这并不意味着对所有特定的经济问题都比其他竞争性理论更具优势，具体到特定时期的特定国家所面临的主要经济问题，主流理论并不一定就是最优的理论，因而他认为，中国经济学家不应将"融入主流"和"走向世界"作为首要目标，而是在变动中或过渡中的制度安排这个真实的前提下进行制度分析。

当然，均衡分析不仅是一个十分精巧与完美的分析方法，更重要的是它反映了一种经济哲学观。尤其是在将均衡概念拓展为广义的非瓦尔拉均衡后，这种更深层次的内涵得到了进一步加强。因为从那以后，经济所达到的均衡就不仅仅意味着经济变量的边际均等，而且意味着人们经济行为的均势；只要行为达到均势，即谁都无法单独改变现状或单独行动会使其收益受损，即便变量在边际上不相等，也意味着经济达到了均衡状态。在讨论中国金融制度的变迁过程时，这种拓展了的均衡概念就有了更为广阔的用武之地。实际上，金融制度均衡在很大程度上是一种非瓦尔拉均衡，是各金融产权形式自禀赋点出发，相互进行谈判与博弈而走向力量均势的过程；这种均势（即均衡点）或许是经济资源尚未达到最优配置的那一点，但却是可能达到的现实最优。而瓦尔拉均衡则是理论最优，或者说是均衡的一种特例。

基于理论分析逻辑与金融制度变迁逻辑的一致，在进行具体的均衡分析时，我们将遵循先进行局部均衡分析、再拓展到一般均衡分析的次序。金融制度变迁总是开始于每一个具有自己的独立效用函数的金融产权形式的改革行动，离开对单个金融产权形式效用函数与改革行动的考察，我们就无从准确把握总体金融制度变迁的进程。在金融制度变迁过程开始之后，每一个金融产权形式都会从各自的初始点出发走向自己所估价和追求的理论均衡点（瓦尔拉均衡点）。但这一过程并不是由某个金融产权形式单独参与的。实际情形通常是，众多追求理论均衡点的金融产权形式会在制度变迁过程中相遇，相互之间追求理论均衡点的行为难免发生冲突，结果，每一个金融产权形式的初始偏好都将得到修正，也就是说，它们都不得不相互妥协，放弃原有的理想均衡点，转而追求现实均衡点（非瓦尔拉均衡点）。这个现实均衡点也就是总体金融制度变迁的最好签约点，这一点的出现意味着金融制度变迁过程从局部均衡达到了一般均衡。

上述均衡分析次序还具有特别的意义。金融制度变迁过程是由具体的金融产权形式发起的金融产权创新行动，而不是某种力量自上而下安排的结果。若我们的讨论从一开始就着眼于一般均衡的层次，则往往会忽视金融制度变迁的关键情节。我们现有的许多研究之所以动辄提出这样或那样的政策建议乃至综合改革方案，显然在很大程度上应归咎于对分析方法的不当使用，抑或对均衡分析方法的不求甚解。制度变迁作为一个从无数个细小的局部均衡出发最终达到一般均衡（非瓦尔拉均衡或制度均衡）的过程，其真正的奥秘往往蕴含在那些细小的局部均衡之中。要破解制度变迁之谜就只能从局部均衡"小处着手"，只有把局部均衡说清楚了，我们才能够进一步说明制度的一般均衡，也只有如此，我们才能对金融改革应该这样或那样推进等政策性问题"指手画脚"。

第五节 对既有研究的评论与本书的结构安排

一、对既有研究的简要评论

在前面的讨论中，我们已经在多处涉及对中国金融改革研究状况的评论。从总体上讲，有关中国金融改革问题的讨论自 1979 年以来一直长盛不衰，可以说，1979—1998 年这近 20 年的讨论已几乎涉及金融改革过程的所有相关问题。但是，毋庸讳言，已有的讨论大都具有两种倾向：一是金融改革决策层重视或即将启动的改革环节往往成为人们讨论的核心，人们论证其意义和可行性，也就是做些诠释性的工作。由此导致的结果是，理论研究被改革焦点牵着鼻子走，没有冷静的理论思考，每次热点过后，并没有留下多少有理论价值的东西。二是往往改革在哪里出了问题，人们就把注意力投向哪里，这种追问题的倾向也使理论界不能平心静气地思考许多深层次的问题。正因如此，研究成果大都急于开出救急方子；太多的对策研究与价值判断诱使许多人都想一试身手。实践表明，以上倾向使理论界对中国金融改革问题的讨论始终未能建立在一个共同的理论基础之上，从而使中国金融制度变迁这样一个只有经济学家才能涉足的领域变成人人都可参与讨论并能轻易占据一席之地的领域。金融改革问题讨论的大众化说明对这一问题研究的浅层化和感性化。

近年来，有关中国金融制度改革问题的研究有了某些可喜的进展，一些成果的发表给这一领域引入了清新的理论气息与严谨求实的风格。比如麦金农（1993）对 1978—1992 年间中国金融改革与金融增长进程的描述与解释；易纲（1996a）对 1984—1993 年间中国货币银行与金融市场演进过程的刻画以及所提供的"制度和统计方面的信息"；还有肖耿（1997）有关中国金融制度演变的实证分析，谢平（1996）对中国金融制度选择的研究以及张杰（1998b）关于中国国有金融体制变迁的分析等。尽管迄今尚没有形成某种完整的分析框架，但以上努力却无疑会为此提供必要的基础。

对于任何问题的研究来说，重要的是要寻求一个共同的理论基础与方法论基础。若否，问题的讨论就会各行其是，也就不会有真正的理论交锋、观点交流与学术沟通。若没有这个基础，就只有从浅层的现实景象出发来判断改革问题并容易得出草率的结论。因此，对中国金融改革问题的研究，如果说存在问题的话，最大的问题就是缺乏一个共同的理论基础，人们不能在同一个方法论结构中进行学术对话。当然，这个理论基础与方法论基础又不能一味通过我们闭门造车与独立创造得出，而需要遵循已经发展成熟的现代主流经济学的学术规范。正是基于这种考虑，本书才打算运用主流经济学的方法研究中国金融制度的变迁过程，使研究本身既富有现实意义，又包含些许理论贡献；让读者不仅能得到现实的体验，又能获取理论上的深刻启迪，这是本书所追求的一种境界。

二、本书的结构安排

本书的结构安排如下：第一章从中国的二重结构切入，基于对制度变迁理论中国家模型的扩展性解释，说明国家效用函数与中国经济增长路径之间的内在联系，由此进一步揭示中国国有金融制度的形成过程，同时粗线条地描述改革前后国有金融制度安排的演进路径。不难看出，这一章实际上是在为我们随后讨论中国金融制度结构与变迁过程提供基本背景。不过，这一背景的提供本身并不是简单的史实铺陈与事件描画，而是以一些基本的理论命题贯穿始终，从而体现我们从一开始就强调的理论逻辑与历史逻辑的一致。

第二章讨论中国经济改革开始后迅速的货币化进程对原有金融制度安排的影响。为了使讨论不失一般性并且更为准确，我们构建了一个关于货币化与国家效用函数的简单模型。基于此模型，我们试图说明货币化进程对国家控制金融的成本收益结构具有重要影响。在货币化前期，由于国家可以基于低货币化经济的"落后优势"获取大量货币化收益，因此，尽管控制金融的成本也在上升，但国家对金融的控制一直是主动的；到了货币化后期，由于国家可获取的货币化收益出现递减趋势，而制度变迁特别是对体制内产出的金融支持又使国家的控制成本直线上升，因此国家陷入了被动控制金融的两难境地。在这一章中，我们提出了一个"弱财政、强金融"命题，由此预示金融因素在中国制度变迁过程中所发挥的特殊作用，从而构成本书随后各章讨论的一个重要伏笔。在本章中，我们还对一开始提出的模型进行了部分的经验检验。

第三章描述改革以来迅速的货币化与金融增长之间的关系。其中的一个核心命题是，货币化与金融增长之间并不具备直接对应的关系，货币化是一国金融增长的必要条件但不是充分条件，充分条件是金融产权结构从一元垄断走向多元竞争。如果迅速的货币化进程在改革中遭遇到了金融产权障碍，那么就会导出不真实的金融增长，本章对这种不真实成分给出了初步的经验实证结果。这一章更为重要的贡献是提出了一个"超常规金融增长假说"，本书随后章节所做的工作事实上可以视作对这一假说的进一步引申与验证。

第四章揭示中国改革之所以走上渐进路径并取得成功的金融原因，这一原因事实上一直被理论界所忽视。在本章中，我们首先对已有的讨论进行检讨，接着重点阐述了转轨经济国家的储蓄差异及转轨绩效，尤其强调了国家能力以及国有垄断金融安排与转轨中经济增长的相互依存关系。本章随后提出了一个"考虑金融补贴的体制内增长模型"，说明在国家财政能力和财政补贴随改革推进逐步削弱的情况下，一个受国家强有力控制的国有金融安排所提供的金融补贴对渐进改革的顺利推进是何等重要。这一结论与第三章的"超常规金融增长假说"十分吻合。

第五章试图在展示中国转轨中的金融增长（尤其是储蓄增长）及其绩效对传统金融深化理论模型的挑战的基础上建立转轨中的货币需求模型。传统的金融深化理论模型一贯强调货币收益率（即利率）对货币需求的极端重要性，可是在中国的渐进改革过程中，货币需求（特别是储蓄需求）却对利率一直是相当的不敏感，因此传统的金融深化理论模型无法用来解释改革中中国的货币金融情形。在本章中，通过引入货币化水平与国家能力等制度变量，我们建立了新的货币需求模型，并依此初步解释了改革以来居民储蓄一直保持高速增长从而有力地支持了渐进过渡的缘由。

第六章首先解答在中国改革过程中金融安排何以能积累规模如此庞大的居民储蓄的问题，这显然是由第五章的讨论引申出来的。在本章，我们试图解释，垄断性金融安排在转轨经济条件下具有动员居民储蓄的比较优势，因为与竞争性金融安排提供存单的"边际原则"相比，它遵从的是"总量原则"，因此可以更为迅速地扩展储蓄机构与吸纳分散于民间的储蓄资源。显然，被人们一直看作改革对象的垄断性金融安排也是中国渐进改革成功推进的必要因素。垄断性金融安排的储蓄动员优势对体制内产出的平稳增长自然意义重大，但对以更快速度增长的体制外产出来说，也存在相应的金融安排。在本章最后部分，我们将对这些金融安排进行考察并揭示其对于渐进改革的意义。

第七章讨论国有金融组织随改革推进所呈现出的先扩展后收缩的变迁轨迹。国有金融组织的先扩展既包含着国家垄断产权的内在扩张冲动，也包含着地方与国有银行"自身"趋利偏好的推动，而最根本的因素是国有金融组织的公有金融产权结构。本章通过建立一个金融组织的"拥挤模型"描述了在公有金融产权结构中金融组织进入的均衡表现。国有金融组织规模的扩展不仅表现为总量的增大，在地方竞争的情况下，也表现为超越经济发展地区差异的空间均齐分布。由于对国有金融组织的规模而言，地方边界大于国家边界，因此金融组织在总量上的扩张显然是由空间上的竞争挤出来的。不过，相对于国家的金融控制成本而言，国有金融组织的扩展本身也是存在边界的，当控制成本大于控制收益时，国家的偏好将会转向收缩。基于第二章的模型，我们提出了一个假说，依此试图论证，如果说"前渐进改革"依赖于国有金融组织的扩展，那么"后渐进改革"则取决于国有金融组织规模能否得到顺利收缩。

第八章承接第七章的国有金融组织收缩命题，讨论收缩中的产权困境与求解路径。国有金融组织收缩的产权困境主要表现为国有金融产权分割与国家担保不可分性之间的矛盾。在本章中我们提出了一个"呆账模型"，用于解释国有银行的呆账与渐进改革之间的内在联系；在此基础上进一步建立了国有银行的"信贷均衡模型"和"双重呆账模型"，由此揭示国有银行呆账的特殊内涵。随后，本章基于改革中国有经济的双重债务注资现象，分析了注资求解的高成本及其产权障碍，同时指出，交易求解是改善国有银行产权结构的可能选择。

第九章从金融产权结构与信贷市场结构的关系入手，研究信贷市场自由进入的制度变迁意义。本章一开始便提出一个信贷市场的"自由进入模型"，用以说明让更多的金融组织进入信贷市场会增进绩效。本章还通过论证若仅对国有银行进行产权结构改革，则只能改善其 X 效率而无法改善配置效率来说明信贷市场自由进入的意义，因为只有自由进入从而变革市场结构才会最终改善金融资源的配置效率。不过，在国有金融先入为主地占据市场优势地位的情况下，自由进入本身并不是一件容易的事情。本章的讨论揭示了一种特殊的进入方式，即地方性金融产权形式的进入，因为它相对于自由化的金融产权形式具有率先进入的比较优势。而基于"机会成本假说"，地方性金融产权形式的进入将不会重蹈国有金融组织的空间均齐扩展覆辙，因为相比之下，经济较为发达地区比相对落后地区具有更大的进入激励；正因如此，地方性金融安排也能经得起配置效率的检验。更有意义的是，本章有关地方性金融安排"进入"的讨论对揭示中国总体制度变迁逻辑具有普遍意义，由于地方产权安排的进入本身起到了中间过渡作用，因此它是促使中国从二重结构向三重结构转化的一个关键因素。

第一章

制度结构、国家与
国有金融制度安排

本章揭示制度结构、国家与国有金融制度之间的内在联系，旨在表明国有金融制度安排和其他国有制度安排一样，并不是什么人为选择的结果，而是由中国特定的二重制度结构决定下的制度选择集合所内生的。因此，改革国有金融制度安排的关键是改变原有的制度选择集合与制度选择空间，给制度结构中增加新的可供备选的金融产权形式。

第一节 制度结构与国家角色

制度结构决定着制度选择集合和制度选择空间，这是制度变迁理论的一个重要命题。在西欧，依照我们已有的分析，由于存在多种产权形式以及产权保护机制，在产权形式追求各自收益最大化的自发过程中，自然而然地导出了工业革命，并由此推动经济增长，国家在此过程中只发挥着有限的作用。尽管后来国家的地位曾经一度得到强化，但它在经济增长中的作用逻辑并未发生多少变化，经济增长仍然是多种产权形式与利益集团间竞争、谈判与妥协的结果（当然也包括技术进步等因素），而不取决于哪一方的偏好。

可是，中国的二重制度结构决定了有限的制度选择空间，每当面对经济增长压力时，在制度选择集合中，除了国有产权安排，并没有多少制度安排可供选择。这样，国家也就不得不独立担负起配置资源与推动经济增长的使命。因此，国家处于工业化推动者的位置（角色）并不是自主选择的结果，而是一种别无选择的选择，也就是说，是由二重制度结构内生出来的。

如此看来，学术界曾经提出的 20 世纪 50 年代在中国推行的赶超战略是国家的一种自主选择的观点（林毅夫等，1994，第 46 页）大有斟酌的余地。这种观点意味着，对于赶超战略而言，当时国家有可能选择，也有可能不选择，也就是说，国家也有可能选择循序渐进的比较优势战略。可问题是，第一，二重结构已经给定了国家的选择空间，国家注定要担当推动工业化与经济增长的角色；第二，既然国家担当了这个角色，那就意味着它不可能选择比较优势战略。比较优势战略既不符合国家的行为函数与利益偏好，也不是国家的优势所在。国家的优势在于利用其"暴力潜能"，超越其他产权形式的偏好，以尽快地推进工业化过程。

既然是由国家担当推进工业化的角色，那么，工业化进程的速度与推动方式也就自然要遵从国家的偏好与效用函数。我们已知，通常情况下，资源配置效率与经济增长绩效取决于产权交易中均衡点的存在，在产权交易的均衡点上，资源配置将实现帕累托最优。可是，在只存在国家单一偏好的前提下，资源配置过程不会出现均衡点，因此，资源配置效率便完全取决于国家的经济决策本身。由于不存在产权交易及其相应的市场结构，因此很难形成有效的信息搜集、处理与显示机制，由此导致的高信息成本将直接影响到决策的准确性；而产权竞争被排斥也等于剔除了经济决策与经济运行过程的纠偏机制。最终，资源配置效率在很大程度上只能依赖于决策层的单方面判断，决策失误与资源误配置便成为经济运行常态。当然，这种状况并不能简单归咎于国家决策的失误，更深层次的原因则在于二重结构本身。只要一种偏好不受来自其他偏好的外在约束，不论谁拥有这种偏好（地方或企业）都会导致相同的结果。

第二节 国家模型及其扩展性解释

既然国家充当了推进中国工业化与经济增长的角色，那么我们就需要了解与认识国家模型。国有金融制度作为国家主导型工业化过程中的一种制度安排，自然也可以从国家模型中得到解释。

诺思（1981）认为，在任何关于长期变迁的分析中，国家模型都将占据显要一席，因为，国家的存在是经济增长的关键，然而它又是人为经济衰退的根源，这一悖论使国家成为经济史研究的核心（第 20 页）。在中国，国家与工业化的特殊关系使得国家模型显得尤为重要，可以说，不理解国家模型，就不可能理解中国的工业化过程与制度演进。

在给出了一个简单的国家定义和评论了与此相关的两种观点（契约论与掠夺论）之后，诺思提出了一个简单的国家模型，这个模型包含三个假说，即：第一，国家为获取收入，以一组服务作交换，因为国家在这方面（提供产权保护）具有规模经济优势；第二，国家总是试图像一个带有歧视性的垄断者那样活动，以使自身收入最大化来设计产权；第三，国家的产权设计与行为选择受其他产权形式（即潜在竞争对手）的约束，因而"统治者垄断权力的程度是各个不同选民集团（产权形式）替代度的函数"（诺思，1981，第22~24页）。

为了使诺思的国家模型及其假说更适于解释中国的情形，我们不妨做一些扩展性的解释。首先，我们注意到，在中国，由于国家独立于产权保护的逻辑之外，它基本上不具有以提供产权保护来获取收入（税收）的功能，因此其收入的增长本身并不与产权结构有某种内在联系。国家是在提供产权保护（还有社会公正）之外单方面获取收入的，这就决定了中国工业化过程中国家获取收益方式的特殊性。其次，由于从理论上讲，不存在其他产权形式，因此选民的机会成本趋于零，也就不存在国家应付内部潜在产权竞争的情形；但外部的潜在竞争永远存在，不过，这种竞争只能加强国家与工业化过程的联系。再次，如果第一个假说与第三个假说成立，那么在诺思的国家模型中，国家的"歧视性垄断者"活动将受到外在约束，从而不能单方面地设计与制造产权。可是，在中国，基于前面我们已经作出的扩展性解释，由于不存在内部的潜在产权竞争约束，国家完全可以按照垄断性原则设计能够实现和满足自身效用函数的产权结构。

从以上国家模型还可以引申出，我们虽然一时不能改变国家的效用函数，但可以改变国家实现其效用最大化目标的外部条件。国家要追求自身的租金最大化，根据我们已经给出的理性假定，这并没有什么不妥。因此，资源配置效率并不取决于是否存在国家，或者国家要实现自身效用最大化并确立相应的制度安排，而取决于是否还存在其他可与国家竞争的产权形式使国家实现效用最大化的行为受到约束。显然，制度变迁的关键首先不在于试图改变国家的效用函数，而在于改变其实现效用函数的环境与条件。只要不出现别的产权形式，就意味着本国选民的机会成本没有变化，那么国家产权形式的效率再低也能生存。

由此可见，所谓的国家契约论与掠夺论的分歧就可以进一步解释为，只要在国家产权形式之外尚存在其他可与之竞争的产权形式，也就是说，国家遵从的不是垄断性原则而是竞争性原则，那么，国家就会与这些产权形式从竞争到最后达成妥协并形成自己的比较优势（即承担产权保护义务）。这就意味着，如果国家追求某种程度的社会福利目标的话，那一定不是自动的追求，而是在竞争中实现的。可是，一旦它具有了垄断性，亦即"暴力潜能"过多地分配给了国家，国家便会按照只对自己有利或符合其偏好的方式规定产权和配置资源。

第三节 国家效用函数、垄断性产权及其扩展路径

一、国家效用函数：一般性说明

依据前面的国家模型及其扩展性解释，在国家的效用函数中有两个关键性变量[①]：一是追求垄断的产权形式。一旦实现了垄断性的产权形式，就意味着国家拥有了对社会经济资源的控制权和对社会产出剩余的支配权。二是追求垄断产权"增量"的扩展。在对既有产权"存量"实现垄断与支配后，国家并不满足于现有的产权规模，因为租金的最大化水平和对经济剩余的支配能力是垄断产权规模的增函数，因此，国家在完成了对产权存量的控制后，便会自然而然地扩展其产权增量。

必须注意的是，在国家的效用函数中，除了以上两个关键的内生变量外，还存在一些外生变量。其中最为人们所关注的外生变量有两个：一个是产权安排结构，它决定在国家垄断产权形式之外是否存在具有足够谈判能力的其他产权形式，如果存在，国家的垄断性产权的效用追求将会受到限制。在中国，如前所述，由于二重制度结构决定了"强国家弱社会"的格局，因此国家拥有了一个相当有利的追求垄断产权形式并扩展产权增量的条件。第二个外生变量是外部的竞争因素。诺思（1981）认为，"只要本国选民的机会成本或竞争国的相对地位没有变化，那么停滞的国家就可以幸存。这最后一种状况通常意味着国家近似于一种垄断状态和为一群弱国所环抱"（第29页）。外部的竞争因素通常可以促使国家追求制度创新与效率改进，但在国家已经追求垄断产权的情况下，外部的竞争因素只能促使国家进一步强化这种产权形式。

二、垄断产权形式与国有化

基于国家的效用函数，国家具有追求垄断产权形式的偏好，如果不存在其

---

① 在这里，我们忽略了意识形态的作用。实际上，国家对垄断产权的追求过程包含着意识形态的考虑，即"消灭私有制，消灭剥削制度"，由此减少了制度创新的成本与赢得了社会的普遍支持。林毅夫等（1997）认为，建立国有制（全民所有）既符合国家控制经济剩余以支持工业化的逻辑，也符合共产主义的意识形态。也就是说，企业的国有制从需求与供给两个方面融以上三种优势于一身，把经济逻辑的内在要求与意识形态提供的合理性完善地结合起来，因而在当时的可能选择中是成本最低的（第20页）。

产权形式，那么这种偏好就会迅速转变为国家对工业化与经济增长过程的支配，由此出发可以解释许多问题。在 20 世纪 50 年代的中国，由于不存在具有足够谈判能力的其他产权形式，因此，国家利用其比较优势寻求垄断产权形式的过程进展得十分顺利。比如，从 1954 年起，将规模较大的私营工厂逐步转为公私合营，通过渗透投资转变其产权性质，对中小企业也实行从个别企业到全行业的公私合营再到改组形成新的国有产权形式。到 1956 年初，全行业实现了国有化，建立了每个企业从单独进行盈利分配变为统一分配盈利的定息制度，原来的企业所有者失去了管理权和控制权，这些产权形式悉数转变为国有产权，加上没收官僚资本（原有的垄断产权形式），到 1956 年随着经济的国有化，国家实现了对产权形式的垄断。据统计，1952 年工业总产值中，国有企业占 41.5%，集体企业占 3.3%，公私合营企业占 4%，私营与个体企业占 51.2%，可是到 1956 年国有工业产值占工业总产值的 67.5%，公私合营企业产值占 32.5%，原有的私人工业产权形式消失了（薛暮桥，1979，第 38 页）。与此同时，农业原有的私人产权形式也经过从互助合作到人民公社化的过程而迅速转变为国家控制与制造的垄断产权形式（周其仁，1994）。

需要指出的是，根据我们的讨论，20 世纪 50 年代开始的把私人企业改造成国有企业以及人民公社化的行动并不是从一开始就是为了追求重工业优先发展的工业化战略[①]，而是国家依照其效用函数追求垄断产权形式的一个结果。即便是当时不追求所谓的迅速工业化目标或赶超战略，在二重结构背景下，国家仍然要对私人企业的产权进行改造，即整合为国有产权形式。当然我们也不否认垄断产权形式的形成本身的确在客观上有利于国家对赶超战略的实施。反言之，即使国家有追求迅速工业化的偏好，如果没有确立垄断性的国有产权形式，这个偏好也无法转变为现实行动。正是在这种意义上，我们才认为，二重结构使得国家与赶超战略之间建立起了内在的逻辑联系，中国的国有化是国家效用函数中追求垄断产权形式这一"内生变量"与二重制度结构这一"外生变量"相互合成的结果。

三、国有产权形式的扩展与赶超战略

在完成了对产权存量的国有化之后，根据国家的效用函数，它进一步的追求

---

① 林毅夫等曾经认为，为了取得对剩余的支配权与把握积累方向，将之用于国家倾向的发展目标上，就必须最大限度地把私人企业改造成国有企业（1994，第 42 页）。中国国有企业的产生并非是随意的，而是为推行重工业优先发展战略的目的服务的，在选定了传统发展战略以后，国家为了控制住经济剩余以便使积累过程符合这一战略目标，实行城市工商业的国有化就具有必然性（1997，第 15 页）。

是如何扩展垄断性的国有产权形式。在扩展垄断产权的问题上，当时有几条路径可供国家选择：一是扩展农业的国有产权与剩余控制。问题在于，当时中国的农业生产已在国民生产总值中占有很大比重，如 1950 至 1953 年农业占国民收入的份额平均达 59.3%，1949 年农业总产值比重为 70%，但农业的剩余贡献率却很低，比如 1950 至 1953 年间对国家财政收入的贡献只有 16.4%。由此看来，在农业领域扩展垄断性国有产权的收益并不大。二是扩展在轻工业尤其是消费品工业领域中的国有产权。但问题在于，在一个农村人口占人口总数 80%～90% 且大多数农村人口处于贫困状态的二元经济中，以轻工业或消费品工业为优先发展部门，必将受到市场狭小与需求不足的约束（林毅夫等，1994，第 22 页），因此国家通过扩展轻工业产权获取剩余的速度也将十分缓慢。

既然对农业与轻工业等具有比较优势的产业，国家缺乏扩展国有产权的激励，那么，国家为什么最终选择了重工业这样一个不具有比较优势且约束更为严格的产业作为扩展对象呢？这就牵扯到另一个十分关键的外生变量，即外部的竞争因素。可以说，当国家面临外部竞争者的直接威胁时，它就必然要把经济资源和经济剩余尽可能多地配置到能够对付这种威胁的产业中去[①]，而在当时，这种产业就是重工业（重工业产值在 1949 年仅占工农业总产值的 7.9%）。因此，可以推断，在中国以优先发展重工业为核心的赶超战略是国家扩展垄断产权这一内生变量与外部竞争因素这一外生变量相互合成的结果。事实表明，赶超战略使国家的垄断产权形式得到了迅速扩展，国家在增强了相对于外部竞争因素的竞争能力的同时，也获取了规模巨大的经济剩余，工业化进程与垄断产权的扩展达到了统一，这在经济史上是一个值得深入观察的图景。据统计，1953 年至 1960 年间中国工业总产值平均增长了 23.3%，工业产值在工农业总产值中的比重 1953 年为 43.1%，1960 年达 78.2%，重工业产值占工业总产值的比重也由 35.5% 上升到 66.6%（郭克莎，1993，第 14～15 页）。与 1949 年相比，在 1978 年的国民收入份额中，工业所占比例由 12.6% 上升到 46.8%，1980 年工业总产值比 1952 年增长了 17.9 倍，年平均增长 15.3%（马洪，1982，第 153 页）。

四、交易费用约束与资源配置制度

既然国家别无选择地选择了以重工业为核心的经济增长战略，而国有化进程也同时提供了相应的产权基础，在这种情况下，国家的赶超战略似乎可以进入具体

---

① 1949 年中国的钢产量为 15.8 万吨，而 1950 年美国的钢产量为 8 785 万吨，苏联为 2 733 万吨，日本为 484 万吨，联邦德国为 1 212 万吨，英国为 1 655 万吨，由此可见一斑。

操作阶段了。不过，事实表明，仅有国有产权制度框架是不够的，或者说，国有化仅仅是实施工业化的必要条件，要将赶超战略从"设计"转为"施工"，还需要创造充分条件，这就是与国有产权结构相适应的资源配置制度。这里的核心问题是，发展重工业所需要的资本等要素在中国这样一个落后国家是相对短缺的，而短缺则意味着要素价格将变得十分昂贵。在这种情况下，工业化无疑会受到严重的高成本约束，国家对此的本能反应便是设计能降低要素投入价格以削减工业化成本的制度。事实上，自20世纪50年代开始一直到改革以后，国家长期维持着低的要素价格（如低利率、低汇率、低工资、低的能源及原材料价格）与消费品价格。

从理论上讲，尽管推行了国有化并形成了国有产权的垄断结构，但是在交易费用（如信息与监督费用）为正的假定下，上述低的要素与产品价格本身必然导致对这些要素与产品的过度需求，从而促使价格上升，结果国有企业也会将资源投放到盈利能力更高的部门（一般是比较优势部门）中去。比如从每百元资金所实现的税利水平看，1957年轻工业是重工业的2.7倍，1980年更高达3.1倍（李悦等，1983）。鉴于此，国家自然要在国有产权形式（主要是国有企业）之外建立一系列与之配套的制度安排，来保证资源能够主要用于国家所偏好的重工业，并由国家尽可能多地掌握由此产出的经济剩余，这样，剩余的动员与配置问题实际上就要以内部化的形式加以解决了。由此可见，国有垄断产权形式并不能消除交易费用问题，而当交易是有成本的时候，制度便是重要的。诺思（1981）曾认为，统治者（国家）一般面临两种约束：竞争约束和交易费用约束（第28页）。在中国，赶超战略的选择在很大程度上是基于竞争约束的，而与赶超战略相配套的资源配置制度则是交易费用约束的产物。据林毅夫等（1997）的研究，国有企业在财务上实行统收统支，利润全部上缴，亏损全部核销，这是在扭曲的宏观政策环境和高度集中的体制背景下，监督成本（交易成本）最低的制度安排（第25页）。不过，一旦做了这种处理，国有企业便变成一个纯粹的"车间"而失去独立的经济行为能力；既然国有企业不能自主地进行人、财、物的配置及产供销活动，那么就必然需要一些外在于企业的制度安排，来做这些事情。正是基于此，一系列新的制度安排便被进一步派生出来，这些制度安排主要有外贸外汇管理体制、物资管理体制、农产品统购统销制度以及本书将要集中讨论的国有金融制度。

第四节　国有金融制度安排的形成与演进：改革前的情形

国有金融制度安排是在国家追求垄断产权形式的过程中作为给国有企业供给

资金的配套单位而确立的，它理应具有与国家垄断产权类似的形成逻辑。但令人感到意外的是，与其他国有产权形式不同，国有金融产权形式从一开始不仅不存在扩展的过程，反而从形成垄断性的金融产权形式的那一刻起，实际上处于被剔除的境地。而在改革开始以后，当其他国有产权形式开始调整、重组乃至相对收缩时，国有金融产权形式却经历了迅速的扩展过程。可见国有金融产权形式具有其自身的形成与演进逻辑。

一、金融产权的整合过程：一种简要描述

从总体上讲，在中国，20 世纪 50 年代初期的银行国有化是国家追求垄断产权形式的一个重要步骤，其过程与企业产权的国有化并无二致。在建国初期，中国的金融过程虽然已逐步由国家控制，但金融产权形式仍然呈现多元的格局。除国家控制的中国人民银行外，还有私有性质的中国银行与交通银行，公私合营性质的新华信托储蓄银行、中国实业银行、四明商业储蓄银行以及中国通商银行，此外还有保险公司和几家外资银行（如汇丰、渣打等）以及众多的私人银钱业，比如 1949 年底，经整理后的私人钱庄尚有 833 家。这种多元的金融产权形式在 1952 年后被迅速整合为国家垄断的单一金融产权形式：如中国银行 1953 年被指定为国家外汇专业银行，与中国人民银行国外业务局合并（仅保留了建制）；交通银行在 1954 年 10 月因其原有业务并入由财政部管辖的中国人民建设银行而被撤销；中国农业银行也只是中国人民银行的一个局；保险公司的国内业务于 1954 年停办。到 1956 年底，国家实际控制了所有金融业，私有银行在中国随之消失。从此，中国人民银行作为国家金融产权的唯一代表，成为一个既发行货币又办理具体金融业务的特殊金融组织。

二、国有金融安排的功能

在金融产权被整合之后，形成了一种特殊的国有金融制度安排。从总体上讲，这种制度安排是以国有企业为主体而构造的。正如我们已经指出的那样，国家为了节约交易成本，以便监督国有企业的生产过程和把经济剩余全部贡献于工业化，便别出心裁地设计出了一套生产过程内在化于企业，而资源配置与产品分配过程外在化于企业的制度结构。比如，生产资料由国家计划供应，产品由国家包销和调拨，财务上统收统支，企业的利润和折旧基金全部上缴国家、纳入国家预算，企业所需基本建设投资、固定资产更新和技术改造基金、新产品试制费和零星固定资产购置费等，全部通过国家财政拨款解决，企业的用工和工资分配由国家计划安排，企业生产的流动资金也由财政部门按定额拨付，季节性和临时性

的定额外流动资金由国有金融制度安排解决（林毅夫等，1994，第 43 页）。显然，国家构造国有金融制度的目的就是为了使其成为国有企业的资金供给部门，也就是说，国有金融安排就是国家专为国有企业融资方便而设立的配套制度安排（张杰，1995b，第 56 页；1996）。

基于此，供给多少金融资源以及如何供给也就不取决于国有金融安排自身。如果这些可由国有金融安排自身决定，那么就会产生与国家效用函数不一致的金融行为。因此，在 1953 年基本上完成金融产权的国有化后不久，中国人民银行即在其所属各级银行建立了信贷计划管理机构，编制和实施综合信贷计划，在银行内部实行相当于国有企业的统收统支管理制度。金融资源的配置对分支行而言，也都是两头"外在化"的情形，亦即存款全部上缴总行，贷款由总行统一核定指标逐级下达，以保证最大限度地把金融资源配置于国有企业的"工业化"生产过程。与此相对应，国家也自然要依照工业化的低成本要求自上而下地规定金融资源的配置价格。例如，1950 年 5 月份的工业信用贷款利率月息为 3％，7 月 31 日下调到 2％，1951 年 4 月调至 1.5％～1.6％，1953 年 1 月再调至 0.6％～0.9％，1971 年最低调到 0.42％的水平（郑先炳，1991，第 115～120 页），在 1971 年 10 月至 1980 年间，国有企业工业贷款的年利率长期保持为 5.04％。事实上，从 1958 年开始到 1978 年，利率被冻结了 20 年，使之处于一个远低于均衡水平的固定位置上（易纲，1996a，第 96 页）。当然，从理论上讲，利率是金融资源供求均衡的一种结果，而金融资源供求均衡的前提又是市场上存在多元的产权形式。在国有化过程中，多元产权形式被整合，资金供求随之内部化，在这种情况下，合乎逻辑的结果是利率的调节作用失效，不管它是高还是低。一旦出现了产权单一化，资源配置变成国有产权内部的事情，利率的高低就几乎没有什么意义，因为从此以后，消除了贷款利率低于资金的机会成本或影子价格所造成的过度使用资金的倾向。因此，我们在讨论低利率的金融抑制意义之前，应首先强调垄断产权形式的金融抑制影响，前者毕竟是由后者派生出来的。

金融资源的配置额度与资金价格都被给定，就意味着国有金融部门的金融功能被剥夺了。从理论上讲，金融安排的金融功能以产权的多元结构与国民储蓄的分散化为条件，而这两个条件恰好与国家效用函数中追求垄断产权与资源集中的偏好相抵触。事实上，在国家整合产权之后，整个社会的经济联系便由不同产权主体间的外部联系转化为国有产权间的内部联系，在这种情况下，国有金融安排就只充当资金的内部配置者这一身份，而内部配置实际上就是一种财政配置。

金融安排的金融功能被剥夺或许与工业化初期国有银行的筹资能力较弱有关，比如 1952 年国有银行期末资产总额为 118.8 亿元，存款总额为 93.3 亿元，仅分别占当年国民收入的 20.2% 和 15.8%（林毅夫等，1994，第 29 页）。可是依照我们已有的讨论，即便是国家银行具有很强的筹资能力，在产权被整合以后，金融功能也不会有发挥的制度空间。国家创设国有金融安排的出发点就是为了限制其金融功能，只有如此，才能使国有金融安排的效用函数与国家的效用函数相一致。

除此之外，与产权整合相伴随的必然是国民收入分配的集中化与国家对经济剩余的直接控制。比如，在改革初期的 1978 年，国家（或政府）储蓄占 GNP 的比重为 15.5%，而居民储蓄只占 GNP 的 1%（De Wulf and Goldsborough，1986）。由于大多数投资是由政府预算直接拨款，而不是通过银行系统进行融资，国有金融安排除给国有企业被动提供一些短期贷款外，几乎没有什么别的信贷业务，而银行存款便是其全部的金融资产，因此，国有金融安排似乎处于无事可做的尴尬境地。

实际上，国有金融安排真正的功能是为工业化提供节约监督成本的装置，也就是在被动分配金融资源的同时监督国有企业的资金使用，以使其符合国家的效用函数。易纲（1996a）曾认为，在改革以前，中国存在两个货币流程：现金流程与银行转账流程。前者主要针对非国有当事人的交易，而后者则针对国有部门间的交易。一般而言，国有企业被要求使用银行转账货币来完成其交易，而不能从其银行账户中自由提取现金。这一原则也适用于专业银行及其分支机构，它们必须把所收现金的大部分上交中国人民银行，只保留一小部分满足其流动性需要。这样，现金和银行转账货币之间的可转换关系在很大程度上被国有银行所控制（第 23～24 页）。从理论上讲，为了便于监督国有企业，必须使企业间的现金交易量尽可能地减少，因为监督企业的成本是现金交易量的函数。

三、一个被剔除的制度安排

由于国有金融安排只发挥监督功能，而基本上不具备金融功能，因此，自金融产权得到整合的那一刻起，金融制度安排本身便实际上从制度选择集合中被剔除掉了。由于制度安排"嵌在"制度结构之中，所以它的效率取决于其他制度安排实现其功能的完善程度，任何一种制度安排都是制度结构中其他制度安排的函数。制度选择集合会因国家政策的改变而扩大或缩小，由于某些原因，国家可能将某些制度安排从制度选择集合中剔除出去（林毅夫，1989）。当国家具有强大的支配力时，它同样可以改变某种制度安排的功能或者赋予其另外的功能。在这种情况下，原先效率很低的制度安排可能在制度选择集合中占据优势地位，原先不太重要的功能可能成为主要功能。这就预示着，只有当制度结构由于某种原因产生不均衡从而制度选择集合也随之改变时，国有金融制度安排的功能才会发生转变。与此相对应的另一个重要推论是，任何试图通过单独变革国有金融安排或者采取移植的方式改变金融安排绩效的努力都是行不通的，尽管这些努力单独看来似乎十分具有吸引力。既然一个制度安排是制度结构中其他制度安排的函数，那么，一个制度安排的变迁也无疑是其他制度安排变迁的函数。

我们不妨简要追溯一下国有金融制度从制度选择集合中被剔除的历史踪迹。中国人民建设银行在 1954 年成立时就隶属于国家财政部，1970 年划归中国人民银行管辖，1972 年再划归财政部，这自不待言。而更令人感到意外的是，在 1969 至 1978 年改革以前的这段时间，国家索性将中国人民银行全部划归财政部管辖，前者只保留一块牌子，其机构、人员和业务等都并入后者，前者便成为真正的制度空壳了。从理论上讲，在产权被整合之后，国有金融制度安排的金融功能随之消失，监督功能上升为主要功能，但相比之下，金融功能是金融安排的不可替代功能，而监督功能则是可替代功能。一旦一种制度安排舍弃不可替代功能而仅存可替代功能，这种制度安排在制度结构中的地位就会极不稳定。

应当指出的是，国有金融产权的增量不扩展，反而其存量随时被整合与剔除，似乎与国家效用函数中扩展产权规模的偏好不符。事实上，国家追求的不是个别产权的扩展，而是加总了的产权扩展，由于国家让国有金融产权形式发挥的是监督功能，因而其规模越小越有利于此功能的发挥，因为对国家来说，还有一个监督监督者（国有银行）的问题。而且，由于没有那么多的金融资源可供配置，资金大都在内部分配，因此，扩展金融产权形式（包括组织规模）的边际成本会大于边际收益，从而是划不来的。这就预示着，当需要被配置的外部金融资源增加、国有金融产权扩展的边际收益开始递增时，国家便会把扩展国家金融产权的边界自动地纳入其效用函数，改革后的情形充分证明了这一点。

第五节 ▷ 国有金融产权边界的扩展：改革后的情形

一、关于国家退让

事实表明，建立在国家垄断产权基础上的工业化过程是难以持久的。其根本原因在于，用国家效用函数代替企业效用函数将使国家支付极高的信息成本，从而导致资源配置的低效率，而企业效用函数被代替也意味着 X 低效率问题将普遍凸现。因此，国家在其制造的国有产权形式主导了 20 余年的低效增长之后，最终不得不宣布退让。

从总体上讲，国家退让主要归因于国有产权的内部因素，因为经济的低效率使垄断产权形式的成本收益结构逐步发生不利于国家的变化，即经济的低效率最终也影响到国家对租金最大化的追求，因此，国家退让首先是由国家效用函数内生出来的。另外一个不应忽视的外部原因是，自 1978 年以来，经过了 20 余年哪怕是低效率的工业化，国家对付外部竞争者的能力（尤其是国防能力）大为提高（外部竞争压力也在相对减轻），从而使国家的效用函数发生了相应变化。

二、金融资源的分散化与国有金融产权边界的扩展：过程与性质

改革以来，随着国家退让（实际上这种退让在改革以前已经时断时续地进行过若干次），国民收入分配结构发生了显著变化。仅从最终分配状况看，在 1978 至 1988 年间，由国家控制的国民收入比重从 23.5％下降到 11.7％，企业部门变化不大，而居民部门的比重则从 64.4％上升到 77.5％。上述估算使用的是广义国民收入法，若用狭义的国民收入法测算，则由国家控制的国民收入最终分配的比重下降幅度会更大，比如从 1978 年的 31.9％下降到 1991 年的 12.2％，而个人部门的比重则从 56.5％上升到 75.3％（范一飞，1994，第 270 页）。国民收入分配结构的上述转变表明经济剩余从原来的国家集中控制逐步转化为民间分散拥有，由此引致的一个重要结果是金融资源的分散化。在改革初期，国家是主要的储蓄者与投资者，从 1981 年开始，居民部门逐渐替代国家成为国民储蓄的主要拥有者，如 1979 年居民储蓄占比为 23.55％（政府储蓄占比 42.8％，企业储蓄占比 33.65％），到 1981 年，居民储蓄占比（32.03％）首次超过政府储蓄占比（22.29％），到 1996 年，居民储蓄占比达 83％（政府储蓄占比 3％，企业储蓄占比 14％）。居民储蓄存款占 GNP 的比重也从 1978 年的 5.81％上升到 1996 年的 56.82％。

国民储蓄结构的迅速转变改变了国家的偏好，促使国家作出调整其国有产权结构的努力，其中的一个主要方面就是增加国有金融产权形式的比重。结果，长期被剔除的金融制度安排在改革以后获得了重新扩展的机会，从而成为国家追求其效用最大化的主要途径。不难理解，由于经济改革使国家通过财政途径获取与控制的经济剩余迅速下降，原有以国家财政为主的自上而下的经济剩余控制与资源配置方式已不符合其租金最大化的要求，因此国家也就不得不通过扩展国有金融产权来聚集分散于居民部门的金融资源，因为在聚集分散的个人储蓄方面，金融制度安排具有比较优势。

国有金融制度安排的扩展直观地反映在组织体系的重建上，这一过程以中国

人民银行从财政部分离出来开始（1978 年），随后重建了中国农业银行和中国人民建设银行（1979 年），并设立中国工商银行使其承担中国人民银行原有的金融业务（1983 年），中国人民银行随即成为中央银行（1984 年），此后又重建了国家控股的交通银行（1986 年）等；与此同时，各个国有银行在国内积极扩展其分支机构。这样，在改革后不太长的时期内，一个居于垄断地位的国有金融产权结构便迅速形成了（如表 1—1 所示）。国有金融组织体系的重建与扩展为国家在政府储蓄份额以及财政收入迅速下降情况下继续动员与控制金融资源提供了条件。

表 1—1　　　　　　　　国有金融组织规模的扩展：1985—1996 年

	总规模		国有银行规模		国有银行占比（%）	
	人员（人）	组织（个）	人员（人）	组织（个）	人员	组织
1985	1 343 700	119 388	924 828	58 364	68.83	48.89
1986	1 468 893	129 479	1 006 808	67 626	68.54	52.23
1987	1 651 415	145 416	1 122 404	79 619	67.97	54.75
1988	1 797 287	165 848	1 204 009	98 076	66.99	59.14
1989	1 970 905	159 251	1 343 310	94 563	68.16	59.38
1990	2 093 206	181 628	1 421 724	116 947	67.92	64.39
1991	2 256 203	188 559	1 499 823	123 356	66.48	65.42
1992	2 377 212	182 125	1 617 430	120 622	68.04	66.23
1993	2 675 921	199 985	1 778 059	138 837	66.45	69.42
1994	2 773 121	213 679	1 874 474	151 930	67.59	71.10
1995	—	—	2 045 904	165 650	—	—
1996	—	—	2 098 336	168 101	—	—

　　注：1994 年前的国有银行数据包括四大专业银行、交通银行和中信实业银行；1995 年另外包括中国人民保险公司；1996 年还包括中国农业发展银行，但不包括中信实业银行。

　　资料来源：《中国金融展望》（1994—1996），《中国统计年鉴》（1996、1997）。

　　不过，需要注意的是，国有金融制度安排不论如何扩展，在二重结构依然如故的情况下，总是无法逃避扮演财政替代性安排的角色，这注定了国有金融制度安排的低效率。比如，1979 至 1996 年间，在国有企业的生产投资资本中，国家财政提供的数额由 638.77 亿元提高到 1 459 亿元，年均增长 7.13%；而国有银行的资本投入则由 2 039 亿元提高到 47 434.7 亿元，年均增长 123.69%。若令财政和银行每年对国有企业投入的资本之和为 1，则财政所占的份额由 1979 年的

77.1％下降到了 1996 年的 15.4％，银行所占份额则由 22.9％上升到了 84.6％。与此相伴随的还有国有企业资本金的下降和资产负债率的提高。国有企业的资产负债率 1979 年与 1980 年分别为 29.5％和 30％，但自 1985 年"拨改贷"实行后，该比率上升到 40％，1990 年为 60％，1994 年为 75％，到 1996 年高达 78％左右[①]。显然，国有企业资本投入对银行依存度的提高，与其说是体现了金融安排地位的上升，不如说是反映了国家对金融制度控制的加强与对其依赖程度的提高。或者说，国有金融制度安排的扩展只是改变了国家垄断产权形式的内部结构，而国有金融安排作为国有企业配套角色的性质并未发生改变，改变的只是其配套的相对重要性，比以往相比，其重要性大为提高了。

---

① 更为详尽的情况可参见表 4—1 与表 8—4。

货币化与国家的
金融控制

　　中国的经济改革不仅意味着产权形式的多元化与金融资源的分散化，而且也是经济货币化（即经济活动中以货币为中介的交易份额逐步增大）的过程，经济货币化将改变国家控制金融的成本收益结构。与通过统收统支体制"内部化"地支配经济剩余相比，货币化意味着这种支配的"外部化"，也就是说，经济剩余的控制与支配需要更多地通过交易过程来进行。因此，对一个长期处于中央计划经济体制中的国家而言，货币化对其效用函数的影响是复杂的。我们已知，作为理性的经济人，国家不但要追求租金与经济剩余控制的最大化，同时还要追求控制成本的最小化，而垄断产权形式的确立保证了上述目标的实现。可以说，在引入货币化因素之前，国家的控制成本因产权的一元垄断而被视为一个常量，货币本身只是一种价值符号与计量单位，在决定控制成本方面可以说是中性的。当然，货币的这种中性特征也是国家追求垄断产权结构时所期望的一种结果。从第一章第四节第二点有关国家金融安排功能的讨论可以看出，国家试图通过相互隔离的两个货币流程使经济活动尽可能少地将现金货币作为中介，因为国家控制成本是以货币为中介的经济活动规模的增函数。显然，低的货币化水平是符合国家的效用函数的，进而，低货币化水平与国有金融制度安排的被剔除具有某种内在的逻辑联系。不难理解，只有在货币走出被分割处理的境况而成为经济活动的广泛媒介后，金融制度安排的重要性才会显现出来。不过，在经济货币化程度逐步提高的过程中，国家若依然坚持原有的控制方式，则意味着要支付越来越大的控制成本。

　　可是，饶有意味的是，在低货币化水平上起步的经济改革具有某种特殊的优势，即存在一个较长的货币化区间。由于低货币化的经济潜存着巨大的货币需求，因此具有极强的货币吸释能力。在这种情况下，国家可以给经济注入一定量的货币而无须担心通货膨胀，这就意味着国家将获取一大笔货币化收益。基于此，尽管货币化会增加控制成本，但同时它也具有促使国家推进货币化进程的内在激励。当货币化进程给国家带来的控制成本的增加小于货币化收益时，国家将主动推进经济的货币化，同时设计一种能有效获取货币化收益的金融安排，并对这种安排实施控制。

第一节　货币化区间与货币化收益

一、中国之谜：低通货膨胀与高金融增长

改革以来，中国实际的金融增长速度令人惊叹，但却没有导致较高的通货膨胀。1978—1996 年间，中国的货币存量（M2）平均增速达 25.2％，而同期 GNP 的增长速度平均为 9.7％，零售物价指数平均上升 6.82％。与此同时，货币化达到很高的水平，1996 年为 108.58％，而 1995 年美国的水平为 59％，英国为 104％，日本为 114％，德国为 70％，印度尼西亚为 40％，韩国为 44％，马来西亚为 89％，泰国为 79％。

美国经济学家麦金农教授（1993）曾对中国与东欧以及独联体的市场化过程作了详尽的比较研究，结果表明，独联体、东欧与中国的市场化过程中都出现了迅速的财政下降，如俄罗斯财政收入占 GNP 的比重在苏联解体时为 40％左右，到 1993 年即逼近 20％（1995 年更降至 20％以下），中国的财政收入从 1978 年占 GNP 的 34.8％急剧下降至 1991 年的 18.5％（1996 年跌至 10.87％）[1]，但只有中国成功地抑制住了通货膨胀的势头；而按他所提出的经济市场化的次序，金融增长必须建立在中央财政平衡的基础之上，否则将会被随之而来的通货膨胀所遏制。因此他把在中国出现的在财政下降的同时保持价格水平稳定与高金融增长的这种现象称作"中国之谜"（第 271 页）。

二、初始条件与货币化区间

中国和独联体、东欧在市场化过程中所表现出来的上述差异与各自所具有的特殊的初始条件有直接关系[2]，其中最显而易见的是，两者在改革开始时的货币

---

① 上述比率皆为麦金农教授的计算值，与后文表 2—2 中所列数值有出入，括弧内数值为引者所加。

② 世界银行（1996a）认为，为什么中国有能力在进行部分和分阶段的改革时仍保持迅速的增长，而 CEE（即中东欧中央计划经济国家）和 NIS（即新独立的独联体国家）更果敢的改革却遭遇了产出的大幅度下降呢？中国有利的初始条件是解开这个谜团的第一步（19 页）。

化程度差异巨大。据世界银行一份权威的发展报告（1996a）统计，苏联在1990年的 M2/GDP 达 100%，而中国在 1978 年仅为 25%（第 21 页）。[①] 这说明苏联的经济在改革初就已经货币化了，而中国经济在改革开始时尚处于低货币化状态之中。

改革初期经济的低货币化状态使制度变迁过程得以与经济的货币化过程同步推进，从而避免了"通货膨胀陷阱"的困扰。经济改革本身是要付出巨大成本的，这种成本在改革初期没有相应的改革收益来抵补时，往往要用货币投放来支付，因此存在导致通货膨胀的可能。然而，低货币化经济却具有吸释货币供给的功能。如前所述，中国在 1978—1996 年间，货币存量的增长速度远远大于经济增长与物价的上升速度，这意味着会形成巨额的超额货币供给。经计算，超额比率为 8.68%，即 M2 增长 25.2%－（GNP 增长 9.7%＋物价上升 6.82%）；若把名义 GNP 折合成真实 GNP，这一比率则会超过 10%。1996 年的超额比率达 11.35%（中国人民银行，1997）。如此高的超额货币供给并没有导致高通胀率，显然是由于其中的相当部分被低货币化的经济所吸释（如果不是全部吸释的话）的缘故。据估计，改革初期，为了满足新货币化经济对货币的需求，每年需要增加货币供给 6%～8%（黄小祥，1988）。

三、货币发行收益与金融剩余

货币可以超量供给而又无过大的通货膨胀压力，这意味着在中国的货币化过程中将产生一大笔货币发行收益。据我国国内学者的一种估计，1978—1992 年，这笔收益平均占 GNP 的 3%左右（易纲，1996b）；另一种估计为，1986—1993 年它平均为 GNP 的 5.4%，此间实际货币发行收益累计达 8 447.2 亿元（谢平，1996，第 41 页）；世界银行（1996a）更是认为 1993 年其最高额几乎达到 GDP 的 11%（市场经济国家一般为 1%～2%）（第 35 页）。这笔巨额的货币发行收益无论对处在下降过程中的中央财政还是对陷入困境和效率低下的国有经济都是一种及时而有力的补贴，由此产生了减轻改革阻力的绩效，尤其是增强了国家这个改革推动者的改革激励的绩效。

不过，货币发行收益只是整个货币化过程所能够提供的总收益的一部分。这笔收益虽然数额不算小，但仅依靠它来抵补一个庞大经济的改革成本和支撑经济增长显然是不够的，更何况货币发行本身要受到逐渐上升的货币化水平的严格制约。随着货币化指标向 100%靠近，来自货币发行的收益将会递减。在这种情况

---

① 世界银行的此项计算结果也与本书表 2—2 所列的相应数据有出入。

下，如果长期依赖于货币发行收益，就必然会引致高通胀的压力。或者说，中国的货币化过程和高金融增长最终也会陷入"通货膨胀陷阱"。可这种情形始终没有在改革过程中出现。虽然在1984年以后，中国遭受过数次较为严重的价格上涨，但都得到了成功的恢复。毫无疑问，除货币发行收益之外，还存在着其他类型的收益。

事实上，中国的货币化过程从一开始就同时为经济提供着数目可观的金融剩余。我们首先注意到，标志货币化进程开始的农村制度变迁，使农村的贸易条件大为改善，农业产出也迅速增长，从而极大地提高了农村的现金流量；随着收入的增加，农民开始积累现金和储蓄存款。现金的积累等同于通过中央银行向国家贷款，如前面已经指出的，它构成货币发行收益的一部分。相比之下，储蓄存款则以更快的速度增长，如1979—1984年间年平均增长率达41%。农民以储蓄存款为主要形式的金融资产积累扩展了国家银行体系的贷款来源，而与此同时，国家对农村的直接贷款并不多。在1979—1984年间，农村信用合作社（代表国家）对农户、乡镇企业和集体农业的贷款总额平均只占存款总额的33.9%，即便到了1991年，也才占到66.8%（Qian, 1993）。这样，在改革开始的这段关键时期里，占总人口3/4以上的中国农民出人意料地以净贷款人的身份为其他经济部分贡献了金融剩余（麦金农，1993，第277页）。

当改革过程推进到城市与工业领域后，金融剩余的规模得到更为迅速的扩展。如表2—2所示，城镇居民储蓄存款在改革以来一直保持高速增长，它与农村居民储蓄存款一起，使居民储蓄存款占GNP的比重从1978年的5.6%持续上升到1996年的56.82%（与GDP相比）。无疑地，城镇居民的储蓄基本上作为金融剩余通过国有银行体系提供给了国家。尤为引人注目的是，非国有经济在改革过程中得到迅速成长，可它在逐步成为经济增长的主要贡献者的进程中并没有从国有银行那里索取多少金融支持。比如，工业总产值中非国有经济所占的比重，1978年为22.4%，到1995年达到69.1%；预算内财政收入中非国有部门的贡献率，1980年为18%，到1993年增至39.4%；非国有部门（包括农业）就业占比长期保持在80%以上。但是，非国有经济使用的工业贷款额的比例却一直只有20%上下。由表2—1显示，1985—1996年间非国有部门（包括乡镇企业和农业）所用贷款占全部银行贷款的平均比例仅为19.03%，最高的1993年也不过为20.98%。这就意味着，国有经济可以从非国有部门那里借入大量的金融剩余，从而使政府在不征取较高的通货膨胀税和进行税制改革的情况下，能够提供足以满足国有企业和中央财政金融需要的资金。

表 2—1			中国 1985—1996 年金融机构对非国有部门的贷款份额			（%）
年份	城市集体	城市个体	乡镇企业	三资企业	农业	全部非国有部门
1985	4.95	0.17	5.63		6.85	17.60
1986	5.11	0.13	6.82		6.68	18.94
1987	5.47	0.16	7.25		7.28	20.16
1988	5.58	0.17	7.59		7.19	20.53
1989	5.15	0.11	7.39		7.12	19.97
1990	4.93	0.09	7.42		7.17	19.61
1991	4.74	0.08	7.63		7.39	19.84
1992	5.77	0.26	7.16		7.54	20.73
1993	5.96	0.33	8.22		6.47	20.98
1994	5.08	0.38		1.94	11.38	18.78
1995	4.26	0.39		1.98	5.99	12.62
1996	4.31	0.46		2.20	11.65	18.62

注：1994 年后，农业贷款份额中包含了乡镇企事业贷款。

资料来源：1985—1991 年数据引自麦金农（1993）表 13—9；1992—1996 年数据依据《中国金融展望》（1994－1997）有关数据计算。

第二节 关于"强金融"问题

一、一种制度替代

在中国，如上所述，货币化过程为改革中的经济提供了货币发行收益和金融剩余，国家也据此成功地抵补了迅速的财政下降。问题在于，除了货币发行收益外，金融剩余（尤其是居民手中的大量货币积存）的分布是极为零散的，要将它们转变为国家手中的可用资金，就得有相应的制度安排。从理论上讲，获得金融剩余的制度安排有两种：一种是税收制度，另一种是金融制度。毋庸讳言，迄今为止，中国一直没有寻找到一种通过税收制度来获取金融剩余的有效途径。尤其是改革以来，在国民收入向个人部门大量倾斜的条件下，个人收入所得税的征收机制未能得到相应确立。比如，城乡个人收入占 GNP 的比重 1978 年为 50%，1995 年上升到接近 70%。可是，1995 个人所得税占 GNP 的比重只有 0.2%，而1992 年该比重在英美为 10%，法国为 7.1%，德国为 9.3%，韩国为 3.6%（1993 年），印度也达 1.2%。1994 年中国个人所得税在税收总收入中的比重仅为1.5%，而工业国家平均为 28%，发展中国家也平均达 11%（世界银行，1996b，第 38 页）。相比之下，改革以来迅速扩展的国有金融制度却一直保持着很强的聚集金融剩余的能力。统计资料显示，城乡居民储蓄存款在 1978—1996 年间以年均 35％的速度递增，储蓄存款总额由 1978 年的 210.6 亿元增至 1996 年的 38 520.8 亿元。1998 年 3 月份进一步增加到 4.8 万亿元以上。其中的绝大部分（如 1996 年城镇储蓄存款的 92.5％）进入到国有银行的账户而被国家所掌握。不难看出，在动员金融资源（剩余）的过程中，金融制度替代了一部分税收制度的功能，而在随后进行的金融资源配置过程中，它又进一步替代了财政制度的功能。事实证明，这种替代既是促使以往改革成功的关键，又是导致未来改革陷入困境的根源。

二、弱财政与强金融

针对改革以来中央政府财政能力下降的现实，理论界曾经有人提出中国存在一个"弱政府"的判断（王绍光、胡鞍钢，1993，第 12～42 页），并因此引发了一场学术争论。这里我无意于介入这场争论，只是试图表明：从中央财政能力的角度看，中国的确存在一个"弱政府"。1953 至 1983 年，中央财政收入占总财政收入的平均比重为 22.6％（张风波，1988，第 179 页）。改革以来中央财政收入占总财政收入的比重有升有降，在 1985 年以前，有一个上升阶段，中央财政自身收入的最高比例曾经一度接近 50％，此后缓慢下降，到 1991 年降至 40％以下，1992 年又有所回升（参见国际货币基金组织，1994，第 28 页，图 6），1996 年估计为 40％左右；如果把基本上由地方支配的预算外资金（相对于预算内资金，其比重从 1978 年的 8.4％上升到 1993 年的 30.3％，若考虑到乡村财政，该比例则达 40％）计入，中央财政收入占比则会降至 1/5。而大多数国家的中央财政占比在 60％以上（如法国 88％，德国 63％，英国 85％，印度 69％，巴西 84％，墨西哥 83％）。可是，若从中央的金融能力的角度观察，中国又存在一个"强政府"。除上面所讲的国有银行拥有强劲的动员金融剩余的能力外，四大国有专业银行的市场占有率虽在改革以来缓慢下降，但 1996 年仍占 75％左右（中国人民银行，1997，第 38 页）；同时，金融（尤其是国有金融）为国家的公共赤字和企业补贴大量融资，如 1987 至 1995 年公共部门平均赤字占 GDP 的比重为 11.16％，其中银行部门融资占 GDP 的比重即达到 8.2％；国家还保持着通过金融手段对其他经济领域进行调控的强大能力，1984 年以来尤其是 1993—1996 年的宏观金融调控绩效即是最好的证明（可参见中国人民银行，1997）。显然，笼统地说"弱政府"有失偏颇，更准确地讲，中国的国家能力可以概括为：弱财政，强金融。其基本情形可参见表 2—2。

表 2—2   中国的"弱财政"与"强金融"格局   (%)

年份	(1) 财政收入占GNP的比重(不包括债务收入)	(2) 中央财政收入占GNP的比重(包括债务收入)	(3) 公共部门赤字占GDP的比重				(4) 居民储蓄占GNP的比重	(5) 国有企业补贴融资来源占GDP的比重		
			总额	政府预算	国有企业	其中的银行融资		总额	财政	金融
1978	31.2	—	—	−0.28	—	—	5.6	—	—	—
1979	26.7	—	—	5.15	—	—	7.03	—	—	—
1980	23.3	—	—	3.81	—	—	8.94	—	—	—
1981	21.3	4.7	—	2.07	—	—	10.97	—	—	—
1982	20.0	5.0	—	2.18	—	—	13.01	—	—	—
1983	20.1	6.4	—	2.11	—	—	15.36	—	—	—
1984	20.5	7.5	—	1.75	—	—	17.45	—	—	—
1985	20.8	8.3.	—	0.80	—	—	18.96	9.9	7.5	2.4
1986	21.9	9.5	—	2.15	—	—	23.08	9.9	7.5	2.4
1987	19.5	8.0	10.7	2.1	8.6	8.4	27.19	10.2	7.2	3.0
1988	16.8	7.4	10.7	2.4	8.3	8.1	27.02	7.0	6.4	0.6
1989	16.7	6.9	11.4	2.3	9.1	8.9	32.18	6.9	6.9	−0.1
1990	16.3	7.6	12.3	2.2	10.1	10.3	39.75	6.2	6.4	−0.2
1991	14.57	7.0	10.9	2.5	8.5	8.7	42.75	5.8	5.2	0.6
1992	13.08	—	13.1	2.6	10.5	8.2	44.14	7.5	3.9	3.6
1993	12.56	—	12.7	2.3	10.3	9.8	43.90	6.3	3.1	3.2
1994	11.19	—	9.9	1.7	8.2	5.7	46.16	3.9	2.2	1.7
1995	10.71	5.6	8.7	1.7	7.0	5.7	50.91	—	—	—
1996	10.87	—	—	—	—	—	56.82	—	—	—

资料来源及说明：第（1）栏：1978—1990 年的值引自王绍光、胡鞍钢（1993）；1991—1996 年的值依据《1997 年中国金融展望》表 3—1 计算，为财政收入与 CDP 的比值。

第（2）栏：引自王绍光、胡鞍钢（1993），1995 年为估计值。

第（3）栏：引自世界银行（1996b）表 1—4，其中 1995 年为估计值；政府预算项 1978—1986 年的值引自王绍光、胡鞍钢（1993），为财政赤字与 GNP 的比值。

第（4）栏：1978—1990 年的值依照易纲（1996a）图 1—1 和表 4—2 计算，其中居民储蓄仅来源于国有银行系统；1991—1996 年的值依据《1997 年中国金融展望》表 3—1、表 3—9 有关数据计算，为居民储蓄与 GDP 的比值。

第（5）栏：引自世界银行（1996b）表 2—1。

应当看到，弱财政与强金融的搭配固然是中国改革成功的一个因素，但这种搭配的实现显然是以中国特有的货币化区间为条件的。这就意味着，当经济的货币化程度达到一定高的水平（比如 100％），此种搭配结构将变得越来越难以维持。更明确一点讲，如果此时政府不能由弱变强，而支持"强金融"的因素又不复存在，那么，国家继续依赖金融制度就必然要导致通货膨胀的结果。

第三节 国家的金融控制与国有金融制度的两难选择

一、国家的金融控制：一种描述

毋庸讳言，上述"强金融"现象从一开始就与国家的金融控制直接相关。改革以来，中国的国民储蓄结构发生了很大变化（参见第一章第五节第二点的有关讨论），个人、企业、政府三部门所占的比重 1979 年分别为 23.55％、33.65％和 42.8％，到 1996 年则依次转变为 83％、14％和 3％。为了将迅速增加的个人部门的储蓄有效地集中到国家手中以弥补政府储蓄份额的下降，需要有一个由国家控制并占垄断地位的国有金融体系；而且出于让居民储蓄更多地直接流入国有银行账户的考虑，也有必要限制居民的金融资产选择。事实表明，国家的上述控制措施达到了预期的目的。比如，1991 年居民金融资产结构为：现金占 19.16％，储蓄存款占 70.1％，证券和保险占 10.74％。当然，为了让居民拥有一个足够高的储蓄倾向，国家成功地保持了对这个部门的正利率刺激，尤其是在通胀率较高时期实行的利率指数化措施。这样，居民对国有银行体系的信任加上金融资产的相对短缺使居民储蓄纷纷涌入以国有银行为主的金融机构。随着大量居民储蓄进入金融机构（尤其是国有银行）的账户，一个以国有银行为主体的金融资源配置体制即告形成。统计资料显示，在金融资产总量中，银行和金融机构存贷款占比虽自改革以来在缓慢下降，但 1995 年仍居 83％的高位。以上情形还可从国际比较的角度得到说明。据世界银行（World Bank，1995）统计，1993 年中国的银行资产（仅包括国有银行与农村信用社的数值）占 CDP 的比重为 128％，远远大于股票和债券所占 20％的比重；而同期以上两项的比重，韩国分别为 69％和 84％，马来西亚为 93％和 396％，菲律宾为 51％和 117％，泰国为 95％和 112％，都是股票债券占比超出银行资产占比。就日、德、英、美四国的平均值来看，也是如此，即分别为 143.25％和 149％。

大量金融资源集中到国有银行，为国家按照自己的偏好对其加以使用提供了便利。既然国有银行归国家所有，就得承担由国家（政府）交过来的融资义务。实际上，每一家国有银行都程度不同地为政府的许多重点项目和社会福利项目直接提供所谓的政策性贷款，1992 年这类贷款占其贷款总额的比重分别为：中国工商银行 18％，中国银行 22％，中国农业银行 48％，中国人民建设银行 53％，平均比重达 35.25％（国际货币基金组织，1994，第 36 页）。可是随着改革的推进，国有银行的利益追求格局发生了显著的变化，正如我们将在第三章所要讨论的，它们在国家的利益范围之外开始追求自身的私人利益，同时，在分权改革的影响之下，地方的利益偏好也进入其利益追求函数。在这种情况下，为了限制与国家偏好不一致的利益追求，国家针对国有银行推行了严格的信贷规模控制以及与此相联系的高准备金制度。1984年，在中国人民银行与中国工商银行分设时，规定各专业银行要将一般储蓄存款的40％、农村存款的25％、企业存款的20％和财政性存款的100％作为存款准备金上交中国人民银行，从而使国家控制了全国信贷资金的大约40％～50％。后来经过数次调整，迄今一般存款的准备金率仍统一在13％的高水平上。此外，还要求各专业银行缴存5％～11％的备付金。这样，法定准备金总比率高达18％～24％（参见图2—1）。相比之下，西方国家金融机构的法定准备金率的总水平一般都在10％以下，如1992年美国为10％，英国为0.5％，瑞士为2.5％，日本为1.3％。事实表明，高存款准备金制度的确限制了国有银行自主运用资金的权力，强化了国家对金融资源的支配和控制能力。有意思的是，尽管中央银行对专业银行一直存在超贷现象，如1994年末超贷资金达6 623亿元，可是，由于中央银行给专业银行的再贷款大都属于指定用途的专项贷款，因此超贷本身带来的专业银行资金来源的增加并不能弥补专业银行因上交准备金而丧失的资金自主权（谢平，1996，第38页）。

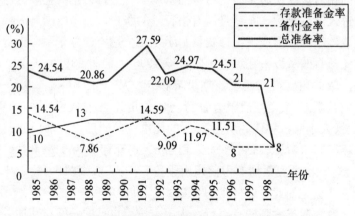

图2—1　中国的准备金率变化：1985—1998年

二、两种控制：以1988年为界

毫无疑问，随着货币化水平的提高，货币化收益必然会发生递减。根据易纲（1996a）的研究，在1979—1984年间新货币化的中国经济吸收了大量超额货币供给，因而通胀率很低，国家获取了大量的货币收益。可是1985年以后，货币化进程显著放慢，超额货币供给的主要结果是造成了通货膨胀，相应的货币化收益也随之下降了（第132、152页）。谢平（1996）认为，1992年以后，经济改革向纵深发展，各利益主体之间的矛盾冲突处于突出时期，对体制改革补贴的需求巨大，但经济货币化程度已达到顶点，可用于体制改革补贴的货币发行收益却远远不够。面对各种矛盾的压力，政府不得不继续用扩大银行贷款和货币发行的方式进行利益补偿，由此导致了通货膨胀的加剧（第43页）。世界银行（1996a）的分析表明，中国在改革初期依赖现金和银行存款看上去不能满足企业和居民的需求这一情况，在经济高速增长的同时避免了通货膨胀。可是，这种货币需求不会持续下去，因为货币余额已经很高，到1994年已接近GDP，银行存款的其他替代形式如股权、企业债券、外汇和不动产等越来越多，加上资本的公开运用，在这种情况下，国家通过银行向公共部门融资所形成的赤字会直接转化为通货膨胀。尽管中央迄今尚能通过行政控制用周期性的调整抑制通货膨胀，但随着改革的深化，此种做法的效率将越来越低（第35页）。麦金农（1993）则认为，中国经济的货币化在1991年达到97%，政府已不能无限制地依赖于国有银行体系的借款，否则，过去13年的伟大经济成就就会面临危险，东欧型的通货膨胀就不能排除（第291页）。

以上讨论为我们展示了货币化收益由增到减的不同折点时限，对揭示国家金融控制的性质具有重要意义。我们注意到，当货币化收益处在递增阶段时，国家的金融控制一般是主动的；而货币化收益一旦跨越折点进入递减阶段，如果经济体制的转换没有同步跟上，金融控制便会具有迫不得已与被动的性质。具体而言，在改革开始时，货币化收益迅速增加，而当时处于垄断地位的国有金融体系又是最便利的积累这笔收益的工具，为了有效动员和配置这笔收益，国家自然而然地产生了控制金融的激励。可是，随着改革的推进，主要使用这笔收益的国有经济部门并没有进行同步的变革，因而，当货币化水平逐步提高、货币化收益出现递减时，这个部门的利益补贴需求却有增无减，与此相伴随，国家扩大货币发行的行动导致了通货膨胀的结果。这时，国家开始意识到金融控制的风险上升，但由于协调与重组风险的市场经济体制未能确立，因此，通货膨胀的压力越是上升，金融控制的紧迫性就变得越强，国家退出控制（或转换控制方式）的可能性也就越小。

从表2—3可知，中国的货币化进程在改革以前毕竟也在缓慢推进，如从1952年的14.88%上升到1977年的36.35%。较低的货币化水平原本是经济发展不成熟的反映，可正是这种不成熟意外地为中国经济改革在最初一段时期内较为成功地推进提供了一个重要条件。

国家金融控制由主动转向被动的折点时限究竟在哪里呢？根据表2—4和图

2—2，改革以来中国经济的货币化指标（M2/GNP）在经过连续 10 年的上升后，到 1988 年出现了首次下降，即由上年的 69.85％降至 67.68％，就在这一年，通货膨胀率（18.5％）也第一次超过 GDP 增长率（11.3％）。这一过程虽然持续的时间不长，却是货币化收益由递增到递减的标志。从此往后，中国的经济运行和改革过程便进入了高涨与紧缩交替出现的阶段，而每次交替都表现为国家金融控制的放松与抽紧。这表明，以 1988 年为界，国家的金融控制已由主动转为被动。到 1992 年，货币化指标再度出现下降，由 95.31％降至 1993 年的 91.15％，降幅大于首次，达4.16％，这说明货币化收益递减的速度在加快。如果国有经济体制仍未出现实质性改进，那么可以预见，下一次货币化指数的降幅会更大，国家也将更难以加以控制。至此，我们有理由推断，前面提及的易纲的折点时限（1985 年）过于靠前，而谢平等的折点时限（1992 年左右）又过于靠后。

表 2—3 　　　　　　　　　　　中国的货币化：改革前的情形

年份	M2（亿元）	GDP（亿元）	M2/CDP（％）
1952	101.3	680.9	14.88
1953	113.7	819.6	13.87
1954	132.4	864.7	15.31
1955	145.9	910.9	16.02
1956	175.0	1 019.6	17.16
1957	197.7	1 049.6	18.84
1958	313.2	1 292.4	24.23
1959	391.7	1 412.6	2.73
1960	409.1	1 410.3	29.01
1961	439.8	1 151.3	38.20
1962	436.2	1 068.1	40.84
1963	436.6	1 156.0	37.77
1964	434.7	1 347.9	32.25
1965	497.6	1 603.4	31.03
1966	566.3	1 833.4	30.89
1967	629.7	1 718.9	36.63
1968	666.9	1 635.7	40.77
1969	659.2	1 869.2	35.27
1970	651.1	2 226.5	29.24
1971	714.9	2 401.0	29.78
1972	754.9	2 469.2	30.57
1973	870.3	2 679.6	32.48
1974	936.8	2 714.3	34.51
1975	1 017.5	2 901.0	35.07
1976	1 084.6	2 812.9	38.56
1977	1 107.3	3 046.4	36.35

资料来源：本表依据易纲（1996a）表 4—2 和张凤波（1988）表 2—6 计算而来。

表 2—4　　　　中国的货币化、通货膨胀与经济增长：1978—1996 年　　　（％）

年份	M2/GNP	通货膨胀率	GDP 增长
1978	31.98	0.7	11.7
1979	36.11	2.0	7.6
1980	40.79	6.0	7.8
1981	45.97	2.4	4.5
1982	48.85	1.9	8.7
1983	51.63	1.5	10.3
1984	57.53	2.8	14.7
1985	57.84	8.8	13.5
1986	65.88	6.0	8.8
1987	69.85	7.3	11.6
1988	67.68	18.5	11.3
1989	70.63	17.8	4.1
1990	82.23	2.1	3.8
1991	89.91	2.9	9.2
1992	95.31	5.4	14.2
1993	91.15	13.2	13.5
1994	100.92	21.7	12.6
1995	105.38	14.8	10.2
1996	108.58	6.1	9.7

资料来源：本表依据易纲（1996a，1996b）和《中国金融展望》（1994—1997）的有关数据计算而来。

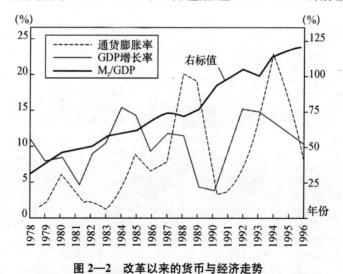

图 2—2　改革以来的货币与经济走势

三、国家控制金融的收益与成本：经验证据

以上讨论主要展示了改革以来国家控制金融的基本走势，为了更为精确地描

述与把握这一走势，我们有必要进一步考察国家控制金融的收益成本结构。这里，首先遇到的困难是国家控制金融的收益与成本因素的筛定，其次是相应数据的取得。尽管进行了艰苦的筛选工作，但我们对所选因素的可靠性仍存有疑虑。我们初步确定的国家控制金融的收益因素有：(1) 货币发行收入；(2) 国有金融的税收贡献；(3) 对国有经济的金融支持。前两项可视作直接收益，第 (3) 项则为间接收益。相比之下，直接收益的数据容易获取，而间接收益的数据则无法直接取得，我们在具体测算时，用国有银行为公共部门赤字提供的融资额来近似地表示。国家控制金融的成本因素有：(1) 国有金融机构的经营费用；(2) 国有金融机构的存款利息支出；(3) 中央银行的监督成本（以中央银行的经营成本为依据）；(4) 国有银行配置金融资源的低效率损失。前三项作为直接成本，数据来源也比较直接；第 (4) 项属于间接成本，我们姑且用国有银行不良债权的估计值来表示。对国家控制金融的收益成本的测算结果显示在表 2—5 中。需要指出的是，对于表 2—5 中的相关数据，我们尽量依据权威的统计资料，对一时实在无法准确获取的数值则暂用估计值或取相似的替代统计值。因此，表中的数值固然可以满足展示国家控制金融收益的成本变化趋势的要求，但不宜用作具体引用数据。

表 2—5　　　　　　　　　国家控制金融的收益与成本　　　　　　　　　（亿元）

年份	R_m				C_m				
	SE	BT	FS	合计	MC	SC	SI	BD	合计
1979	54.61	6.15	118.97	179.73	4.32		11.13	28.12	43.57
1980	74.06	1.89	249.28	325.23	5.25		21.57	78.72	105.54
1981	48.83	2.17	210.31	261.31	7.62		28.28	18.29	54.19
1982	42.10	23.67	218.51	284.28	10.25		38.90	44.40	93.55
1983	89.36	25.62	217.56	332.54	11.66		51.41	19.43	82.50
1984	255.16	115.29	254.16	634.61	17.78		69.97	2.03	89.78
1985	1 064.25	250.74	308.69	1 623.68	20.71	11.45	110.99	12.86	156.01
1986	443.40	301.14	484.15	1 228.69	36.56	19.24	161.11	90.27	307.18
1987	279.59	341.17	949.79	1 570.55	51.35	24.47	221.28	850.00	1 147.10
1988	725.74	336.30	1 140.01	2 202.05	70.32	38.16	328.45	1 110.00	1 546.93
1989	713.07	199.56	1 423.79	2 330.42	76.52	44.68	583.66	1 560.00	2 264.86
1990	1 322.23	390.15	1 821.17	3 533.55	81.12	51.90	607.75	1 740.00	2 480.77
1991	1 360.54	289.21	1 880.75	3 530.50	98.91	66.00	698.66	1 862.00	2 725.57
1992	1 299.81	248.28	2 184.32	3 732.41	132.49	88.36	888.90	3 000.00	4 109.75
1993	2 473.50	362.60	3 394.17	6 230.27	167.42	131.30	1 669.34	6 500.00	8 468.06
1994	2 793.76	135.79	2 657.70	5 587.25	3n.09	234.19	2 362.76	7 000.00	9 919.04
1995	2 151.57	309.10	3 320.85	5 781.52	416.46	282.34	3 256.92	8 000.00	11 955.72
1996	6 201.70	375.03	4 067.70	10 644.43	509.01	376.44	3 208.78	10 000.00	14 094.23

　　注：表中 SE 为货币发行收入，BT 为国有银行的税收贡献，FS 为国有银行的金融支持，MC 为国有银行的经营费用，SC 为中央银行的监督费用，SI 为国有银行的存款利息支出，BD 为国有银行的不良债权。

　　资料来源及说明：参见本书附录 Ⅱ 。

从表 2—5 不难看出，在 1979 至 1991 年间，国家控制金融的总收益一直大于总成本，此间国家获取的净收益为 6 939.59 亿元。在改革一开始，国家之所以要迅速扩展其垄断金融产权并主动加强对金融的控制，其原因即在于此。不过从 1992 年开始，国家控制金融的成本迅速超过控制收益，在 1992 至 1996 年间，国家支付的净成本高达 16 570.92 亿元，正是基于此，国家的金融控制才由主动转为被动。既然从 1992 年开始国家控制金融的成本才超过其收益，那么我们为什么要把国家控制金融由主动转为被动的"折点时限"划在 1988 年呢？为了回答这个问题，我们有必要考察国家控制金融的收益成本指数的变化趋势。从表 2—6 和图 2—3 可知，国家控制金融的成本指数曲线在 1986 年以前和收益指数曲线一样都比较平缓，比如，若把 1979 年的收益与成本指数取为 1.0，则 1986 年成本指数与收益指数分别为 5.62 和 7.16。在 1986 年以后，收益指数曲线依然表现平缓，而成本指数曲线则突然变得陡峭，如 1987 年成本指数迅速上升到 17.14，超过收益指数 9.26 个测算值。此后，成本指数曲线与收益指数曲线的距离逐年拉大，到 1996 年相差 65.15 个测算值。不难看出，尽管从绝对值看，国家控制金融的成本一直到 1992 年才超过其收益，但从国家控制金融的效用函数出发，自 1986 年开始，国家已经逐步感受到控制金融的成本在迅速上升（同时控制收益徘徊不前）的巨大压力，从而不再像改革初期那样具有强烈的控制金融的内在激励。更进一步讲，这时虽然控制金融仍有利可图，因为控制收益仍在增加，但控制本身已不再像起初那样轻松自如，尤其是在经历了 1988 年的金融挫折之后，国家对金融的控制就变得更为小心谨慎了。

表 2—6　　　　　　国家控制金融的收益—成本指数：1979—1996 年　　　　　（亿元）

年份	IR_m				IC_m					P^i
	IR_m^g	ISE	IBT	IFS	IC_m^g	IMC	ISC	ISI	IBD	
1979	1.00	100.00	100.00	100.00	1.00	100.00	100.00	100.00	100.00	100.00
1980	1.58	135.62	30.73	209.53	2.20	121.53	100.00	193.80	279.94	106.00
1981	1.23	89.42	35.28	176.78	1.29	176.39	100.00	254.09	65.04	108.54
1982	1.49	77.09	38.88	183.67	2.28	237.27	100.00	349.51	157.89	110.61
1983	1.76	163.63	416.59	182.87	1.97	269.91	100.00	461.90	69.10	112.27
1984	3.96	467.24	1 874.63	222.04	2.22	411.57	100.00	628.66	7.22	115.41
1985	9.51	1 948.82	4 077.07	259.47	3.27	479.40	100.00	997.21	45.73	125.57
1986	7.16	811.94	4 896.59	406.95	5.62	846.30	168.03	1 447.53	321.02	133.10
1987	7.88	511.98	5 547.48	798.34	17.14	1 188.66	213.71	1 988.14	3 022.76	142.82
1988	8.83	1 328.95	5 468.29	958.23	19.66	1 627.78	333.28	2 951.03	3 947.37	169.24

续前表

年份	IR_m				IC_m					P^i
	IR_m^g	ISE	IBT	IFS	IC_m^g	IMC	ISC	ISI	IBD	
1989	7.07	1 305.75	3 147.32	1 196.76	25.19	1 771.30	390.22	5 244.03	5 547.65	199.36
1990	11.18	2 421.22	6 343.90	1 530.78	26.82	1 877.78	453.28	5 460.47	6 187.77	203.55
1991	10.41	2 491.38	4 702.60	1 580.86	28.73	2 289.58	576.42	6 277.27	6 621.62	209.45
1992	10.08	2 380.17	4 037.07	1 836.03	40.31	3 066.90	771.70	7 986.52	10 668.56	220.76
1993	14.86	4 529.39	5 895.93	2 852.96	73.10	3 875.46	1 146.72	14 998.56	23 115.22	249.90
1994	10.65	5 115.84	2 207.97	2 233.92	71.37	7 455.79	2 045.33	21 228.75	24 893.31	304.13
1995	9.72	3 939.88	5 026.01	2 791.33	76.30	9 640.28	2 465.85	29 262.53	28 449.50	349.14
1996	17.38	11 356.34	6 098.05	3 419.10	82.53	11 782.64	3 287.69	28 830.10	35 561.88	370.44

资料来源及说明：本表依据本书表 2—5 计算而来。国家控制金融的收益综合指数 IR_m^g 与成本综合指数 IC_m^g 分别根据其分指数加权而成，全部指数消除了价格变化 P^i 的影响。各指数加权系数依照国家控制金融的收益成本分项比重（参见附录 Ⅱ 表 H）分别估算为：ISE 0.35，IBT 0.09，IFS 0.56，IMC 0.07，ISC 0.03，ISI 0.35，IBD 0.55。其计算公式分别为：$IR_m^g = (0.35ISE + 0.09IBT + 0.56IFS)M_{t_i}$；$IC_m^g = (0.07IMC + 0.03ISC + 0.35ISI + 0.55IBD)M_{t_i}$。其中 M_{t_i} 为货币化水平，在本表中表示年份。

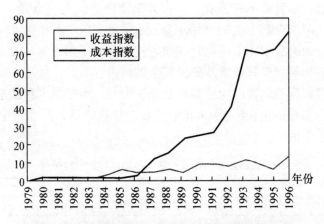

图 2—3　国家控制金融的收益—成本指数变化趋势

资料来源：本书表 2—6。

四、两种成本与"公共金融产权陷阱"

根据已有的讨论，随着货币化进程的推进，国家的控制成本也在迅速增加。这种趋势的实质是，在既有的货币化进程和改革过程中，国有金融机构的利益追求格局发生了显著变化，尤其是国有银行（包括中央银行）的分支机构出现了普遍的实际隶属于地方现象。这样，国有金融机构在追求国家金融利益目标之外追求地方与自身利益的行动开始频繁显现。与此同时，各地方与部门大都通过竞相创设大量旨在为其提供融资服务的金融机构（新的金融产权形式）而不同程度地获取了支配金融资源的权力。金融资源配置结构与金融产权结构的日趋多元化，而与此相对应的更为有效的金融控制体系却一时难以确立。与此同时，国家的金融需求不但未见削减，反而愈加增强，各方挤出的金融风险也在不断积累，在这种情况下，国家不得不继续支付更大的成本进行金融控制。

从理论上讲，当控制成本上升到一定水平，国家就会选择退让策略。可是在中国，国家一时却难以作出退出抉择。改革以来，国家在通过国有银行吸收大量国民储蓄的同时，放松了对国有银行的注资，使这些银行的自有资本维持在极低的水平上。如表2—7、表2—8和表2—9所示，四大国有专业银行的资产比率1989年平均为6.34%，到1994年下降到平均3.53%。全部国有银行的自有资金比率从1979年的19.79%下降到1996年的4.34%，若以净值计算，则1996年更是达到-5.48%。再如，1979年国有银行自有资金与各类存款余额之比为31.93%，1996年仅为5.54%。对国有银行来说，储蓄存款实际上起着替补国家注资的作用（参见本书第五章）。这种替补之所以能够实现，显然是因为国家在提供救助承诺，因此，其风险可想而知。进一步地，国有企业的资本结构也呈现出以银行信贷替代国家注资的状态，比如1994年国有企业平均资产负债率接近80%，其中80%的企业达90%以上。另据世界银行（1996a），在80年代后期到90年代初，银行注入企业的净资金流量高达GDP的7%~8%，其中大约有一半是由中央银行通过准财政运作方式再融通的（第35页）。并且，银行给企业的贷款和中央银行给各银行的贷款都包含有约占GDP的3%~4%的巨额隐性补贴（表现为负的实际贷款利率和无法收回的坏账），这说明国家对国有经济补贴的很大一部分已由财政明补转化为银行暗补，如表2—2所示，后者占GDP的比重（3.2%）在1993年曾经一度超过前者所占比重（3.1%）。

表2—7　　　　　中国四大国有银行的资本比率：1989—1994年　　　　（%）

	1989	1990	1991	1992	1993	1994
中国工商银行	6.5	5.9	5.7	4.9	4.4	3.3
中国农业银行	6.3	5.4	4.7	4.0	3.0	3.6
中国银行	5.4	5.0	4.8	4.5	5.2	4.4
中国人民建设银行	7.3	6.2	5.1	4.5	3.3	2.8
平均	6.34	5.63	5.08	4.48	3.98	3.53

资料来源：世界银行（1996b），表3—3。

表2—8

国有银行自有资金比率：1979—1996 年

	1979	1980	1981	1982	1983	1984	1985	1986	1987
自有资金（亿元）	427.88	477.33	497.05	518.29	547.36	599.45	777.82	861.6	940.02
资产（亿元）	2 162.60	2 624.26	3 047.86	3 415.24	3 885.04	5 079.51	6 430.87	8 205.97	9 976.17
资产比率（%）	19.79	18.19	16.31	15.18	14.09	11.80	12.10	10.50	9.42
各项存款（亿元）	1 340.04	1 658.64	2 005.58	2 287.14	2 676.41	3 386.13	4 273.03	5 381.87	6 572.05
存款比率（%）	31.93	28.78	24.78	22.66	20.45	17.70	18.20	16.01	14.30

	1988	1989	1990	1991	1992	1993	1994	1995	1996
自有资金（亿元）	1 073.81	1 196.93	1 315.83	1 481.7	1 821.6	2 207.3	2 274.1	2 272.2	2 745.5
资产（亿元）	11 541.25	13 617.90	16 837.88	20 614	24 269	29 871.7	40 902.9	51 381.5	63 246.7
资产比率（%）	9.30	8.79	7.81	7.19	7.51	7.39	5.56	4.42	4.34
各项存款（亿元）	7 425.62	9 013.85	11 644.8	14 864.1	18 891.1	23 230.3	29 330.9	38 782.6	49 593.3
存款比率（%）	14.46	13.28	11.30	9.97	9.64	9.50	7.75	5.86	5.54

资料来源及说明：本表依据《1978—1994中国改革与发展报告：中国的道路》表7和《1997中国金融展望》表3—6计算而来；表中数据为全部国有银行（包括中国人民银行）的资产、存款与自有资金值。

表2—9

国有银行净资本充足比率：1985—1996 年

	1985	1986	1987	1988	1989	1990	1991	1992	1993	1994	1995	1996
资本净值（亿元）	239	513	794	690	829	946	744	−1 162	−910	−1 500	−2 902	−2 600
各项贷款（亿元）	5 906	7 590	9 032	10 245.7	12 064	14 759.8	17 594.8	21 081.7	25 869.7	32 441.2	39 249.6	47 434.7
净资本充足率（%）	4.05	6.76	8.79	6.73	6.87	6.41	4.23	−5.51	−3.52	−4.62	−7.39	−5.48

资料来源：本书附录Ⅱ表B，吴少新（1997），1996 年资本净值为作者估计值。

以上状况意味着金融产权的界定成本十分昂贵，而当产权界定成本过高时，财产将成为公共所有；财产的公共所有又必然造成对这种财产的过度使用，从而导致"公共地悲剧"。因此在中国，实际上已经出现了"公共金融产权陷阱"。具体表现为，一方面，界定金融产权的成本很高，使国有银行的改革难以真正启动；另一方面，随着经济货币化进程的推进，金融资源的相对价格和稀缺程度大幅度提高，诱使各方都竞相争夺那一块没能界定产权边界的国有信贷资金，造成信贷规模扩张与信贷资金的无效率配置。饶有意味的是，在货币化收益处于递增阶段时，界定金融产权的成本相对较低，但国家为了集中获取货币化收益又恰恰更需要加强对金融（尤其是国有银行）的控制；若金融产权被界定清楚了，又无异于为国家获取货币化收益设置了障碍。可是到了货币化收益开始递减的阶段，国家发觉控制效率下降和控制成本增加从而需要界定金融产权时，却受到界定成本急剧上升的制约。这样，金融控制成本与金融产权界定成本同步上升最终使中国金融改革陷入两难困境。

第四节 国家的金融控制与退让：一个被部分检验的假说

一、货币化与国家效用函数

由上面的分析可以看出，货币化对国家控制金融的效用函数具有重要影响。为了使问题的讨论不失一般性，我们不妨建立一个包含货币化因素的国家控制金融的效用函数。若以 R_m 表示国家控制金融的收益，C_m 表示国家控制金融的成本，那么，国家控制金融的效用函数可表示为：

$$U = U(R_m, C_m) \tag{2.1}$$

由于 $$R_m = R_m(M_{t_i}) \tag{2.2}$$

$$C_m = C_m(M_{t_i}) \tag{2.3}$$

其中 M_{t_i} 表示货币化因素，$t_i (i = 0, 1, 2, \cdots, n)$ 表示货币化所达到的某个特定的阶段或货币化水平，这样：

$$U = U[R_m(M_{t_i}), C_m(M_{t_i})] \tag{2.4}$$

这说明货币化因素通过影响国家控制金融的收益与成本来最终影响国家效用（或租金）的实现水平，且 $\partial U/\partial R_m > 0$，$\partial U/\partial C_m < 0$。

根据已有的讨论，在货币化进程开始的一段时期里，由于经济中存在丰厚的货币化收益（包括货币发行收入与金融剩余），因此，R_m 在一个特定的时段内（如在 1978—1986 年）其增长速度要比 C_m 快，也正因如此，国家才具有主动推进货币化进程并扩展其国有金融产权的激励。但当经济的货币化达到一定的水平（如 1986 年的水平）时，国家对货币化收益的获取就不再像以前那样轻松，而需要支付更大的成本，这就意味着 C_m 的边际增长速度将超过 R_m，尽管后者的绝对数额仍大于前者。但这时，由于经济（尤其是国有经济）的增长已对国家的金融控制形成刚性依赖，因此国家不得不支付越来越多的成本来维持金融控制。

图 2—4 显示了在货币化进程中国家控制金融的收益成本变化的理论趋势。在图中，横轴表示货币化进程，纵轴表示国家控制金融的收益成本以及净收益（π），图中的三条曲线分别为国家控制金融的收益曲线、成本曲线和净收益曲线。若与本章第三节第三点中的经验证据相对照，不难看出，图 2—4 中 M_{t_0} 到 M_{t_3} 这一段理论走势已经有了初步的经验实证结果。我们姑且确认 M_{t_0} 对应于 1979 年，经过一段时间的货币化到达 M_{t_1}（即 1985 年），在这一点上，$\mathrm{d}R_m/\mathrm{d}M_{t_1}=\mathrm{d}C_m/\mathrm{d}M_{t_1}$，即边际控制收益等于边际控制成本，也就是说，国家控制金融的净收益 ΔR 达到最大，即 $\mathrm{d}\pi/\mathrm{d}M_{t_1}=0$，$\mathrm{d}^2\pi/\mathrm{d}M_{t_1}^2<0$。而由表 2—6 可知，在 1985 年，国家控制金融的收益指数为 9.51，成本指数为 3.27，二者之差为 6.24，为自货币化开始以来历年的最大差额。就拿绝对值看，这一年国家控制金融的净收益达到最大，为 1 467.67 亿元。有意思的是，正是在 1985 年，中国国有金融安排的扩展也告一段落，四大国有银行的框架基本形成，而国家在这一段时间里自然也拥有推进货币化进程与扩展国有金融制度的巨大激励。不过，随后，C_m 曲线变得比 R_m 曲线更为陡峭，表明边际控制成本以比边际控制收益更

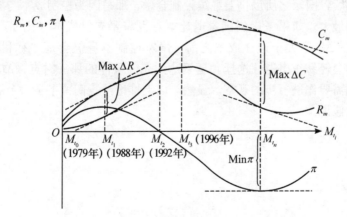

图 2—4 国家的金融控制与退让：一个假说

快的速度增加。当货币化进程推进到 M_{t_2}（相当于 1992 年）时，C_m 曲线与 R_m 曲线出现了首次相交，π 曲线也同时穿越横轴，由表 2—5 可知，这一年国家控制金融过程第一次出现净成本（ΔC）。从此往后，国家便步入了以更大的净成本付出来维持金融控制的时期。

二、国家退让的条件

从理论上讲，当国家控制金融的成本大于收益时，国家便不再具有继续控制金融的内在激励，或者说，这时国家将由实施金融控制转而选择金融退让。不过，事实上，在中国的货币化过程中，国家似乎并没有按照理论上的某些"清规戒律"行事。根据表 2—5，在 1992 年控制成本首次超过控制收益之后，一直到 1996 年国家支付的净成本共计 16 570.92 亿元，可仍未见有国家作出退让的倾向；不仅如此，国家反而在 1993—1996 年实施了更为严格的金融控制。

以上情形使得我们有必要重新审视国家金融退让的条件问题。事实上，前面所提及的 $C_m(M_{t_2})-R_m(M_{t_2})=0$，只是国家作出金融退让的必要条件，但不是充分条件。在制度变迁理论看来，预期收益超过预期成本并不意味着就会发生制度变迁，只有当预期收益超过预期成本的净值达到最大时，制度变迁才会出现（柯荣柱，1997）。由此不难作出反向推论，导致国家金融退让（属于一种制度变迁）的充分条件可以理解为，只有当国家控制金融的成本超过控制金融收益的净值（ΔC）达到最大时，国家才会最终选择金融退让。依据图 2—4，国家退让的充分条件可表述为：$dC_m/dM_{t_n}=dR_m/dM_{t_n}$，或者：Max $[C_m(M_{t_n})-R_m(M_{t_n})]=$ Max$\Delta C=$Min$\pi(M_{t_n})$。这样，我们就可以解释，当货币化进程越过 M_{t_2} 点（必要条件点）之后，国家之所以仍要继续控制金融，那是因为控制成本与控制收益之差还未达到最大。如果考虑到国家退让本身也需要支付成本（比如产权界定成本），那么在 ΔC 不大于退让成本之前，国家控制本身仍会是"有利可图"的，国家也就不会轻易作出退让选择。至于达到充分条件的那一时点（M_{t_n}）究竟会在何时，则需要作进一步的观察。显然，以上推论给我们留下了一个需要进一步验证的理论假说。

第三章

垄断金融安排的
金融增长效应

第一节 货币化与金融增长：一般性说明

改革以来，中国经济的货币化进程十分迅速，到 1996 年货币化指数已达
108.58％。从总体上讲，货币化进程的加速推进是制度变迁尤其是产权结构自农
村改革成功以来所发生的显著变化所导致的，特别是在 1979 至 1984 年间，由于
农村的生产责任制的实施与大量非国有企业的出现，使经济对货币的需求大大增
长，经济中以货币为媒介的部分迅速提高。基于改革中的经济具有很强的吸释货
币供给的功能，国家也向经济中注入了大量无通货膨胀风险的货币，正如上面已
经讨论过的，国家在此过程中获取了大量的货币化收益。显然，这一时期的改革
具有某种"帕累托改进"的性质。

我们进一步关注的是，货币化过程是与人们收入水平的提高相伴的。从理论
上讲，在货币化的初期，人们货币持有量的增加主要用于满足交易需求，而这也是
货币需求增长最为迅速的时期。比如，在 1978 年开始改革时，农民持有现金余额
总计为 125.1 亿元，到 1986 年达 726.6 亿元，人均持有额分别为 15.44 元和 85.67
元（中国人民银行，1988）。当然，这其中也存在一部分由于规避国有银行的高交
易成本而产生的"流动性"货币需求。当交易需求基本满足之后，人们货币收入的
继续增加就会导向货币的储备（或预防）需求，这种需求可从改革以来城乡居民年
均高达 30％以上的储蓄存款增长率上得到验证。不过，预防性储蓄需求在理论上
是有一个边际最适的，一旦达到这个限度，人们便会产生更高层次的货币需求即
投机需求（或投资需求）。只有在以上三类货币需求充分展开之后，货币化的过程

才算告一段落；当人们用自己的收入对以上三种货币需求进行自由选择并加以自认为是合理的配置时，就会形成真正意义上的金融增长，经济发展也由此进入金融推动阶段。

毫无疑问，经过十余年的制度变革与持续的经济增长，中国的货币需求已按以上三个层次次第展开。从理论上讲，在货币化的第一阶段，人们的货币需求所对应的金融资产主要是现金；在第二阶段，银行的储蓄存单进入货币需求选择的范围；到了第三阶段则要求有更加丰富的金融资产供人们选择。金融资源的配置效率就充分体现在人们对多元金融资产的自由选择与投资组合上。事实上，人们对金融资产进行选择与组合的过程便构成了金融增长的真实图景。总之，高度的货币化通过创造人们的货币和金融需求而成为金融增长的必要条件。但货币化并不等于金融增长，货币化能否导向金融增长，需要具备充分条件。或者说，对金融增长这一更为复杂与深刻的过程而言，仅仅具备货币化的条件是不够的，它需要来自经济制度环境中更为深层次的因素的支持。如果说货币化只是提供了金融增长"需求"方面的要素的话，那么，制度环境与制度结构则决定着导致金融增长的"供给"方面的因素。只有需求与供给方面的要素同时具备时，才会出现真正的金融增长。

第二节 金融产权的垄断结构与金融增长绩效

中国的货币化无疑是与国家垄断产权由农村开始随后到城市的结构被打破相伴的，因此，货币化可以理解为产权结构多元化的一个结果。由此不难推断，当作为产权结构多元化结果的货币化进程推进到一定程度，对金融制度安排提出制度需求时，金融制度安排也应当以多元化的金融资产结构的确立作为回应。但是在中央计划经济背景下，金融安排作出上述回应需具备一个关键性条件，那就是多元化的金融资产结构应符合国家的效用函数。问题正好在于，国家的效用函数在货币化进程中一度出现了与多元金融资产结构的相反变化。正如我们上面已经指出的，国家财政能力在货币化过程中急剧下降，在国家的效用函数中，金融因素的权重迅速加大，这样，货币化过程中存在的大量金融收益与货币化进程对国有经济部门的巨大冲击，使得国家对金融安排及其金融产权结构的偏好与货币化对金融安排的内在要求发生极为强烈的抵触。结果是，国家加强了对金融的控制，货币化与金融增长之间的联系机制即金融产权的多元结构并未同步出现。在其他产权结构呈现多元竞争格局的情况下，金融产权结构仍然长期保持着国家垄断的状态。

金融产权的国家垄断所导致的一个严重后果是，它割断或阻滞了货币化进程与金融增长的逻辑联系，或者说，对金融增长形成了严重的制度供给约束。面对货币化进程所包含的强大金融需求，国家垄断的金融制度安排却不能提供相应的多元金融供给，因为，我们已知，多元金融供给不符合国家的效用函数与利益最大化目标。正是在这种情况下，经济中强劲的金融需求便只有从国有金融安排这一条途径主要转化为人们对国有银行储蓄存单的持有。在国家实现了控制分散化的金融资源这一偏好的同时，由于经济中人们无法进行金融资产的选择与组合，因此，转轨中的经济一时无法享受到由此带来的金融资源配置效率改进的好处。

进一步地，金融增长的供给约束是中国二重制度结构背景下金融制度演进合乎逻辑的结果。从总体上讲，改革以来的货币化进程只是改变了金融资源的规模及分布结构，但其配置结构及效率并没有发生明显变化。因为后者并不直接取决于货币化的程度（尽管它对长期的经济增长十分重要），而在很大程度上依赖于产权结构抑或金融制度安排的状况。由于中国的货币化进程并没有同步触及二重制度结构，而且货币化过程所具有的特殊收益与财政下降效应反而通过强化国家垄断金融产权形式起到加强这种制度结构的作用。因此，货币化过程所溢出的巨额金融资源流量最终因受到产权以及金融资源配置结构的约束而一时无法转化为金融增长结果。这预示着，这种情形只有在国家控制金融的收益成本结构发生某种变化时才会有所改观。金融增长与国家效用函数的不一致是理解中国金融制度变迁过程的一个关键性变量，因为只有金融增长过程对国家来说变得有利可图或者至少没有负面影响时，国家才会支持金融增长过程。当然，货币化本身从一开始就已经在逐步改变着国家的效用函数与偏好，尤其是与货币化过程相伴的多元产权形式的出现使国家越来越强烈地感受到其他产权形式的外部竞争压力，随着这些产权形式谈判能力的增强，国家最终将不得不选择退让。因此，在中国，真正的金融增长应归因于金融产权形式的多元化，而不是国家单方面所采取的某种金融改革行动，因为后者导出的往往是金融的名义增长。

不过，这里所讲的供给约束只是理论上的。由于国家垄断的金融产权结构与金融资产的单一形式具有剔除机会成本影响的作用，因此在不存在其他金融资产形式的情况下，这也意味着不存在更好的外部机会，人们持有国有银行的储蓄存单本身也就成为可能的最佳金融选择。同时，国家在此过程中的正利率刺激尤其是国家所具有的提供担保的比较优势也起着关键性作用。这种状况只有在其他产权形式出现后才会改变，因为其他产权形式的出现本身意味着赋予人们以机会成本以及金融资产选择的重要性。当然，机会成本又是产权形式与金融资产结构的函数，产权形式越多，金融资产越复杂，人们支付机会成本的可能性就越大，进行资产选择的愿望也就愈加强烈。中国金融增长的要害即在于产权结构的变迁与多元产权形式间的竞争使得人们需要不断地进行资产选择与资产组合，只有如此，才能尽可能少地支付机会成本并获取最大收益。对于一个企业而言，它在获得独立的产权形式后，就自然而然地会追求最佳的资本结构（金融结构），也就是说，使股票、债券和银行信贷在这一结构中获得一个正常的比例，而这一比例只有在市场竞争中才会实现。企业在追求最佳资本结构的过程（局部均衡）中，同时也为家庭或个人提供了可进行资产组合的"供给"条件。货币化也正是在这一过程中导向金融增长的，金融增长与金融资源配置效率的改进即表现为由市场加总企业、家庭以及金融部门的局部均衡从而成为一般均衡的过程。除此之外，任何在产权竞争或者产权交易过程之外单方面进行的金融资产结构的变迁行动（比如国家控制下的股票发行）都将无法说明金融增长。

第三节　金融的真实增长与名义增长：初步估计

有关统计分析的结果表明，改革以来，中国获得了迅速的金融增长，正如在第二章第一节第一点和表2—4中业已表明的那样。这里的问题在于，在如此快速扩展的金融增长规模中到底包含有多少真实的成分呢？或者说，哪些成分是能够反映金融制度结构变迁与金融资源配置效率改进的呢？

为了能够更为全面地考察这一问题，我们不妨使用戈德史密斯（1969）的金融相关比率（*FIR*）指标作些分析。与 M2/GNP 相比较，*FIR* 指标既包含了金融负债又包含了金融资产，因此它更能全面地反映一国的金融增长水平（张杰，1995a）。*FIR* 指标的完整表达式为：

$$FIR = \frac{M2}{GNP} + \frac{L+S}{GNP} = \frac{M2+L+S}{GNP} \tag{3.1}$$

式中，*L* 为各类贷款（包括向政府提供的贷款），*S* 为有价证券（包括政府债券、企业债券、金融债券、保险费以及股票市值等）。表3—1列出了1978—1996年的名义 *FIR* 值。从总量上看，中国的名义 *FIR* 已经较高，如经保守估计，1996年达226.80。相比之下，虽低于一些经济发达国家，如1992年美国的 *FIR* 为326，日本为392，德国为294，却接近或高于经济发展处于近似水平的国家，如1992年韩国的 *FIR* 为234，巴西为175，印度为114。但是从结构上看，在中国的名义 *FIR* 中，主要是M2和 *L*，如1996年这两项之和达198.78，超出许多发达国家；*S* 所占比重很小，1978 年只有 0.04，1996 年为 28.02，但仍低于巴西（50），略高于印度（27）。显然，改革以来中国的金融增长主要是依靠银行（特别是国有银行）金融资产的单方面扩张，市场因素的作用十分微弱。中国金融增长在很大程度上是金融资产总量在原有金融结构和金融制度框架上的简单扩张（张杰，1995a）。为了更为准确地估计金融增长中的真实成分，同时剔除不真实或虚假的成分，我们需要对 FIR 进行分解考察。

我们首先给出以下表达式：

$$FIR^r = FIR^n - FIR^f \tag{3.2}$$

$$FIR^n = M_2^n + L^n + S^n \tag{3.3}$$

$$FIR^f = M_2^f + L^f + S^f \tag{3.4}$$

以上各式中，FIR^r 表示真实的金融增长，FIR^n、M_2^n、L^n 和 S^n 分别表示名义金融增长①，FIR^f、M_2^f、L^f 和 S^f 分别表示金融增长的"虚假成分"。以下我们首先依次对式（3.4）中的虚假成分进行分项考察。

表 3—1　　　　　　　　　中国的名义金融增长：1978—1996 年

年份	M2	L	S	FI	GNP	M_2^n	L^n	S^n	FIR^n
	（亿元）					（%）			
1978	1 159.1	1 890.40	1.5	3 051.00	3 624.1	31.98	52.16	0.04	84.18
1979	1 458.1	2 129.86	2.9	3 590.86	4 038.2	36.11	52.74	0.07	88.92
1980	1 842.9	2 584.53	4.6	4 432.03	4 517.8	40.79	57.21	0.10	98.10
1981	2 234.5	2 936.90	56.46	5 227.86	4 860.3	45.97	60.43	1.16	107.56
1982	2 589.8	3 222.50	102.79	5 915.09	5 301.8	48.85	60.78	1.94	111.57
1983	3 075.0	3 630.62	147.27	6 852.89	5 957.4	51.62	60.94	2.47	115.03
1984	4 146.3	4 680.35	196.60	9 023.25	7 206.7	57.53	64.94	2.73	125.20
1985	5 198.9	6 290.0	275.31	11 764.21	8 989.1	57.84	69.97	3.06	130.87
1986	6 721.0	8 150.0	339.17	15 210.17	10 201.4	65.88	79.89	3.32	149.09
1987	8 349.7	9 800.0	629.29	18 778.99	11 954.5	69.85	81.98	5.26	157.09
1988	10 099.6	12 219.5	993.69	23 312.79	14 922.3	67.68	81.89	6.66	156.23
1989	11 949.6	14 360.1	1 245.50	27 555.20	16 917.8	70.63	84.88	7.36	162.87
1990	15 293.7	17 680.7	1 503.11	34 477.51	18 598.4	82.23	95.07	8.08	185.38
1991	19 439.9	21 337.8	2 016.18	47 793.88	21 622.5	89.91	98.68	9.32	197.91

① 这里的"真实"与"名义"与通常意义上的价格调整因素有别，而与"制度调整"因素相关。真实的金融增长是指用制度因素调整过的金融增长，而名义金融增长则没有作相应的制度调整（或剔除）。

续前表

年份	M2	L	S	FI	GNP	M_2^e	L^n	S^n	FIR^n
			(亿元)				(%)		
1992	25 402.1	26 322.9	3 891.71	55 616.71	26 651.9	95.31	98.77	14.60	208.68
1993	31 501.0	32 943.1	6 696.50	71 140.60	34 560.5	91.15	95.32	19.38	205.85
1994	46 923.5	40 810.1	8 394.78	96 128.38	46 495.8	100.92	87.78	18.05	206.75
1995	60 750.0	50 394.2	11 053.27	122 197.47	57 650.0	105.38	87.41	19.17	211.96
1996	73 613.3	61 152.8	18 999.20	153 765.30	67 795.0	108.58	90.20	28.02	226.80

注: (1) S 包括债券、保险费与股票市值;(2) GNP 栏 1996 年为 GDP 值;(3) 由于未计入财政存款、其他金融机构存款以及大额可转让存单的相关比率,因此最后加总的 FIR^n 偏小,但不影响分析结论。

资料来源:本表依据本书表 2—4,《中国金融展望》(1994—1997),易纲(1996b),《1978—1994 中国改革与发展报告:中国的道路》表 7,《中国统计年鉴》(历年),《中国金融年鉴》(历年)以及《中国国情报告:1978—1995》有关数据计算。

首先看 M_2^f。从总体上讲,中国的 M_2^e 达到了相当高的水平,在 1978 至 1989 年间上升了 38.65 个百分点,1989 年至 1996 年间又上升了 37.95 个百分点(后 7 年上升速度有所减缓)。相比之下,在 1959 至 1970 年这 11 年间,美国、英国、法国和联邦德国的 M2/GNP 上升速度分别为 7%、4%、11% 和 15.7%;在此 11 年间正好处于经济起飞时期的中国台湾地区和日本的上升幅度也不过分别为 26.27% 和 9.1%。再就 M2 增长率相对于 GNP 增长率的超前值而言,1978 至 1994 年中国平均超前 16%,而 1960 至 1983 年美、英、德、日的超前比值分别为 5.61%、9.53%、6.4% 和 7.71%(张杰,1995a)。

中国 M_2^e 的超常上升,除改革开放以来经济迅速增长、人们收入水平提高以及货币化程度上升这些正常因素之外,还有其深刻的制度性原因,其中最值得关注的是居民储蓄存款的相关比率。从表 3—2 中可知,居民储蓄相关比率自 1978 年以来持续上升。1978 年 M_2^e/GNP 占 M_2^e 的比重仅为 17.51%,到 1996 年达到 52.33%。可以说,中国 M_2^e 的高比值在很大程度上是由居民储蓄存款的高相关比率引致的。出于简便的考虑,如果我们假定 M_2^e 中的其他项目为正常,那么只要剔除 M_2^e/GNP 中的虚假成分即可。或者说,我们只要剔除居民储蓄中不能称之为金融增长的成分就可以说基本挤掉了 M_2^e 中的主要水分。

M_2^e/GNP 中所包含的水分大体上可以视作一种制度性挤出份额。从理论上讲,在一个健全的经济中,当人们的收入不断增加时,用于满足其经济消费需要的实物资本或非金融资产也将以某种比率同步增长。因为人们的需要(与欲望相关)是永无止境的,但这种需要在实际经济生活中则通常要通过需求(与货币收入相关）来体现，或者说，需要的满足以需求的满足为界限。显然，如果消费品随时可得，那么，需求的满足便是人们货币收入水平的函数。进而，在某一特定的时期内，当人们的消费需求（包括购买安全的需求）得到某种程度的满足后，货币收入尚有剩余，而步上新的消费层次又有待时日，那么，就会出现货币收入的暂时留滞，其中的大部分将以储蓄存单或其他金融资产的形式存在。在这种情况下，经济中所分流出来的金融资产需求（储蓄需求与投资需求）便是真实的。可是在中国，在改革以来人们（尤其是城市居民）货币收入大量增加的情况下，由于居民正在消费的许多"物品"比如住房与社会保障等因制度局限一时无法吸释掉人们手中的部分货币收入，这部分货币收入中的很大份额便转化为储蓄需求（银行的存单）。而事实上，这种储蓄需求是一种非正常的货币留滞（money detention）。具体而言，这种货币留滞可以理解为，经济中既存在消费物，也存在购买消费物的货币额，可问题是，由于制度的局限或改革滞后（如福利分房与免费享受医疗及其他社会保障等），使消费物与货币额无法实现完全交易。由于国家对一部分消费物的供给是免费的，因此，有一定比例的货币额便被消费者节省下来而进入个人的储蓄账户。显然，用这一部分 M_2^r/GNP 描述的金融增长是不真实的，尽管它给转轨中的经济贡献了大量的金融剩余。顺便指出，这种状况也表明，国家之所以要维护货币留滞所依赖的制度条件，无疑是因为免费提供某些消费物的成本小于其从控制金融剩余中所获得的好处。同时，基于已有的讨论，M_2^r 的迅速扩张本身是国家在特定的转轨条件下为追求经济增长（尤其是体制内产出增长）从而实现其收益最大化所导致的合乎逻辑的结果。在现金需求得到初步满足之后，使金融资源聚集于 M2（尤其是居民储蓄）而不让其分流于其他金融资产形式符合国家的效用函数。如果说居民的现金需求为国家创造了大量货币发行收益，那么居民储蓄则供给着巨额金融剩余。而我们已知，金融剩余对转轨中的经济来说至为关键。

表 3—2　　　　居民储蓄相关比率占 M2 的相关比率的走势：1978—1996 年　　　　（％）

	1978	1979	1980	1981	1982	1983	1984	1985	1986	1987
M_2^r/GNP	5.6	7.03	8.94	10.97	13.01	15.36	17.45	18.96	23.08	27.19
M_2^r	31.98	36.11	40.79	45.97	48.85	51.62	57.53	57.84	65.88	69.85
M_2^r/GNP 占 M_2^r	17.51	19.47	21.92	23.86	26.63	29.76	30.33	32.78	35.03	38.93
	1988	1989	1990	1991	1992	1993	1994	1995	1996	
M_2^r/GNP	27.02	32.18	39.75	42.75	44.14	43.90	46.16	50.91	56.82	
M_2^r	67.68	70.63	82.23	89.91	95.31	91.15	100.92	105.38	108.58	
M_2^r/GNP 占 M_2^r	39.92	45.56	48.34	47.54	46.31	48.16	45.74	48.31	52.33	

资料来源：本书表 2—2、表 2—4，M_2^r/GNP 为居民储蓄相关比率。

至于在 M_2^s/GNP 中究竟有多大份额的水分，这里存在一个十分棘手的估算问题。可以说，随着货币化过程的推进，这种成分在不断增大，因为与非金融资产的产权结构变迁相联系的制度变革长期滞后于货币化过程，而且滞后程度在不断拉大。[①] 我们可以假设在 1988 年这一时点当 M_2^s/GNP 处于 27.02% 的水平时基本上没有什么水分[②]，同时假定居民储蓄占 GNP 的比重保持在 27% 左右为正常水平（这个比例事实上已经不低）[③]，那么，以 1988 年的 M_2^s/GNP 为基数，可以粗略地估算出 1989 至 1996 年的 M_2^f，具体数值见表 3—5。

其次考察 L^f。估计 L^f 的关键是确认中国改革以来长期存在的"外源融资"假象（张杰，1995b，第 61～63 页）。实际上，L/GNP 指标的迅速上升是由国家垄断产权结构在面对改革的冲击与财政能力下降的压力后所采取的金融替代行动引发的。尽管戈德史密斯（1969）与麦金农（Mckinnon，1973）等认为金融深化意味着内源融资格局被打破，或者说，依赖内源融资是经济欠发达国家的普遍现象，但他们的解释并不必然具有普遍意义。就处于制度变迁过程中的中国而言，改革以来持续上升的外源融资比率（洪银兴等，1992，第 116 页）只是一种表象。国有银行与国有企业之间的所谓外源融资事实上只是国有经济部门的内部融资，之所以这样讲，是因为随着改革以来财政收入的迅速下降，国家随即将对国有经济的注资与融资义务转移给了国有金融部门。基于此，尤其是 1985 年实行"拨改贷"以后，中国出现了大部分自有资本比例极少甚至无本经营的国有企业，国有金融部门给这些企业提供的信贷支持（外源融资）中的很大一部分实际上是用于填补国有企业内部自有资本不足（即内源融资不足）的。国有银行给国有企业的相当一部分贷款提供实际上已经不单纯是信贷行为，而是注资行为。在这种情况下，由信贷增长所表现的金融增长无疑包含了很大的虚假成分。

显然，经济并不是外源融资比重越高就越有效率，外源融资的效率并不取决于融资本身，而取决于这种融资后面的制度内涵。1985 年以后实行的拨改贷只

---

① 必须注意的是，这种滞后已被嵌入中国渐进改革的逻辑，也在客观上符合国家的效用函数。如果非金融资产方面的产权改革先期进行，那么国家便不会有那么多的金融剩余可以获取，也就不会有改革的激励，中国改革的逻辑将会逆转。认识这一点十分重要。

② 这一假设的合理性在于，我们已知，在 1988 年这一时点上，国家的金融控制开始由主动转为被动。由表 3—2 可知，M_2^s/GNP 占 M_2^s 的比重由 1988 年的 39.92% 急升至 1989 年的 45.56%。

③ 依照赖肖尔（1988）的研究，日本 1976 至 1982 年的储蓄率（占 CDP 比重）为 21.2%，欧洲约为 7%，美国为 3%（第 275 页）。

不过是把原来国家（财政）的无偿注资行为转化为国家（银行）的有偿信贷行为，殊不知，对国有企业而言，无论国家是通过财政拨款出资还是由国有银行通过信贷出资，并不会改变其资本结构与产权结构，从而也不会影响其效率。而从根本上讲，企业成长的关键是内源融资尤其是内部留利融资。在市场经济中，企业经营实际上主要依靠内源融资（其中最主要的是内部留利融资），比如1966—1970年间，美、英、德、法四国企业的内部留利融资占总融资的比重分别为69.4%、51.4%、63.1%和65%，就连严重依赖外部融资的日本也达40%（铃木淑夫，1974）。另据崔之元（1993）的一项研究，1970至1985年间，德、英两国企业内部留利融资占比进一步达67.1%和74.2%，债务融资（包括银行贷款与债券）分别为2.1%和23.7%，股权融资仅占2.1%和4.9%。相比之下，中国国有工业企业的资产负债率，1980年为18.7%，1985年为40%，1990年上升到58.4%，1996年高达78%（参见本书表8—4）。另据1996年的一份调查分析，中国国有企业（全部工业）的流动负债率平均高达93.63%，个别行业（如纺织）更达到166.69%（中国工商银行湖南省分行课题组，1996）。无论如何，内源融资对企业而言从来都是最重要的，是其进行外源融资和资产组合的基础；对于一个无多少资本金的企业来说，它根本就不具备进行资产组合的起码条件。

　　在进行了以上简要的理论总结与经验证据的对比描述之后，下面我们就具体估计 L^f 的数值。由于1985年实行了拨改贷制度，依据表3—3，我们有理由以1984年国有企业 L 的相关比率54.05%为假定的标准比率。这样就可以得到1985至1996年间 L^f 的估算值，见表3—5。

表3—3　　　　　　　　国有经济的贷款比重：1984—1996年

	1984	1985	1986	1987	1988	1989	1990
总贷款额（亿元）	4 680.35	6 290	8 150	9 800	12 219.5	14 360.1	17 680.7
国有经济占用贷款额（亿元）	3 744.28	5 182.96	6 606.39	7 824.32	9 710.84	11 492.39	14 213.51
国有经济贷款占GNP比重（%）	54.05	60.78	68.19	69.2	69.0	71.84	80.39

续前表

	1991	1992	1993	1994	1995	1996	
总贷款额（亿元）	21 337.8	26 322.9	32 943.1	40 810.1	50 394.1	61 152.8	
国有经济占用贷款额（亿元）	17 104.38	20 866.16	26 031.64	33 145.96	44 034.45	49 766.15	
国有经济贷款占GNP比重（%）	79.12	78.33	75.16	71.09	75.58	73.41	

资料来源：本表依据本书表2—1、《中国金融展望》(1994) 表3—6、《中国金融展望》(1997) 表3—8以及世界银行 (1996b)、World Bank (1996) 有关数据计算。

最后看 S^f。就证券因素对名义金融增长的贡献份额而言，1978—1991 年间 S^n 增长迟缓，1991 年 S^n 仅为 9.32%，但自 1992 年起，其贡献份额迅速增大，到 1996 年达 28.02%。总的来说，S^n 在 1992 年以来的迅速上升主要是借助于政府自上而下的推动实现的，因此，其中包含很大的水分是不言而喻的。但问题是，对 S^f 的估算过程则颇为艰难与复杂。

这里，我们给定 S^n 中的其他分项，主要讨论股票市值相关比率中的水分问题，这一方面是因为股票市值在 S^n 中已占居相当大的比例；另一方面的原因是股票市场的发展包含着更为浓厚的自上而下制造的色彩。中国股票市场的核心问题是产权制度基础一直没有确立，股票发行规模事先由政府确定，并对其实行严格的行政配给，股票发行过程颇近似于信贷规模的分配。对募集股份的企业而言，争取到股票发行规模就等于获取了一笔无偿资金，股票发行也就成了一场争夺资金的游戏（谢平，1996，第 154 页），股票发行市场也成为地方以及企业与国家争夺金融资源的新博弈场所。因此，尽管中国的股票市值已不算小，但其中包含的真实金融增长成分却并不高。具体而言，由于绝大部分国有股和法人股不能上市交易，上市公司基本上由国家控股，因此也意味着在股票市场上存在的并不是多元产权形式的竞争，而是国家垄断产权的"内部博弈"。一旦证券市场成了国家垄断产权内部博弈的场所，就同时意味着国家要出面规制市场行为，比如决定发行的额度、方式、价格以及上市公司的分配方案，进而决定上市公司的业绩与股票价格的高低。既然如此，国家最终自然要承担相应的风险。无论股市下挫还是上扬，政府都要干预，以便使股市的冷热符合其效用函数。

基于以上讨论，若认定未流通的股票份额不能表示金融增长，那么，我们可以依照表3—4对 S^f 进行估算，估算结果见表3—5。

表 3—4　　　　　　中国的股票市值及其股权结构：1992—1996 年

年份	股票市值(亿元)	占GNP的比重(%)	股本总值(亿元)	交易份额		未交易份额					
						国有及法人		个人及外资		小计	
				亿元	%	亿元	%	亿元	%	亿元	%
1992	1 048.13	3.93	65.70	20.93	31.9	43.81	66.7	0.96	1.5	44.77	68.1
1993	3 531.01	10.22	376.45	109.78	29.2	260.72	69.2	5.95	1.6	266.67	70.8
1994	3 690.62	7.94	689.00	225.00	32.7	438.00	63.6	26.0	3.8	464.00	67.3
1995	3 474.27	6.03	853.00	299.00	35.1	523.00	61.3	31.0	3.6	554.00	64.9
1996	9 842.00	14.52	1 002.00	351.00	35.0	634.00	61.0	37.0	3.7	671.00	67.0

资料来源及说明：（1）本表依据《中国金融年鉴》（1996）、《中国国情报告：1978—1995》以及张亦春、周颖刚（1997）等的有关数据计算。（2）由于国家股与法人股是不可上市交易的，上市公司股票市值只能根据少量可交易股票的市价计算，因此，表中股票市值仅供参考。

表 3—5　　　　　　中国的真实金融增长：1978—1996 年　　　　　　（%）

年份	FIR^n	M_2^f	L^f	S^f	FIR^f	FIR^r
1978	84.18					84.18
1979	88.92					88.92
1980	98.10					98.10
1981	107.56					107.56
1982	111.57					111.57
1983	115.03					115.03
1984	125.20					125.20
1985	130.87		6.73		6.73	124.14
1986	149.09		14.14		14.14	134.95
1987	157.09		15.15		15.15	141.94
1988	156.23		14.95		14.95	141.28
1989	162.87	5.16	17.79		22.95	139.92
1990	185.38	12.73	26.34		39.07	146.31
1991	197.91	15.73	25.07		40.80	157.11
1992	208.68	17.12	24.28	2.68	44.08	164.60
1993	205.85	16.88	21.11	7.23	45.22	160.63
1994	206.75	19.14	17.04	5.34	41.52	165.23
1995	211.96	23.89	21.53	3.91	49.33	162.63
1996	226.80	29.80	19.36	9.44	58.60	168.20

资料来源及说明：（1）本表依据本书表 3—1、表 3—2、表 3—3 和表 3—4 的有关数据估算。（2）本表仅剔除了几个主要指标的水分，仅供参考，具体引用时请注意与有关资料的查对。（3）1991 年以前股票市值很小，因此本表相应数据从 1992 年开始估算。（4）本表也忽略了各扣项之间的相互联系，比如，与 M_2^f 的扣减相对应的可能是 S 真实的相关比率的上升。

由表 3—5 可知，中国的金融增长的虚假成分自 1985 年以来逐年增加，到 1996 高达 58.60％。如果剔除 FIR^f，真实的金融增长水平事实上并不算高，如 1996 年仅为 168.20％，与发达国家存在较大差距，也低于韩国与巴西等国家。这说明改革以来人们一直存在一种金融增长幻觉，剔除金融增长水分也就等于打破了这种幻觉，从而有助于人们正确认识中国金融增长的真实状况。从理论上讲，这些虚假成分集中反映了金融制度变迁过程的制度"郁结"状态与金融资源配置过程的低效率，其中最重要的是国家垄断产权形式的影响。由此也可以推出，削减虚假成分的关键在于多元产权形式的出现与产权交易的推行。可以想象，只要多元产权形式的竞争过程得以展开，既有的金融相关比率就将回落并稳定到一个适宜的水平。

第四节　超常规金融增长假说

以上对名义金融增长与真实金融增长所作的区分具有重要意义，它可以帮助我们更为深刻地理解渐进改革与金融增长的内在联系。实际上，名义金融增长中的虚假成分完全可以视为一种"超常规金融增长份额"，它是中国渐进改革得以成功推进的一个重要因素。似乎可以说，正是这一份额的存在才使中国的经济增长在制度变迁过程中避免了像 CEE（中东欧国家）和 NIS 国家那样的"J 形"或"L 形"下降。[①] 如图 3—1 所示，如果没有 FIR 曲线在 OT_2 区间的凸起，经济增长（GNP）曲线将在这一时段内经历一次"J 形"下降（如 GNP' 曲线）。也就是说，GNP 增长曲线在 OT_2 区间内呈线性上升的部分原因可以由向上凸起的 FIR 曲线（即 FIR^n）来解释。

可是，问题在于，金融增长的"超常规份额"并不会持久地存在下去。从理论上讲，它在 OT_2 区间内将呈"倒 U"走势。从既有的经验考察可以看出，在 1978—1996 年间，这一份额处在上升阶段（参见表 3—5），尽管我们尚无法准确判断在 1996 年这一时点上 FIR^n 曲线处在什么位置，但无论如何，一旦到达 T_1，金融增长"超常规份额"的下降趋势就无法逆转。这样，要在超常规金融增长的下降阶段（T_1T_2 区间）保持经济的持续增长而不至于出现停滞抑或下降，就是

---

　　① 仅将中国与俄罗斯相比较，前者 1978—1994 年人均 CDP 从 404 美元上升到 530 美元，货币化水平从 25％上升到 89％，而后者人均 CDP 则从 1990 年的 4 110 美元下降到 1996 年的 2 650 美元，货币化水平从 100％下降到 16％（世界银行，1996a，第 21 页）。

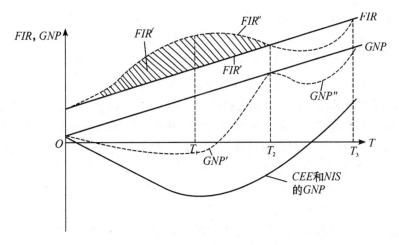

图 3—1　超常规金融增长假说

一道改革难题。求解这一难题的关键是要看进一步的制度变迁能否生长出替补金融增长超常规份额的新的支持因素。如果回答是肯定的，那么 GNP 增长曲线会继续保持线性上升；若否，那么 GNP 增长曲线在 $T_2 T_3$ 区间内最终还是要经历一番下降过程（如 GNP″ 曲线所示）。与此相伴随，FIR 曲线在 $T_2 T_3$ 区间中将出现一种"顺 U"走势，而这正是苏联与东欧经济曾经经历过的情形。

我们已知，国家控制金融的行为受控制成本与控制收益的约束，由于名义金融增长中的超常规份额在很大程度上受国家垄断产权结构的支配，因此，$T_1 T_2$ 区间超常规份额的下降与国家控制成本大于控制收益或者说净控制成本的上升在理论上是相吻合的。第二章已经部分验证了国家控制金融的理论模型，这里我们完全可以借用这个模型的某些验证结论来解释超常规份额的下降。从理论上讲，在 $T_1 T_2$ 区间，由于国家控制成本上升，因此存在国家退让的内在激励，国家退让意味着国家垄断产权形式的削减，而国家垄断产权形式的削减本身又反映了其他产权形式的成长及其竞争能力的增强。控制成本上升的内在激励与其他产权形式成长的外部竞争压力将使国家收缩其在金融增长中的作用，结果，金融增长将由国家推动转变为由多元产权形式推动。如果这一过程得以顺利实现，那么，名义金融增长曲线将在 T_2 点与真实金融增长曲线重合，金融增长就进入常规区间。

不过，必须留意，国家控制净收益的下降并不与国家的金融退让同步，因为，正如我们已经在第二章第三节第四点中所讨论过的那样，退让也不是免费的，它同样需要支付成本；只有当产权界定成本小于产权界定收益时，国家的退让才会实现。也就是说，在产权界定成本很高的情况下，国家垄断的金融产权结构仍将维持。这种情形意味着，在 T_1T_2 区间，当超常规份额趋于下降时，多元产权形式的竞争格局不能同步形成。既然产权结构并未改变，那么经济（尤其是国有经济）对超常规份额的需求也就仍然强烈，但 FIR^f 又越来越小。在这种情况下，经济给货币的扩张造成压力就会十分大，发生通货膨胀的可能性就会大大增强①，而这又很容易加速超常规份额的下降。一旦居民储蓄的相关比率受价格冲击开始出现下降势头，与此刚性对应的国有银行贷款的相关比率就会发生伴随性的下降，这会进一步促使以国有股与法人股为主的 S 相关比率的骤减，结果，当超常规份额在 T_2 点接近于零时，正如我们已经指出的那样，GNP 便会在 T_2T_3 区间经历一次"J形"或"L形"下降。因此，能否在超常规金融增长递减的区间内同步完成产权结构的重组将影响到金融增长与经济增长的未来走势。从长远看，依靠金融的超常规增长来支持经济增长只是一种特例，它构成改革以来中国经济增长与金融制度变迁的特殊轨迹；持续有效的经济增长与金融增长总归还是要转入常规轨道后才能长期保持。

---

① 麦金农（1993）认为，只要政府依赖于国家银行体系来弥补其本身的财政赤字，银行自由化的范围就是有限的。在目前阶段，政府还承受不了一个平行的独立银行体系，让它们用不受限制的存贷款优惠为乡镇企业或私营部门服务。如果中国政府扔掉这一拐杖，那么爆发性通货膨胀一定会出现（第 290 页）。

第四章

渐进改革中的
金融支持

渐进改革在中国的成功推行一直为国内外经济学家所关注，概言之，人们所感兴趣的问题无外乎：相对于相同体制背景下的苏联、东欧，中国何以会走上渐进主义道路？或者说，究竟是什么因素导致了中国渐进改革的成功？关于以上问题，盛洪（1996）和张军（1997a）曾经作过很好的综述，本章自然没有必要再去描述渐进改革一般层次的问题。基于本书主题，我们感兴趣的是，金融因素到底在渐进改革中起了什么样的作用？本章的讨论将表明，金融因素在中国渐进改革过程中发挥着特殊的支持作用甚至是关键性的作用。不了解金融因素，我们就无法更为全面与准确地描述与解释中国的渐进改革道路。

第一节 转轨中的增长与金融因素

一、既有的讨论：人们忽略了什么

国内外经济学家在解释中国相对于苏联、东欧成功地实现转轨中的经济增长时因侧重点与视角不同而存在比较大的差异。从总体上讲，不外乎初始条件说与改革方式说两种观点。那么，中国渐进改革的成功究竟是因为初始条件的优势还是改革方式的良好选择呢？就前者而言，经济学家在强调初始条件的比较优势时似乎过多地强调了静态的或者改革开始时某一时点的情形。比如，在改革开始的那一刻，中国经济处于低工业化的水平上，农业吸收了劳动力的 71％，而苏联40％以上的劳动力在工业部门；中国社会保障网络只覆盖了仅占总人口 20％左右的国有部门职工，而苏联的社会保障则几乎覆盖了全体人民。这就意味着，中国具有"落后的优势"。同时，在改革开始的那一刻，中国经济的中央计划程度和中央控制水平都远低于苏联。在 20 世纪 70 年代，苏联中央政府通过计划分配了约 6 万种不同的商品，而在 1978 年的中国，相应的数量只有 600 种，即使在计划经济处于巅峰状态时，农村仍然有大约 3 万个活跃的市场。基于此，中国便获得了在进行部分与分段改革时仍可保持经济迅速增长的余地与空间。据统计，1986 至 1995 年间，苏联、东欧（包括蒙古）的 GDP 年均下降 6.8％，而 1978 至 1995 年间中国的 GDP 则年均上升 9.4％。这样，就没有必要打破原有资源存量的配置结构，避免存量调整所导向的激进改革，从而把资源增量配置到传统体制下受压抑的非国有部门（世界银行，1997，第 16 页；世界银行，1996a，第 18～20 页；樊纲，1996，第 158～163 页；林毅夫等，1994）。对于一个拥有庞大农业部门的计划经济来说，经济改革类似于正常的经济发展，即它是一个劳动力从生产率低的农业部门向生产率高的工业部门转移的工业化过程；而在苏联、东欧，由于城市化和工业化过程业已完成，因此它们面临的核心问题是结构性调整，即减少低效率和受补贴的工业部门的就业而增加高效率的工业和服务业部门的新的就业机会。相比之下，正常的经济发展总是要比结构性调整来得容易（Sachs & Woo，1994a，1994b）。但是，经济学家在强调初始条件的重要性时，似乎很少有人提及货币化水平差异这一重要条件。[①] 依照本书第二章的详尽讨论，货币化水平的差异对改革过程及其绩效尤其是转轨中的经济增长具有关键性的影响。如果考虑到国家财政在改革中的急剧下降与货币化收益因素，那么我们似乎可以感觉到，在初始条件与改革方式之间具有某种紧密的逻辑联系。

或许正是由于人们在强调初始条件时，没有考虑货币化水平的差异，因此金融因素才不能进入经济学家的研究视野，而事实则是，在改革过程中，随着财政支持型经济向金融支持型经济转轨，金融因素对经济增长的贡献日渐显著。显然，忽略掉金融因素（或把它放在次要地位）来讨论转轨中的改革与增长问题是不适宜的。也正是在这里，改革方式说与初始条件说出现了冲突，因为双方都忽略了货币化或金融因素，所以本来具有内在逻辑联系的问题就被人们看成是不可调和的了。殊不知，若引入金融因素，改革方式的差异（渐进与激进）正好可以归因于初始条件的差异。

---

　　① 世界银行（1996a）的一份年度报告曾经提及中国与苏联的货币化水平在改革初期的差异（第 21 页），但据作者所掌握的资料，这种差异似乎没有对有关中国改革路径问题的讨论产生什么影响或没有引起人们足够的重视。

　　对于中国为什么能实现转轨中的增长，改革方式方面的解释有很多，就改革方式而言，大概可粗略地区分为"体制外"（或计划外）增长方式与"体制内"增长方式两类。但综合起来看，又可以把它们归拢到"双轨渐进"的表述之下。但不管哪种观点，都没有考虑金融因素这个变量，或者说在理论分析模型中，金融因素没有被作为主要变量来处理或者干脆被假定掉了。比如，诺顿（Naughton，1994）认为，中国所采取的改革策略是改革取得成功的重要因素或主要变量，体制上双轨制的存在使得中国改革后的经济逐步获得了来自体制外的增长。其中的奥秘在于，原有的国家垄断在改革中有所放松，从而使新兴部门得以进入，由此创造了竞争，反过来使国有部门得到自我完善，结果，双轨制的存在使中国的改革过程形成了一种"良性循环"。樊纲（1994）认为，中国渐进改革的关键在于，不先触动国有体制，而是在旧体制的旁边发展出新体制，从而依赖非国有经济的增长来支持体制的平稳转轨。总之，计划外增长理论与体制外改革理论都偏爱计划外部门产出对转轨中经济增长的贡献，但问题是，在计划外获得增长和体制外展开改革的同时，计划内或体制内的增长是如何维持和不致迅速下降的呢？事实上，体制外改革理论没能对体制内改革给予足够的重视。或许是因为中国的体制外改革理论只看重体制外部门的增长，而依据第二章的讨论，体制外增长中金融支持的成分不高，因此也就没有必要把金融因素纳入考察范围，体制外改革理论忽略掉金融因素的原因大致如此。

　　张军（1997a）试图解释体制内增长的渐进改革意义，他认为，用体制外或计划外部门的存在与增长固然可以解释中国的成功，但却无法揭示苏联的经历。因为，苏联在1985至1989年间也曾形成过体制外部门，但却没有获得计划外增长。因此，他把视角转向了国有体制和计划内增长，即在双轨制改革中，计划内的增长或者说国有部门的生产是如何维持的？中国的双轨制之所以成功（苏联的双轨制之所以失败），是由于在中国实行的是一种配额约束下的价格双轨制（而苏联则不是）。体制外成功的基础之一是能够在改革初期保持体制内的平稳过渡。如果没有体制内的平稳过渡，体制外经济仅靠体制内的"供给流失"获得发展，就难免会出现转轨中的"L形"增长。而要保持传统国有部门的生产在转轨中的平稳发展，就需要一个强有力的集权政府来保障国有部门内部的计划配额得以强制执行。有了配额的约束，非国有部门无论如何只能以市场价格来获得计划外的产出或投入品，而不至于靠挖国有部门的墙角来发展（第206页）。可以说，张军关于政府能力与保持配额约束的解释是切中要害的，在随后的讨论中，我们也正是把这一点作为讨论金融支持之所以得以实现的关键变量来看待的。无论如何，张军从摩菲（Murphy）等人的"投入品流失"理论中直接引申出的配额约束理论弥补了计划外增长理论的不足，具有重要价值。不过，我们原本设想，既然这一理论开始关注体制内问题，那么金融因素将会被引入。但是，不无遗憾的是，在他建立的"一个修改的主导部门模型"中（第247页），却没有对金融因素给予应有的考虑，尽管他在强调补贴问题时提及了国有企业继续有权获得政府银行提供的廉价信贷的情形，但却没有在模型中专门加以处理。如果考虑到金融补贴对体制内平稳过渡的重要性，这种简略就是不应该的。尽管模型本身并不会因此而有缺陷，但解释能力却因此而打了折扣。

尽管配额约束理论模型已在很大程度上回答了为什么在过渡时期中国的国有工业部门能保持生产的增长，但若进一步问及这种增长是靠什么保持的，就会有一连串的问题。如果回答是靠补贴，那么在财政迅速下降的情况下补贴又是如何得以维持的呢？而且，体制内增长难道仅仅发挥了保持体制平稳过渡的作用而没有支付相应的成本吗？事实上，在维持体制内平稳增长的同时，经济改革把一个沉重的包袱甩给了金融部门。既然如此，这种配额约束只是转移了而不是分解或消化了改革风险与改革成本。若从总体改革过程来看（配额约束理论只注意到了国有工业部门的改革与增长），这算不算改革的成功呢？或许可以这样看，总体改革成功与否要等到金融改革有了某种结果后才可以下最后的结论。

基于此，对于持改革方式说的人而言，初始条件就不是可以随意忽略的了。当然，需要说明，这里的初始条件必须是考虑了金融因素的初始条件，也就是说，一旦金融因素被引入，初始条件就是重要的。事实上，如果把视角从国有经济部门调整到转轨时的整个经济，初始条件的重要性就会立即凸现出来。正是从这种意义上讲，应把局部均衡分析扩展到一般均衡分析，正如本书导论中所强调的那样。或者说，我们需要发展一个包含金融因素的体制内增长模型。在体制内增长的微观模型中，出于讨论的方便，只能把初始条件视为外生变量，正如张军（1997a）本人所认为的那样，对于经济改革本身来说，这些初始条件的差异显然是外生的因素，而外生的因素不会成为影响改革结果的决定性因素，虽然它会与一些内在因素相互作用（第308页）。但需要注意的是，对一些外生因素进行内生化处理仍然是十分必要的；不仅如此，一些外生因素一旦转变为内生因素，就会改变分析的结果，并使其更加符合实际情况。科斯和诺思等不正是在把新古典框架视作外生因素的交易费用和制度作了内生化处理后才引发了经济学空前的革命吗？因此这也意味着，经济学的发展本身就是不断地把外生因素内生化的过程。对于一个处在变革中的经济制度而言，最深层的问题往往隐藏在一些外生变量背后。

现在不妨讨论一下为什么一旦引入金融因素初始条件就变得重要起来的问

题。我们已经指出，体制内增长在改革中得以维持是基于政府的配额约束，其中信贷配额所占的份额越来越大，比如国有企业（体制内）的平均负债率接近80%，其中80%的企业达90%以上；在20世纪80年代后期到90年代初，银行注入国有企业的净资金流量高达GDP的7%～8%（张杰，1997a）。另据肖耿（1995）的研究，在中国每年新注入的生产与投资资金中，预算资金的份额由1972年的92.3%下降到了1991年的24.2%，这种减少在流动资本中尤为显著，即由1972年的57.5%下降到了1991年的0.6%。而国有银行在新注入的资金中所占的份额则由7.7%上升到了75.8%，其中流动资本占比由42.5%上升到99.4%。依据我们的测算，到1996年国有银行新注入的生产投资资金占比为84.6%，其中流动资本占比为99.3%。更为详尽的情况请参阅表4—1。可以说，如果没有巨额的金融支持，体制内的增长与体制的平稳过渡都将无从谈起。

那么，如此巨额的金融资源来自何处又是如何配置给国有企业的呢？根据第二章的讨论，由于存在一个货币化区间，随着改革的推进，经济中产生了大量的货币化收益，尤其是金融剩余（主要表现为居民储蓄存款），同时国家也具有控制与配置这些剩余的能力，货币化区间与国家的控制能力正好构成中国改革相对于苏联、东欧的特殊初始条件。正是基于这种初始条件，我国才有了国有部门在改革初期的增长与双轨过渡（渐进主义）的成功实施。国家之所以能够采取配额约束，首先是因为具有采取这种方式的条件尤其是金融条件。如果没有这些条件，我们实在无法想象国家凭什么会采取这种方式，即便是在主观上想这样做（因为符合其租金最大化目标）。苏联的渐进改革之所以难以推行，并不是因为改革方式出了什么错（即没有实行配额约束），也不是人们不愿意采用和接受这种方式，而是当时的初始条件或者外生条件诸如金融剩余的缺乏（尤其是居民储蓄的迅速下降）与国家控制能力的削弱等不允许其采取这种方式，在财政能力迅速下降的情况下（中国与苏联、东欧都是如此），配额约束的维持需有强大的金融剩余与国家能力做后盾。也就是说，配额约束的实施不是免费的，它需要支付巨额的成本。因此，首要的同时也是更为现实的问题就是能不能支付得起这个成本，以及有没有支付这个成本的得力机制，然后才是怎样实施配额约束的问题。这样，更为合理的解释似乎是，中国特殊的初始条件决定了双轨过渡方式的顺利推行。显然，初始条件与改革方式之间具有必然的逻辑联系，而绝非非此即彼。初始条件是双轨渐进改革在中国（而不是在苏联）取得成功的必要条件，而改革方式则是转轨中获得增长的实现条件，二者缺一不可。如果一个改革中的经济在选择改革方式时不受当时任何主客观条件的约束，而只是在一个封闭的新古典框架中进行，那将是不现实的。世界银行（1996a）曾正确地指出，初始条件和体

表4—1　中国国有经济生产投资资本中财政与金融份额的变化：1972—1996

	政府财政资金（亿元）			国有银行贷款（亿元）			国有银行贷款增加额（亿元）			总计（%）(1)/[(1)+(7)]	固定资本(%)(2)/[(2)+(8)]	流动资本(%)(3)/[(3)+(9)]
	总计	固定资本	流动资本	总计	固定资本	流动资本	总计	固定资本	流动资本			
	(1)	(2)	(3)	(4)	(5)	(6)	(7)	(8)	(9)	(10)	(11)	(12)
1972	377.50	334.55	42.95	1 145.60		1 145.60	31.70		31.70	92.3	100.0	57.5
1973	396.48	342.66	53.82	1 269.00		1 269.00	123.40		123.40	76.3	100.0	30.4
1974	384.79	340.03	44.76	1 353.50		1 353.50	84.50		84.50	82.0	100.0	34.6
1975	400.27	358.43	41.84	1 462.70		1 462.70	109.20		109.20	78.6	100.0	27.7
1976	390.95	345.59	45.36	1 541.80		1 541.80	79.10		79.10	83.2	100.0	36.4
1977	406.01	340.33	65.68	1 663.30		1 663.30	121.50		121.50	77.0	100.0	35.1
1978	581.76	515.16	66.60	1 850.00		1 850.00	186.70		186.70	75.7	100.0	26.3
1979	638.77	586.71	52.06	2 039.60	7.90	2 031.70	189.60	7.90	181.70	77.1	98.7	22.3
1980	536.55	499.84	36.71	2 414.30	55.50	2 358.80	375.30	47.60	327.70	58.9	91.3	10.1
1981	418.77	395.93	22.84	2 860.20	83.40	2 776.80	445.90	27.90	418.00	48.4	93.4	5.2
1982	401.80	378.17	23.63	3 180.60	238.10	2 942.50	320.40	154.70	165.70	55.6	71.0	12.5
1983	474.41	461.52	12.89	3 589.90	307.10	3 282.80	409.30	69.00	340.30	53.7	87.0	3.6
1984	610.66	600.70	9.96	4 766.10	451.70	4 314.40	1 176.20	144.60	1 031.60	34.2	80.6	1.0

续前表

年份	政府财政资金（亿元）			国有银行贷款（亿元）			国有银行贷款(增加额)（亿元）			总计（%）(1)/[(1)+(7)]	固定资本（%）(2)/[(2)+(8)]	流动资本（%）(3)/[(3)+(9)]
	总计(1)	固定资本(2)	流动资本(3)	总计(4)	固定资本(5)	流动资本(6)	总计(7)	固定资本(8)	流动资本(9)	(10)	(11)	(12)
1985	701.52	687.22	14.30	5 905.60	705.30	5 200.30	1 139.50	253.60	885.90	38.1	73.0	1.6
1986	811.61	801.67	9.94	7 590.80	1 005.90	6 584.90	1 685.20	300.60	1 384.60	32.5	72.7	0.7
1987	765.11	753.05	12.06	9 032.50	1 286.80	7 745.70	1 441.70	280.90	1 160.80	34.7	72.8	1.0
1988	793.97	784.38	9.59	10 551.30	1 559.23	8 992.07	1 518.80	272.43	1 246.37	34.3	74.2	0.8
1989	784.15	772.06	12.09	12 409.30	1 775.96	10 633.34	1 858.00	216.73	1 641.27	29.7	78.1	0.7
1990	890.41	879.51	10.90	15 116.40	2 245.75	12 870.65	2 707.10	469.79	2 237.31	24.8	65.2	0.5
1991	933.64	920.56	13.08	18 043.95	3 044.36	14 999.59	2 927.55	798.61	2 128.94	24.2	53.5	0.6
1992	999.06	988.43	10.63	21 615.50	3 924.60	17 690.90	3 571.55	880.24	2 691.31	21.9	52.9	0.4
1993	1 340.69	1 322.21	18.48	26 461.10	5 170.50	21 290.60	4 845.60	1 245.90	3 599.70	21.7	51.5	0.5
1994	1 072.18	1 054.85	17.33	32 441.30	8 011.30	24 430.00	5 980.20	2 840.80	3 139.40	15.2	27.1	0.5
1995	1 312.80	1 277.80	35.00	39 393.60	10 025.60	29 368.00	6 952.30	2 014.30	4 938.00	15.9	38.8	0.7
1996	1 459.00	1 416.00	43.00	47 434.70	12 034.20	35 400.50	8 041.10	2 008.60	6 032.50	15.4	41.3	0.7

资料来源：肖耿（1997）表16—2，《中国国情报告：1978—1995》表F—7，《中国金融展望》（1997）表3—7，世界银行（1997）表22。

制特点的差异在很大程度上就是各国转轨的结局与政策不同的原因。正确的改革方案组合必须反映出初始条件，因此不能在像中国和苏联这样截然不同的国家间简单地移植（第21页）。也就是说，中国与苏联、东欧国家之所以存在不同的转轨绩效，并不是改革方式选择的对与错，而是一些无法移植的东西在产生作用。不用说，初始条件（即制度因素）往往是最无法移植的。就比如，橘树之所以无法从南方移植到北方，并非橘树本身出了问题，而是因为北方与南方的初始条件（比如气候与土壤等）存在差异。

二、储蓄差异及转轨绩效

通过上面的初步讨论，我们不难看出，要准确而全面地理解中国改革之所以成功（或渐进改革路径之所以形成）的机理，就不能抛开金融因素。不过，金融因素本身并不简单，它包含的内容十分复杂。这里，首先讨论储蓄问题。

事实上，就已掌握的有关研究文献看，对金融因素在中国渐进改革中所起的作用并不是没有人关注过。我们已知，世界银行的一份发展报告（1996a）就曾把金融因素作为中国改革成功的一个重要初始条件来看待。这份报告认为，相比之下，在转轨开始时，中国与俄罗斯金融系统的发展存在着很大的差异。中国的金融体系不发达，货币存量（M2）只相当于GDP的25%，而俄罗斯的经济在1990年就已经货币化了。在这种情况下，正如我们在第二章已经指出的，在中国，货币化进程、居民的储蓄增长与制度变迁以及经济增长过程得以同步推进。可是在俄罗斯，改革初期较高的货币化水平，不仅意味着强迫储蓄所造成的巨额货币积累，这笔货币积累业已蜕变为政府向计划经济提供的资金支持，而且也预示着当改革启动时，物价的放开与财政的货币化必将导致极为严重的通货膨胀，从而使人们的货币积累（储蓄存单）变得一文不值，最终出现货币存量的锐减和国家金融体系的崩溃。由图4—1可知，中国与苏联及东欧国家在改革前夕的国内储蓄率十分接近（35%上下），改革一开始，后者的储蓄率就出现大幅度下降，而前者的储蓄率则一直保持在较高的水平。不难看出，储蓄率（尤其是居民储蓄存款比率）本身是理解中国渐进改革成功的一个关键。从图4—1还可以进一步看出，中国与俄罗斯（可以代表苏联与东欧）两国财政收入占GDP的比重都出现同样的下降，而且中国降得更低，但中国的GDP增长一直保持较快速度，而苏联、东欧国家却相继出现了"J形"和"L形"的下降。问题的关键就在于，中国的国内储蓄率和M2/GNP自改革以来经历了一个稳步上升的过程，而苏联、东欧国家则呈现相反方向的变化。概括起来说，中国的渐进改革得益于金融的相对稳定，在改革中，中国采取了包括家庭储蓄和国库券等在内的完备而谨慎的货币政策，尤其是，在转轨过程中主要用家庭储蓄弥补企业亏损，从而既避免了严重的金融不稳，也有力地支持了体制内产出的增长。更直观地讲，政府虽然以丧失效率为代价对非盈利的国有企业既给予补贴又增加低息贷款，但由于高额国民储蓄，迄今为止中国还能承受这一代价而且没有使经济从根本上动摇（世界银行，1997，第25页）。

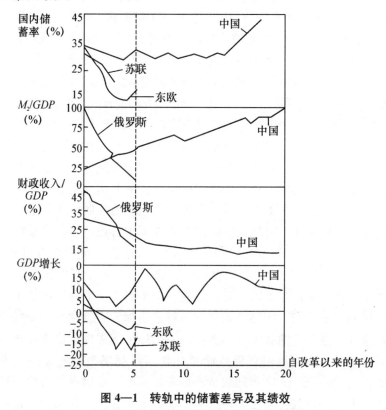

图4—1　转轨中的储蓄差异及其绩效

资料来源：世界银行（1996a）表1—2、图2—3、图2—5，世界银行（1997）图1—4，本书第二章。

三、国家能力的重要性

不过，只有储蓄并不足以构成支持经济渐进转轨的完整金融因素，而且居民的高储蓄率本身也是有条件的。我们注意到，国家能力的强弱是问题的又一关键。

事实上，中国与苏联、东欧的经济转轨之所以会产生迥然不同的绩效，除储蓄原因外，另一个基本原因就是国家控制经济的能力存在巨大差异，如图4—2

所示。基于第二章的讨论，我们已知，在中国，虽然财政能力自改革以来迅速下降，但国家能力却通过"强金融"得以体现与维持。显然，高储蓄率只是中国实现转轨中的增长的一个必要条件，而不是充分条件。充分条件是，存在一个足够强大的政府，能把这些储蓄以某种形式集中起来用于对经济产出（尤其是体制内产出）的金融支持。麦金农自20世纪90年代以来曾就转轨中的金融问题发表过许多具有影响力的见解，他在评价中国与东欧（包括苏联）走上不同改革路径的原因时指出，要解释东欧产出的下降，应涉及不同于中国的外生的政治和经济环境，它在很大程度上不受单个改革政府的经济控制，除工业化程度与贸易冲击因素外，大多数东欧国家和苏联共产党的权力在改革过程中急剧衰落，与此相伴，国家对整个经济的集中的政治控制和对国有企业分散的党的监督被严重削弱（1993，第269～271页）。正是由于在中国的改革过程中始终存在强有力的政府控制，因此，在财政能力迅速下降时，国家能够克服税收制度的局限，利用国有银行体系迅速集中起分散于民间部门且随着货币化进程日益增加的储蓄。基于此，在"弱财政"的情形下，国家仍能保持对传统的软预算约束的国有企业边际内价格的控制，并给予强有力的资金支持，而且，国家的强有力控制也为储蓄本身的形成与积累创造了必要条件。可靠的国家信誉消除了国有银行储蓄存单持有者的风险顾虑，因为国家对在国有银行系统的存款提供了隐含的担保（世界银行，1997，第10页）。[①] 与此同时，国家也在大多数年份保持了正的实际利率，使居民持有现金货币与储蓄存单的收益率处在一个不算高但较为稳定的水平。依据麦金农（1993）的研究，中国的利率政策特别是储蓄存款利率对于保持对居民和企业积累其金融资产的刺激十分重要。如果用全国零售价格指数作为年度通货膨胀率的基准，中国政府在保持储蓄存款实际利率为正的方面做得相当好。尤其是，当1988至1989年间通货膨胀率较高时，政府有能力作出迅即的反应将某些利率充分指数化，比如将三年期居民定期存款的名义利率在此间提高20%～26%，从而使实际利率保持明显的正值。由此产生的金融资产存量的巨额增长使得自由化了的部门既能为自己融资，也能为政府以及缓慢改革的国有企业的赤字融资（第263～264页，第283页）。世界银行（1996a）认为，在中国，原有的经济结构与强有力的宏观经济控制相结合，截至1996年已经使局部自由化产生的增长收益转化为家庭的高储蓄和金融资产的迅速形成。这

---

① 我曾在一项研究中（1997b）指出，政府对国有银行存有一贯的风险救助承诺，因而国有银行呆账率的临界点就决定于政府履行救助承诺的最大能力，只要政府是强有力的，居民在国有银行的储蓄就是稳定的。

种情况有助于缓冲截至 1996 年仍是经济一大累赘的国有部门的不利作用，并且给改革进程本身上了保险（第 22 页）。

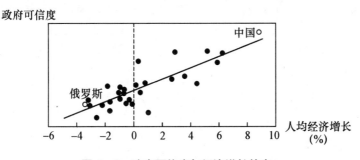

图 4—2　政府可信度与经济增长效应

资料来源：除中国外，图中资料引自世界银行（1996a）图 5—1，中国的位置系作者估计。

　　我们可以设想，如果不是国家保持了足够的控制能力，那么，基于市场化与分权化改革，地方力量与拥有自身"私人收益"的国有银行便会各行其是，利用其逐步获取的信贷支配权把信贷资金投向更符合其自身利益的方向（主要是非国有部门），从而使对国有部门的金融资源供给不足，造成体制内产出的下降。可是在中国，无论地方政府和国有银行的"私人利益"要求多么强烈以及它们如何逃避控制，都未能从总体上动摇国家对金融资源的支配地位。我们已经在第二章中指出，国家成功地将四大专业银行平均 35％左右的贷款确定为政策性贷款，并有力地限制了国有银行与国家偏好不一致的利益追求，推行了严格的信贷规模控制以及与此相联系的高准备金制度，法定存款准备金总比率（包括备付金率）一度高达 18％～24％。这样，国家在很大程度上限制了国有银行自主使用信贷资金的能力，从而把资金的很大部分用以支持其配额约束（即用信贷配额支持其产出配额）与体制内产出的增长。由此就不难理解，为什么银行部门的市场化程度远低于所有其他非金融部门；国有银行更多地服从行政领导，远远甚于工业企业；尽管在改革深化的过程中，所有其他部门中计划的作用力度越来越小，但中央政府对国有银行的行政控制却在加强（钱颖一，1994，第 142 页）。

　　图 4—3 直观地显示出，在中国，政府能力与国有金融的垄断水平、低的通货膨胀率以及 CDP 增长走势之间存在显著的正相关关系。而苏联和东欧的情形则迥然不同。仅以苏联为例，从 1988 年到 1990 年，尽管财政赤字还在增加，对大多数工业品价格的控制也未能消除，但银行业在整个苏联经济中的职能却迅速分散，这就更可能导致大范围的货币失控。在 1988 年，政府开始打破国家银行

的垄断，建立为工农业提供信贷的更为专业化的中介机构。当然，如果这些银行仍然由国家所有和管理，则金融体系本身还是足够集中的，中央银行也未必会丧失对信贷的控制。然而，1990年，国家却授予各共和国在自己的领土内共同管理银行的权力，结果，1989至1990年，被宽泛地称为商业银行（野猫银行）的机构迅速增加，国有金融的垄断结构在改革一开始时就不复存在（麦金农，1993，第205～206页）。

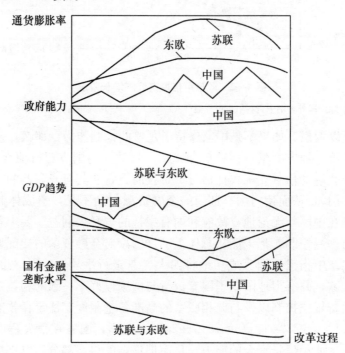

图4—3 政府能力、国有金融垄断及其影响

杰拉德·罗兰德（1994）曾把强政府定义为拥有日程安排权的政府，把弱政府定义为一再地成为各种院外集团和利益群体寻租活动的猎物。他认为，在中国的改革过程中，尽管在经济中的各个层次都存在着相当多的寻租活动，但用日程安排权框架似乎能更好地理解中国的经验。在中国，寻租框架可能不如日程安排权框架那么有效，因为无论出于何种原因，国家总是成功地保持了对日程安排的相对控制。而在东欧，中央权力当局的突然崩溃导致了制度上的真空，使可能的政治结果的集合大为扩展，这样，利益彼此矛盾的压力集团之间的冲突就可能导致决策机制的瘫痪，从而在制度结构得到重组与生产能力得到恢复之前，一时无法有效地集中配置资源，最终引起产出的迅速下降。

第二节 金融补贴与体制内产出增长

一、财政补贴与金融补贴：一种估算

我们已经知道，中国经济的顺利转轨主要得益于体制内产出的平稳增长，而体制内产出之所以没有出现像苏联、东欧国家那样的衰退，在很大程度上取决于中国政府的控制能力（配额约束）以及对国有企业的大量补贴。就补贴而言，一开始主要包括给国有企业的直接亏损补贴、价格补贴（比如国有企业可以从其他国有企业那里以低于市场价格的计划价格获得部分非劳动投入品）以及制度补贴（限制其他非国有企业进入）等，依照本书表2—2的统计，在1985—1994年间，通过财政预算渠道给国有企业的各类补贴（明补）约平均折合为GDP的5.63%。不过，在此期间财政补贴的力度也在逐年下降，比如从1985年占GDP的7.5%下降到1994年的2.2%，与此同时，通过国有金融渠道提供的隐性补贴（即金融补贴）却在迅速上升。从总体上看，在改革一开始，财政补贴占据主要份额，但随着改革的逐步推进，金融补贴逐渐居于主要地位，如图4—4所示。

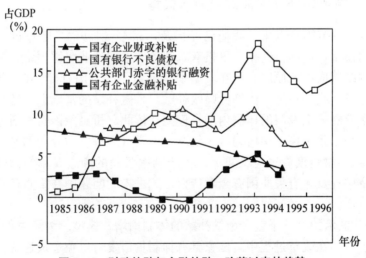

图4—4 财政补贴与金融补贴：改革以来的趋势

资料来源：本书表2—2，表2—5。

对改革以来金融补贴的情形可以从以下三个方面考察：第一，据世界银行统计（参见本书表2—2），在1985—1994年间，以低利率信贷和未归还本金形式统

计的金融补贴占 GDP 比重平均为 1.72％，1992 年曾经一度高至 3.6％。不过，应当指出的是，世界银行的上述估计显然低估了金融补贴的规模。第二，国家财政给国有企业的各类补贴中，已经包含了一部分金融的贡献，因为国家财政直接从国有金融那里获得了大笔金融支持，同样是基于本书表 2—2 的统计，在 1987—1995 年间，中国公共部门（包括政府预算与国有企业）的赤字平均占 GDP 的 11.16％，而金融渠道的融资占 GDP 的比重高达 8.2％。另据本书表 2—5 与附录Ⅱ表 C，国有银行对国家财政的金融支持一直是国家控制金融的主要收益，它在 1979—1996 年间平均占总收益的比重为 55.55％，其总额 1996 年达 4 067.7 亿元。这笔收益中有相当一部分已经转化为财政对国有企业的补贴。第三，国有企业对国有银行的过度负债和大量不良债权事实上属于国家对国有企业的一种金融补贴。如果用一种极端的算法，把国有银行的不良债权全部算作金融补贴，那么，在 1985—1996 年间，其占 GDP 的比重平均达 9.7％，1993 年曾经一度高达 18.81％。具体情况参见表 4—2。

表 4—2					国有银行不良债权占 GDP 的比重						（％）
1985	1986	1987	1988	1989	1990	1991	1992	1993	1994	1995	1996
0.14	0.74	7.11	7.44	9.22	9.36	8.61	11.26	18.81	15.06	13.88	14.75

资料来源：本表依据本书表 2—5 有关数据计算。

二、一个考虑金融补贴的体制内增长模型

在本章第一节第一点中，我们已经提及，张军（1997a）曾作过一个修改的主导部门模型，试图依此拓展价格双轨制条件下的产业组织理论，并借以解释中国渐进改革成功的原因。他在模型中考虑到了"对国有部门持续的补贴"的因素。这里，我们在进一步细分财政补贴与金融补贴的基础上，把金融补贴单独列出来建立一个专门的体制内增长模型，依此分析金融因素对渐进改革的特殊意义。至于张军模型中所列的其他两个因素（定价能力管制和非国有部门的进入），从金融角度看也意义重大。关于利率管制的渐进改革的意义，我们将在第五章中提及，有关非国有金融产权形式进入的问题则在第六章和第九章中作专门讨论。

图 4—5 展示的是一个包含金融补贴的体制内增长模型。为了讨论的方便，我们假定：（1）在改革过程中，国家具有抑制货币发行以免造成通货膨胀而动摇人们对改革中政府信心的偏好，因此总是采取十分谨慎的货币发行策略。这就意味着，改革中存在一个厌恶风险的强政府。基于此，在能够支持体制内产出增长的诸多因素中，排除了政府更多地使用财政向银行透支和货币扩张的方式向国有企业进行补贴以维持其产出增长的可能性，这与财政补贴占比逐年下

降的实际情形相符。（2）体制内企业的效率普遍低下，由于自有资本严重不足，从一开始就存在资金硬缺口，因此体制内企业具有很高的负债率，对国有银行的依赖十分强。（3）国有银行自身的资本比率也十分低下。以上三点假定意味着，国有银行需要在不存在国家（中央银行）货币救助（注资）的情况下维持对体制内企业的资金供给，因此就只有通过争取大量的居民储蓄存款来充实其资金来源。

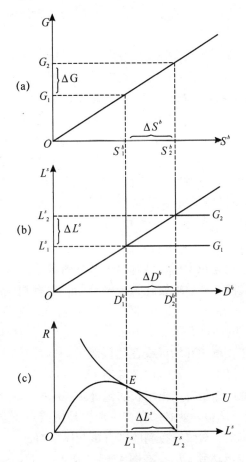

图4—5　一个固定比例的体制内产出函数

体制内产出增长要求一定数额的金融补贴来支持，而金融补贴能否顺利实现，则取决于储蓄存款和国有银行的贷款能否保持同步增长。这就意味着我们在考察体制内产出增长问题时，将面对一个接近于固定比例的生产函数。也就是说，若把储蓄存款（D^h）与信贷提供（L^s）视作保持体制内产出增长（G）的两个投入品的话[1]，那么，要获取较高的产出增长，就必须保持 D^h 和 L^s 的特定组合，只有按相同的比例增加 D^h 和 L^s，才会得到相应的 G，如图4—5（b）所示。当然，从更为严格的意义上讲，不论是 D^h 还是 L^s，都是政府能力的函数。而一旦体制内生产函数为固定比例形式，国家可以选择的产出方式就十分有限。或者说，中国体制内产出的金融补贴型方式显然不是可以选择的，而是由许多内生和外生因素给定的。因此可以进一步证明我们已经提出的观点：改革方式（以及经济产出方式）的选择并不是没有条件的，什么样的初始条件会决定什么样的改革方式与经济产出方式。

需要注意的是，如果没有足够的金融补贴，经济产出将处在较低的水平，比如在图4—5（a）中，当金融补贴为较低的 S_1^b 时，经济增长仅为 G_1，而 G_1 的低产出水平不足以支持体制的渐进过渡。为了保持足够高的产出水平（如 G_2），就必须要求增加相应的投入品，首先是 S^b 的增加，即由 S_1^b 上升到 S_2^b；由于生产函数是固定比例的，就要求 D^h 与 L^s 也同步分别增加到 D_2^h 与 L_2^s。至此，有必要重申以下逻辑联系：为了保持渐进过渡，需要体制内产出保持在一个较高的水平（G_2）；而在财政能力迅速下降的情况下，要维持较高的 G_2，就需要大量的金融补贴（S_2^b）；由于国家是属于风险厌恶型的，要保持较高的 S_2^b，就必须有较高的 L_2^s，但国有金融的自有资本也十分低下，唯一的选择就是想方设法把居民储蓄（金融剩余）的动员水平（国有银行吸储水平）保持在较高的 D_2^h 上。所幸的是，中国特有的货币化过程为积累居民储蓄提供了基础。

然而，要把居民储蓄有效地转化为金融补贴，需有相应的信贷机制。但是，如图4—5（c）所示，在一个标准的商业银行体制下，信贷提供量由机会曲线 OEL_2^s 与效用曲线 U 的切点 E 决定，在图中，商业银行的最佳信贷提供量为 L_1^s。这里，若我们假定在改革一开始（或在"拨改贷"以前），国有银行的金融补贴量对应于标准的信贷提供量，这也就意味着 $OL_1^s = OS_1^b = OD_1^h$，显然，商业银行体制是无法与国家维护体制内产出增长的偏好相匹配的。或者说，要保持体制内产出的较高增长水平（G_2），就必须存在一个不是按照商业原则而是根据政府偏好运作的国有银行体系。对政府控制的国有银行体系而言，其信贷提供量不受切点 E 的限制，最大可以达到 OL_2^s。在图4—5（c）中，我们假定与 OL_2^s 相对应的储蓄动员水平与金融补贴水平分别为 OD_2^h 和 OS_2^b，它们共同支持了较高的体制内产出水平 G_2。因此，在一个包含金融补贴的体制内产出增长模型中，必须同

---

① 在这里，我们事实上已把 D^h 和 L^s 等因素作为不同的投入品内在化于一个体制内厂商中，尽管 D^h 和 L^s 是一个金融变量的两个方面，但这样处理纯粹是为了讨论问题的方便。

时包含一个国有银行体系因素，国有金融体制改革的滞后本身无疑是嵌在渐进改革逻辑之中的一个内生变量。

有趣的是，由以上讨论可以进一步引申出一个推论，国有银行的过早商业化改革本身并不符合渐进改革的逻辑。一旦国有银行实现了商业化经营，其信贷提供量将比以往大为减少，即从 OL_2^h 降到 OL_1^h。与此相对应，即便有巨额的储蓄存款，也无法转化为对体制内产出的金融补贴。当然，实现商业化经营后的国有银行出于边际效用的考虑，也不会吸收那么多的储蓄存款，最终储蓄存款水平与金融补贴水平将分别由现实中的 OD_2^h 和 OS_2^h 缩减到"标准"的 OD_1^h 和 OS_1^h；如果考虑到国家失去金融控制后的通货膨胀效应，商业化后国有银行的储蓄份额将迅速缩减到 OD_1^h 以下。结果，转轨中的体制内增长仅停留于 G_1 的水平（或许更低）。更值得注意的是，一旦国有银行过早地在经济转轨之前实现了转制，那就意味着它将成为一个追求利润最大化的金融组织；在没有可与之竞争的其他金融产权形式的情况下，国有银行会以垄断者的面目出现，即开出较高的资金价格，而提供更少的信贷支持。这样，会使改革（尤其是拨改贷）以后以国有银行信贷资金为依托的国有企业的资本结构迅速瓦解，并伴随产出的迅速下降。[①] 可是，在中国改革过程中，国有银行一直受到强有力的政府约束，尽管如第二章所指出的那样，国家也付出了巨大的控制（约束）成本。正是基于此，我们才指出，中国渐进改革的成功是以金融改革的滞后与巨大的金融风险的积累为代价的。从整个渐进改革的逻辑看，这种代价的支付又正好构成中国改革的特质，因为与苏联、东欧国家相比，中国毕竟在改革中已经支付了这笔代价。代价的大小是一回事，而能不能支付得起代价又是一回事。

三、对"超常规金融增长"的进一步解释

我们在第三章第四节中曾经提出过一个"超常规金融增长假说"，依照此假说，金融的超常规增长是中国成功地实现转轨中经济增长的一个重要贡献因素。本章的既有讨论进一步支持了这一假说。

在上面的体制内增长模型中，体制内产出增长是金融补贴（S^b）的函数，而金融补贴取决于两个关键变量：居民储蓄存款（D^h）与国有银行的信贷提供能

[①]　不少经济学家都曾对转轨经济中国有部门的表现进行过探讨，他们认为，当一个庞大的国有部门被一下子置于完全的市场环境中时，不但不会改善资源的分配，而且会使其导向一个被国有部门垄断的市场结构，因为，一个拥有绝对大的市场份额但同时又不可能真正具有硬化预算约束的国有部门在不受计划约束的情况下，必然倾向于操纵新生的市场（参见张军，1997a，第104页）。

力（L^s）；D^h 和 L^s 又进一步是政府能力（P^g）的函数。以上关系可以表述为：

$$G=f(S^b) \tag{4.1}$$

由于

$$S^b=\text{Min}(D^h,L^s) \tag{4.2}$$

且

$$D^h=D^h(P^g) \tag{4.3}$$

$$L^s=L^s(P^g) \tag{4.4}$$

因此

$$G=f[D^h(P^g),L^s(P^g)] \tag{4.5}$$

　　若我们认定，在转轨经济中，如果存在一个强有力的政府，那么这个政府就肯定具有维持和追求经济高速增长的偏好，因此政府能力越强，也就意味着经济增长速度越高，即 $dG/dP^g>0$。但是，在国家财政能力迅速下降、体制内资源配置效率低下的前提下，要保持较高的 G，就得具有很强的金融资源的动员与支配能力，以便把金融资源转变为巨额的金融补贴。金融资源的动员能力表现为 D^h 的增长，而金融资源的支配能力表现为 L^s 的扩展，依据式（4.3）和式（4.4），它们也都离不开强有力的国家控制。就 D^h 而言，$dD^h/dP^g>0$，这表示，只有国家是强大的，人们对人民币才有信心，从而会把大量货币收入存入国有银行的账户。而对 L^s 来说，$dL^s/dP^g>0$，意味着，只有在存在一个受国家直接控制与约束的国有银行体系的情况下，才能使金融资源的国家支配得以最终实现。

　　显然，在转轨经济条件下，一个强政府的存在可以使经济增长尤其是体制内产出的增长超越"标准"的新古典路径。由于体制内产出从 G_1 到 G_2 的扩展归根结底是在"强金融"的"补贴"之下形成的，因此它本身就是超常规的增长。在图4—5中，我们可以看出，为了使产出的增长达到较高的 G_2，若假定 G_1 为正常状态的体制内增长，那么达到 G_2 而出现的 ΔG 这一超常规增长份额就得有相应的 ΔS^b 来支撑。而依据式（4.2），ΔS^b 就对应地要求 ΔL^s 和 ΔD^h 的存在，这又进一步要求承担这一使命的国有银行体制的超常规运作，即超越正常的效用函数［如图4—5（c）所示］吸收超额储蓄存款和发放超额的信贷。

　　最后，我们可以用十分简单的数学运算来证明金融补贴模型与"超常规金融增长假说"之间的关系。从第三章第四节中可以推出：

$$G=g[FIR^n(P^g)] \tag{4.6}$$

如果忽略 S^n，那么：

$$G = g[M_2^n(P^g), L^n(P^g)] \tag{4.7}$$

将式（4.7）代入式（4.5），可得：

$$g[M_2^n(P^g), L^n(P^g)] = f[D^h(P^g), L^s(P^g)] \tag{4.8}$$

进而

$$M_2^n(P^g) = D^h(P^g) \tag{4.9}$$

$$L^n(P^g) = L^s(P^g) \tag{4.10}$$

由于

$$dM_2^n/dP^g = M_2^f \qquad dL^n/dP^g = L^f$$

且

$$dD^h/dP^g = \Delta D^h \qquad dL^s/dP^g = \Delta L^s$$

因此

$$M_2^f = \Delta D^h \tag{4.11}$$

$$L^f = \Delta L^s \tag{4.12}$$

以上推导表明，在中国渐进改革的过程中，体制内产出的增长需要金融补贴的支持，而金融补贴又拉动了双重的超常规金融增长，即 M_2^f（或 ΔD^h）和 L^f（或 ΔL^s），而且，由于在 ΔD^h 和 ΔL^s 之间存在"互补约束"，因此，中国渐进改革成功的奥秘就在于保持了居民储蓄存款尤其是国有银行储蓄账户的稳定。

第五章

转轨中的货币
需求模型

中国渐进改革在金融支持下所取得的成功，对曾经盛极一时的金融深化理论提出了挑战，金融深化理论所依赖的新古典框架在解释转轨中的经济增长及其金融表现时显得软弱无力。本章首先对金融深化理论作出简要评述，在此基础上建立一个能够解释中国转轨情形的货币需求模型。

第一节 金融深化的理论模型：一种综述

为了简便起见，也是基于本书的主旨，我们并不打算系统展示金融深化理论的全貌，而只是将其中的一些代表性模型抽出来加以评论，目的是指出金融深化理论模型在解释中国渐进改革中的货币金融问题时所遇到的难以逾越的障碍。

一、M-S 初始模型：重要的是货币收益率

金融深化理论的初始模型，如果不作严格意义上的考证，是 1973 年由两位美国经济学家麦金农（Mckinnon）和肖（Shaw）在大约同一年先后出版的两部著作①中分别提出来的。尽管麦金农和肖在论及金融因素对经济增长的作用过程的问题上各有侧重，但从总体上讲却得出了颇为近似的结论，因此我们不妨把这

---

① 这两部被人们频繁引用的著作分别是：Mckinnon, R. I. , "Money and Capital in Economic Development" (Washington, 1973)；Shaw, E. S. , "Financial Deepening in Economic Development" (New York, 1973)。

个模型称之为"$M\text{-}S$ 初始模型"。

　　不论是麦金农还是肖，都是从确立一个货币需求函数入手来讨论金融深化问题的。麦金农基于他的货币与实物资本间的互补性假说提出了如下货币需求函数：

$$(M/P)^D = L(Y, I/Y, d - p^*) \tag{5.1}$$

　　在式中，$(M/P)^D$ 为实际货币余额，Y 为即期名义收入，I/Y 为投资收入比率，$d - p^*$ 为货币的实际收益率，其中 d 为名义存款利率，p^* 为预期的通货膨胀率。基于自我融资假说与货币实物资本间的互补假说，上述货币需求函数中的所有偏导数均为正值，尤其是 $\partial L / \partial (I/Y) > 0$。相比之下，传统的货币需求理论则认为在货币需求与实物资本间存在替代关系，即存在负的偏导数值。麦金农出于对发展中国家经济分割性的考虑，将一个实物资本的平均收益率 $\bar{r}$ 引入货币需求函数：

$$(M/P)^D = L(Y, \bar{r}, d - p^*) \tag{5.2}$$

　　自然地，$\partial L / \partial \bar{r} > 0$。在麦金农看来，$\bar{r}$ 的上升会促使人们更加倾向于投资，从而导致 I/Y 的提高，而在自我融资条件下，这意味着人们将拥有更多的 $(M/P)^D$。

　　$\bar{r}$ 与 I/Y 的上升固然重要，但对 $(M/P)^D$ 产生更大影响的是货币供给的条件，也就是式（5.2）中的 $d - p^*$，尤其是对发展中国家而言，当一个家庭和企业在决定其收入中持有货币所占的比例时，会对 $d - p^*$ 十分敏感。直观地讲，货币的实际收益率决定着人们是否进行或进行多大程度的储蓄，从而进一步决定着一个国家的总体储蓄动员水平，最终决定其资本积累与经济增长。这样，可得到下式：

$$I/Y = F(\bar{r}, d - p^*) \tag{5.3}$$

　　可见，投资本身的收益率与货币的收益率两者对一国的资本形成同样重要。在这里，$\bar{r}$ 与 I/Y 之间存在递增的函数关系，即 $\partial F / \partial \bar{r} > 0$；但就 $d - p^*$ 而言，它在一定的限度内对资本形成具有正效应，即 $\partial F / \partial d - p^* > 0$，而一旦超过这个限度就会产生负效应，即 $\partial F / \partial d - p^* < 0$。也就是说，一旦 $d - p^*$ 超过某一最适水平，就会使麦金农所谓的"渠道效应"（conduit effect）转变为替代效应。更直观地讲，当货币收益率达到一定高度（超过投资的边际收益率）时，人们就会更多地选择持有货币，而不是拿这些货币去投资（持有实物资本）。这样，问题就最终归结为如何确定这样一个最适的货币收益率水平

（即 $\partial F/\partial \bar{r}=\partial F/\partial d-p^*$）。而要做到这一点，唯一可行的办法是放松利率管制，由金融市场上的货币供求关系导出（内生出）一个均衡的利率水平，从而实现货币实际收益率与投资边际收益率的一致。这便是麦金农提出"金融自由化"的基本逻辑。

麦金农还在一个修正的哈罗德-多马模型中引入了金融改革因素与储蓄因素，借此对货币收益率做了进一步的解释。他修正了哈罗德-多马模型中的固定储蓄倾向假设，认为储蓄倾向是可变的，它不仅受经济增长本身的影响，而且同时受到货币收益率等变量的影响。这样，哈罗德-多马模型便从原来的 $\dot{Y}=\sigma s$ 修正为 $\dot{Y}=\sigma s(\dot{Y},\rho)$，其中 $\dot{Y}$ 为经济增长率，ρ 为产出资本比率，s 为储蓄倾向，ρ 为货币实际收益率（近似地等于 $d-p^*$）。在这个修正模型中，麦金农尤其强调了 ρ 在金融改革前后所起的作用。在金融改革之前，发展中国家的 ρ 因金融处于压制状态而维持在较低的水平上，由于 $s=s(\dot{Y},\rho)$，$\partial s/\partial \rho>0$，因此，低的实际货币收益率决定了低的储蓄，在较低的储蓄水平上，均衡的经济增长率也较低。可是，经过一番金融改革之后，ρ 将有所上升，储蓄水平随之提高，最终较高的储蓄水平决定了较高的均衡经济增长率。若把改革前的经济增长函数表述为 $\dot{Y}_1=\sigma s(\dot{Y},\rho')$，改革后的经济增长函数则表述为 $\dot{Y}_2=\sigma s(\dot{Y},\rho^*)$，那么，$\dot{Y}_2>\dot{Y}_1$；$\rho^*>\rho'$。显然，只要推行以提高 $d-p^*$（或 ρ）为核心的金融改革，通过提高人们的储蓄倾向与储蓄水平，就能获得较高的经济增长率。

相比之下，肖（Shaw，1973）则从货币体现了一种债务媒介关系出发确立其货币需求函数。他认为，货币不是社会财富，其增长不会带来社会收入的增长，但货币的作用并不是中性的，它通过节约交易成本和促进资产的组合同样会对经济增长产生重要影响（第 62 页）。而债务媒介作用的发挥要求提高经济的货币化程度，因为货币化程度越高，债务媒介作用的发挥就越容易与普遍。我们需要特别关注以上讨论的引申意义。债务媒介作用的发挥依赖于经济货币化水平的提高，货币化水平的提高又依赖于人们对货币需求的增加，货币需求的增加进一步依赖于货币金融制度能否保持良好的激励机制，其中最重要的是能否提高货币持有的收益。在肖看来，实际货币需求是由货币服务[①]以及实际存款利率引起的。或者说，它与货币作为支付手段所提供的服务正相关，正是这些服务和货币的实际存款利率，"引诱了货币需求"（1973，第 63～64 页）。因此，持有货币的收益便包括与

---

① 货币服务或货币实际边际产出包括：货币作为支付手段时在便利交易和节约交易成本方面提供的服务以及货币作为储蓄手段时在风险调节方面提供的服务。也就是通过货币体系的媒介作用，使储蓄者感到更为方便和风险更小。可以说，如果货币不能提供这些服务，那么人们就不会对持有货币感兴趣。

货币服务有关的货币实际边际产出（无形收益）和存款的实际利率（有形收益）两个因素。这样，持有货币的全部收益可表达为：

$$r_m = \mu + d - p^* \qquad\qquad (5.4)$$

式中 μ 为货币的实际边际产出。不过，从更为严格的意义上讲，决定货币需求的因素除了持有货币的收益这个"正效应"因素外，还有机会成本因素（"负效应"因素），在这些因素中，有传统货币理论（财富观）所强调的实物资本和政府债券的单一收益率 r（肖基于发展中国家市场的分割性把它改造为机会成本的一个向量），消费者的时间偏好率 r_c 以及肖所新增的非货币性间接金融资产的收益率 d_n。另外，肖还考虑了经济货币化等因素（用 t 表示）所产生的对货币需求的刺激效应（第65页）。这样，肖的货币需求函数可表述为：

$$D_m = I(Y_p, r_c, r, d_n, r_m, t) \qquad\qquad (5.5)$$

在上式中，Y_p 表示预期收入，由于 r_c、r 和 d_n 均为持有货币的机会成本，可用一个向量 V 代替，而 t 则是一个"动态项"，在基于静态分析的货币需求函数中可以给定。[①] 基于式（5.4），r_m 中的 μ 主要取决于预期收入 Y_p，因此，只有 $d - p^*$ 是主要的，这样，式（5.5）可进一步改写为：

$$D_m = I(Y_p, V, d - p^*) \qquad\qquad (5.6)$$

若把式（5.6）与式（5.2）加以比较，不难发现，麦金农与肖虽然分别从不同的角度推导货币需求函数，但却得出了几乎相同的结论。有意思的是，在式（5.2）中，由于麦金农持有互补假说与自我融资假说，所以导出了货币与实物资本先互补后替代的关系；而在式（5.6）中，由于考虑到了非货币金融资产的因素，所以肖关注的是货币持有与非货币金融资产（包括实物财富）之间的替代关系或者机会成本关系。因此，作为式（5.2）与式（5.6）的区别项 r 和 V，二者之间只是涵盖的内容不同而已，即后者（V）包含的因素更为全面。既然如此，肖的结论就与麦金农十分接近，亦即：货币需求对一国经济增长十分关键，而 $d - p^*$ 又决定着货币需求的大小；由于发展中国家普遍存在着货币需求不足的现象，因此就要采取放松利率管制的金融改革政策以刺激其

---

① 此因素在随后展开的有关中国货币需求函数的讨论中显得特别重要。遗憾的是，肖在其货币需求函数中却没有把它作为一个重要变量加以考虑；肖的理论对中国金融改革过程缺乏解释力，与 t 的被假定（或忽略掉）具有直接关系。事实上，近年来国内外一些学者所确立的中国货币需求函数正是在强调了 t 的作用的基础上才获得解释能力的（参见本章随后的讨论）。

货币需求。[①]

M–S 初始模型还可以通过图 5—1 得到更为直观的展示。图 5—1 基于弗莱 (Fry，1978，1982) 的有关表述并作了某些改动而绘成。不难看出，图 5—1 展示的是一个标准的新古典模型，它自然包含两个基本假设，即：储蓄等于投资与封闭的经济环境（不存在外部储蓄）。从图中可以看出，当金融处于改革以前的压抑状态 F_0 时，利率被压低在 r_0 的水平上，这时储蓄仅为 S_0，基于假定，投资总额也只能是 I_0（当然意愿投资为 I'_0）。若再假定发展中国家对存款利率与贷款利率作同样的限定（表明 r_3 水平的贷款利率难以实现，金融体系无法获取相当于 r_3-r_0 的高额收益），这就意味着信贷分配现象十分普遍。在这种情况下，经济增长率也只能处于较低的 g_0 上。在金融改革以后，随着利率管制的放松与金融压抑程度的减缓（如 F_1 所示），利率从 r_0 上升到 r_1，储蓄额增加到 S_1，投资总额也随之上升到 I_1（这时意愿投资需求则相应收缩到 I'_1），与此同时，经济增长率提高到 g_1 的水平。如果我们假定均衡的利率水平为 r_2（正如麦金农与肖所强调的），那么，国家仍需在 r_1 的基础上进一步放松利率管制，以期使金融压抑水平减缓到 F_2（事实上，这时已经在理论上实现了金融自由化）。在均衡利率水平上，实际的均衡储蓄额为 S_2，实际投资与意愿投资取得一致（均为 I_2），经济增长率随之提高到更高的 g_2。

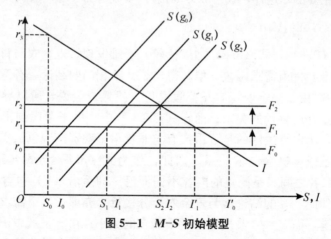

图 5—1 M–S 初始模型

---

① 不过，从肖的货币需求函数仍可推导出麦金农货币需求函数中不曾有的结论。比如，由于肖以债务媒介作为确立货币需求函数的出发点，他自然对货币中介（或金融中介）的作用十分关注，他认为，货币行业的服务作为生产过程的"中间投入"，提高其效率对有效动员储蓄和配置储蓄至关重要，因此，货币金融中介体系的自由化与利率自由化同等重要。这样，一个完整的"M–S 初始模型"的逻辑推论就可表述为：第一，放松利率管制，使之形成均衡利率；第二，放松金融管制，使各类金融中介机构迅速发展。在这里，出于讨论的集中与方便，我们只强调了前者，但这并不意味着后者就不重要。

二、K-G 扩展模型：重要的依然是货币收益率

"M-S 初始模型"一经提出，就引起许多经济学家的关注与讨论，一些经济学家试图扩展与修正这一模型。

坎普（Kapur，1976b）基于固定资本与流动资本的划分进行了扩展"M-S 初始模型"的努力。在坎普看来，固定资本与流动资本总要保持一个固定比率（当前者为 α 时，后者为 $1-\alpha$）才会形成经济产出与经济增长；若给定固定资本，最要紧的就是企业能否得到足够的流动资本；流动资本除了靠企业内部自筹外，其净投资部分则一般要依靠银行信贷（若这部分所占比例假定为 θ，则自筹比例为 $1-\theta$）；而商业银行能够提供的流动资本量又取决于实际货币需求、货币扩张率与贷款占货币的比率。具体而言，正如我们已经指出的，货币需求是 $d-p^*$ 或 π^*-d 的函数，其中，π^* 为预期的通货膨胀率。由于 $M=C+L$（C 为高能货币，L 为贷款余额），并假定 C/M 和 L/M 为常数，也就是说，C 与 L 保持固定比率，因此，货币扩张率 $\mu=\dfrac{\dot{M}}{M}=\dfrac{\dot{C}}{C}=\dfrac{\dot{L}}{L}$（$\dot{M}$、$\dot{C}$、$\dot{L}$ 分别表示该项增量）。L/M 为贷款占货币的比率，可用 q 表示。如果考虑物价变动因素（$\dot{P}/P=\pi$），那么，资本积累函数可表示为：

$$\dot{K}=\frac{1}{1-\alpha}\left[\mu q\frac{M}{P}-\pi\theta(1-\alpha)K\right] \tag{5.7}$$

随后坎普引入了卡甘（Cagan）货币需求函数 $\hat{M}/P=Ye^{-a(\pi^*-d)}$，式中 $\hat{M}/P$ 为货币金额的意愿持有额，a 为一个正数。卡甘的货币需求函数表示随着收入 Y 的增长，人们持有的意愿货币额取决于货币收益即 $-(\pi^*-d)$ 的水平，当 $d>\pi^*$ 时，人们更愿意持有货币。若以 γ^g 表示经济增长率，且坚持传统的固定资本产出比率，则有 $\gamma^g=\dot{K}/K=\dot{Y}/Y$，这样，式（5.7）可改写为：

$$\gamma^g=\frac{\dot{K}}{K}=\frac{1}{K(1-\alpha)}\left[\mu q\frac{M}{P}-\pi\theta(1-\alpha)K\right]$$

$$=\frac{\mu qM}{(1-\alpha)PK}-\pi\theta \tag{5.8}$$

由于 $Y=\sigma K$，$K=Y/\sigma$，因此式（5.8）可进一步改写为：

$$\gamma^g=\frac{\mu q\sigma}{(1-\alpha)}\cdot\frac{M}{PY}-\pi\theta \tag{5.9}$$

进一步地，把卡甘的货币需求函数考虑进式（5.8），再将 $\pi = \mu - \gamma$ [1] 代入，则有：

$$\gamma^g = \mu(q\sigma/1-\alpha)e^{-a(\pi^*-d)} - \pi\theta$$
$$= \mu(q\sigma/1-\alpha)e^{-a(\mu-\gamma-d)} - \theta(\mu-\gamma) \tag{5.10}$$

式（5.10）即为坎普的静态经济（金融）增长函数，姑且称之为"K 模型"。从该函数表达式可以清楚地看出，若给定流动资本占总资本的比率（$1-\alpha$），且由于货币中贷款占比 q 也较为稳定，σ 与 θ 皆为常数，那么，式（5.10）可简化为：

$$\gamma^g = \mu e^{-a(\mu-\gamma-d)} - (\mu-\gamma) \tag{5.11}$$

由式（5.11）可知，通过货币扩张固然可以暂时推动经济增长，但总归是有限度的，若超过一定程度，就会引起通货膨胀，反而使 γ^g 下降；反过来说，或许在通货膨胀业已存在时，通过降低 μ 便可使 γ^g 上升。除此之外，"K 模型"与"M—S 初始模型"的推论十分相似，由于 $\partial\gamma^g/\partial d > 0$，因而提高 d 肯定会使 γ^g 上升。[2]

更进一步地，通货膨胀会对经济增长产生不利影响，因为高的通货膨胀率使实际存款利率（货币收益率）下降，有损于储蓄动员与资本形成，因此发展中国家摆脱金融抑制的首选目标应是制止通货膨胀。不过，依照上述函数，制止通货膨胀有两种方式可供选择：一是降低货币扩张率；二是提高货币收益率。问题是，这两种方式对经济增长率 γ^g 的影响是不同的。降低货币扩张率，实际上是

---

① 由于 $MV = PY$，若进行对数变换，亦即求时间导数，可以得到：$\dfrac{\dot{M}}{M} + \dfrac{\dot{V}}{V} = \dfrac{\dot{P}}{P} + \dfrac{\dot{Y}}{Y}$ 或者：$\mu + \dfrac{\dot{V}}{V} = \pi + \gamma$，若考虑静态均衡条件，则：$\dfrac{\dot{M}}{P} + \dfrac{\widehat{M}}{P}$，$\pi = \pi^*$，$V$ 为常数，所以，$\mu = \pi + \gamma = \pi^* + \gamma$；$\pi^* = \pi = \mu - \gamma$。

② 坎普还进一步在考虑通货膨胀适应性预期与预期菲利普斯曲线的基础上建立了动态的经济增长函数。他把实际通货膨胀率依照瓦尔拉定理确定为货币过度供给的函数再加上预期的通货膨胀率，即：$\pi = h\left(\dfrac{M}{PY} - \dfrac{\widehat{M}}{PY}\right) + \pi^*$。而依照上述卡甘的货币需求函数，$\widehat{M}/PY = e^{-a(\pi^*-d)}$；$M/PY = 1/V$，令 $\ln 1/V = -W$，那么，$M/PY = e^{-w}$，结果：$\pi = h(e^{-w} - e^{-a(\pi^*-d)}) + \pi^*$。另依照卡甘的通货膨胀适应性预期公式 $d\pi^*/dt = \beta(\pi - \pi^*)$，将上式代入便可以得到坎普的动态经济增长函数：$d\pi^*/dt = \beta h(e^{-w} - e^{-a(\pi^*-d)})$，显然，上述坎普的静态经济增长函数（即不考虑通货膨胀预期）是动态函数的一个特例，即在不存在通货膨胀预期（$d\pi^*/dt = 0$）的情况下，动态函数便还原为静态函数。需要说明的是，坎普的动态函数有两个表达式，为了简便起见，这里只列出其中的一个，有兴趣的读者可参阅 B. K. Kapur（1976a，1976b）。

减少货币供给，而提高货币收益率则是增加货币需求。相比较而言，降低货币扩张率对抑制通货膨胀的确有效，但对短期的经济增长会产生巨大的负面影响，因为从货币扩张率的下降到通货膨胀率的下降有一个时滞，在这个时滞内生产部门对银行的信贷需求依然按 π 增加，而这时银行的信贷净流量却因货币扩张率的下降而迅速减少。这样，企业的流动资本需求中的 θ 部分将得不到满足，这导致一部分固定资本的闲置，最终使经济产出下降。相比之下，提高货币收益率就不会出现这种现象。与"M-S 初始模型"的结论一样，放松利率管制，提高货币收益率是发展中国家走向金融深化从而推动经济增长的首选目标。正如坎普所强调的那样：在开始时，应该从提高名义存款利率着手，只有当通过 d 的上升使 π 下降和 γ^g 提高时，才能审慎地运用其他工具（Kapur，1976a，p.794）。

如果说坎普建立了一个"两资本模型"，那么盖尔贝斯（Galbis，1977）则提出了一个"两部门模型"，并试图依此来细化与扩展"M-S 初始模型"。盖尔贝斯假设发展中经济中存在两个部门，一个是落后的或低效率的部门；另一个是现代的或技术先进的部门（第60页）。[①] 两个部门的生产函数分别为：

$$Y_1 = F_1(K_1, L_1) \quad （部门 I） \tag{5.12}$$

$$Y_2 = F_2(K_2, L_2) \quad （部门 II） \tag{5.13}$$

两部门的资本收益率分别为 $\partial Y_1 / \partial K_1 = r_1$，$\partial Y_2 / \partial K_2 = r_2$，依照前面的定义，有 $r_2 > r_1$。如果考虑劳动因素，以 W_1 和 W_2 分别代表两部门的工资率，则有 $W_2 > W_1$，这样可得到一个总括的收入函数：

$$\begin{aligned} Y &= Y_1 + Y_2 = F_1(K_1, L_1) + F_2(K_2, L_2) \\ &= (r_1 K_1 + W_1 L_1) + (r_2 K_2 + W_2 L_2) \end{aligned} \tag{5.14}$$

很显然，依照式（5.14），若假定 K 为一定值，那么 K_1 和 K_2 存在此消彼长的关系。无疑地，只有使资本更多地投向 K_2，即 K_2 越大，才会对 Y 的增长越有利。因此，发展中国家要想方设法通过一定的机制使 K_2 增大，且使 K_1 更多地转化为 K_2。

很自然地，金融因素被盖尔贝斯视作使 K_2 增大（或 K_1 减少）的一个关键因素。为了论证这个问题，他又作了一个十分严格的假定，即部门 I 得不到来自银行的信贷支持，只是一个自我筹资部门（"麦金农意义"上的部门）；而部门 II 则因为效率较高能得到银行的支持。为了支持上述假定，他同时还确认，存款是

---

① 为了分析的方便，盖尔贝斯假设这两个部门生产相同的产品并面对同样的价格。

银行的唯一金融资产形式，这就意味着部门Ⅰ要么把自身的储蓄用于低效率的投资，要么以存款形式存入银行；部门Ⅱ则将自己的储蓄全部用于投资（不存在储蓄）。基于这种假定，部门Ⅱ要进一步扩大投资就必须从银行取得必要的信贷支持，而银行要给部门Ⅱ以足够的信贷支持，就得有足够的储蓄。依照前述，这种储蓄又只有来自于部门Ⅰ。要让部门Ⅰ多向银行储蓄，唯一的办法是想方设法使部门Ⅰ的储蓄（货币）收益率高于其低效率投资的收益率。也就是说，若部门Ⅰ的投资函数为 $I_1 = H_1(r_1, d-p^*)Y_1$，那么 $\partial H_1/\partial r_1 > 0$，$\partial H_1/\partial (d-p^*) < 0$，因此，只有提高 $d-p^*$，才能使部门Ⅰ这个关键的提供储蓄的部门向经济贡献储蓄而减少其投资。从全社会来说，这将意味着有更多的金融资源配置到效率较高的部门Ⅱ。然而，进一步的问题在于，对部门Ⅱ来说，其投资函数为 $I_2 = H_2(r_2, b-p^*)Y_2$，且 $\partial H_2/\partial r_2 > 0$，$\partial H_2/\partial (b-p^*) < 0$，不难看出，$d$ 的提高会带动 b（名义贷款利率）的提高，而 b 的提高又会增加部门Ⅱ的筹资成本。如果是这样，合乎逻辑的推论反而是抑制而不是激励部门Ⅱ的投资。为此，盖尔贝斯又进一步假定 $r_2 > b-p^*$。总之，盖尔贝斯的模型与坎普模型（可合称为"K-G扩展模型"）一样，都只是强调了货币收益率的重要性，其推论并没有超越"M-S初始模型"。

三、M模型：一种渐进主义

概括地说，迈希森（Mathieson，1978）的分析在表述上比坎普更为简练，但他除了把坎普的银行信贷资金仅介入流动资本扩展到全部资本外，其静态分析并没有什么创见，推论也未能超越"均衡利率"范围。但值得注意的是，在迈希森将静态讨论引向动态讨论，即考虑到通货膨胀预期与银行贷款存量的衰减性（a decaying stock of bank loans）之后，却得出了十分有意义且迥异于 M-S 初始模型和坎普模型的推论。[①]

迈希森提出了一个二次效用函数：$U = \delta_1(\pi - \pi^r)^2 + \delta_2(\gamma - \gamma^r)^2$，其中 δ_1 和 δ_2 是两个正数，分别表示政府对控制通货膨胀（$\pi - \pi^r$）和追求经济增长（$\gamma - \gamma^r$）两个目标的权重，γ^r 和 π^r 分别表示预期的经济增长率和通货膨胀率。显然，由于 $\gamma = \gamma^r$ 时，$\pi > \pi^r$；$\pi = \pi^r$ 时，$\gamma < \gamma^r$。因此，这两个目标很难同步达到，政府的政策选择只能是达到两个目标的某种最佳效用组合。由于政府总是期望预期的目标通货膨胀率等于即期的通货膨胀率（即不存在通货膨胀预期），并偏好于预

---

① 有人把迈希森模型与坎普模型合称为 K-M 金融发展模型，比如弗莱（Fry，1982）。从此种意义上看，这种合称是不恰当的，坎普的模型更有理由归入 M-S 初始模型。

期的经济增长率大于即期的经济增长率，或者追求 $\gamma' > \pi'$，因此，上述的二次效用函数的理想状态应是负值或者最小化，$\gamma' - \pi'$ 的值越大，政府效用就越大，而函数值则越小。① 效用 U 的值越小，说明政府追求到的是一个较佳的效用组合。这就要求政府要兼顾金融改革与宏观经济稳定。可以说，这种所谓的"M 模型"把金融自由化改革与宏观经济稳定相提并论，在金融深化理论的诸模型中实属罕见。

那么，要达成这种效用组合，政府能选用的政策工具有哪些呢？迈希森认为，无非是 μ、d 和 I（名义贷款利率）。就 μ 而言，应将其保持在与长期的意愿通货膨胀率相适应的水平之下。不过，由于存在通货膨胀的理性预期，即人们对政府政策的通货膨胀影响能作出准确无误的判断，因此，首要的是要让名义存款利率 d 与 π^* 取得一致。只有这样，才能使实际存款利率 $d - \pi^*$ 保持不变，从而使货币市场与信贷市场保持均衡，也就是说，使银行有足够的资金来源（储蓄）。

以上就 μ 和 d 所作的推论相对于其他模型并没有多少新意，不过，需要留意，迈希森的特别之处在于对实际贷款利率的关注。他认为，在金融改革过程中，名义利率的调整应不致使原有的金融机构遭受损失。这里，他有一个"著名"的假设，即在整个贷款存续期内（即跨越金融改革前后），银行的贷款利率是固定的②，这就意味着，尽管实际存款利率保持不变，但在名义存款利率 d 提高的情况下，原有金融机构的筹资成本会大幅度提高，盈利率随之下降。更为严重的是，那些新设立的"增量"银行显然更有能力以较高的 d 争夺存款，结果原有的银行将在这种"不平等"的竞争中净值被削弱而面临破产的危险，从而危及整个金融体系的稳定与金融改革本身。基于此，迈希森认为，在金融自由化改革开始时，应将实际贷款利率（$I - \pi^*$）确定在一个高于"稳态值"（均衡值）的水平，以弥补原有银行低收益贷款存量的损失；在随后的金融改革中，再逐步地调降贷款利率，使之接近平均水平。也就是说，在金融改革过程中，要对 d 和 I 采取不同的改革措施。显然，M 模型体现了渐进主义的改革倾向。与 $M\text{-}S$ 初始模型截然不同，它认为放松利率管制应采取渐进改变（gradual changes）的方式，如果迅速实现利率自由化，将会导致金融机构的大量破产，危及宏观经济的稳定与总体金融改革的推进。因此，金融自由化的目标应当坚持，但达到这个目标的方式则需慎重考虑。从总体上讲，M 模型虽然十分简单（尤其是其动态

---

① 弗莱（Fry，1988）称迈希森的这个二次效用函数为"损失函数"（loss function）。

② 当然，弗莱（Fry，1988）也曾指出过这种假设的不合理性，而我们认为，不管假设是否合理，通过它却歪打正着地导出了一些十分有意义的结论。如果再把这个假设进一步加以引申，即让其表示国有银行所具有的特殊资本结构与社会义务（如中国那样），那么由此就可以推导出切合于中国金融改革实际的渐进主义推论。

模型），但却引入了 M–S 初始模型和 K–G 扩展模型都未曾引入的"金融改革过程"这一变量（尽管在他看来，货币收益率仍然是重要的），仅从这种意义上讲，它是对金融深化模型的一次重要扩展。在许多年以后，当麦金农（1993）提出其金融控制理论从而对 M–S 初始模型作出重大修正时，我们可以明显地看到其受 M 模型直接影响的痕迹。这无疑预示着，M 模型对中国金融改革过程具有某种程度的解释力。

第二节　转轨条件下的中国货币需求函数：重要的是货币收益率吗？

一、关于利率中性

　　M–S 初始模型自提出之日起，就引起许多经济学家的验证兴趣。当然，麦金农和肖本身在提出理论模型的同时也进行了相应的验证，但此后的验证努力恐怕是他们始料未及的。据 Richard L. Kitchen（1986）的统计，从 1973 年到 1984 年这短短 10 年间，就有 17 种计量验证，其中有 13 项得出证实结论，仅有 4 项为证伪结论，也就是说，金融深化理论模型可以解释发展中国家的金融情形并能够指导其金融改革实践。

　　更为权威的验证是由 IMF（1983）作出的，一项主要由 A. Lanyi 和 R. Saracoglu 主持的有关发展中国家利率政策的研究表明，实际金融增长与实际 GDP 的增长呈正相关；那些维持了正实际利率的国家，有着较高的实际金融增长率，这就同时表明，实际存款利率同实际 GDP 增长之间存在正相关关系。[①] Alan Gelb（1989）在为世界银行所作的一项综合研究中分析了 3~6 个月平均存款利率与 GDP 实际增长率之间的关系，结果表明，在 1974—1985 年间，实际利率为正的国家的平均产出增长 5.6%，实际利率稍稍为负的国家为 3.8%，而实际利率严重为负的国家只有 1.9%。[②] 据麦金农（1993，第 25~27 页）在 Gelb 的两个回归方程基础上所作的自称为"刻板"的解释，实际存款利率每提高 1%，产出增长率就上升 0.2%~0.25%。在验证金融深化模型方面用力最著名的 M. Fry[③]

---

　　① 更为详尽的验证过程可参阅麦金农（1993，第 18~27 页）。
　　② 更为具体的数据请参阅世界银行（1989b，第 31 页）。
　　③ Fry 曾提出过修正的金融发展模型（1988，1982），但没有多少创见，相比之下，更为引人注目的是他的计量验证，如在 Kitchen 的统计中，就有 6 项验证是由 Fry 作出的。

基于对 20 世纪 60 年代和 70 年代亚洲国家的几项综合性时序跨国研究，得出结论说，"实际存款利率向着其竞争性的市场均衡水平每提高一个百分点，都和半个百分点的经济增长率的提高相联系"（1978，第 152 页）。

不过，上述验证结果却无法适用于中国的情形。尽管麦金农（1993）曾强调中国政府在保持储蓄存款实际利率为正方面做得相当好（第 283 页），但自改革以来，中国显然不是主要依靠操作存款利率变量来动员储蓄和推动经济增长的。随后的讨论将表明，在中国的 GDP 增长、金融资产增长与存款利率之间并不存在明显的相关关系。尤须注意的是，1995 年以后政府连续数次调低名义存款利率，如 1995 年一年期存款利率为 10.98%，到 1996 年调低至 7.47%，1997 年调低至 5.67%，1998 年 3 月进一步下调至 5.22%，而调低利率本身并没有影响货币需求和经济增长。金融深化理论模型或许在中国渐进改革过程中正好获得了一个相反例证。

按照金融深化理论模型，当货币收益率较低时，人们的货币需求变弱，居民储蓄倾向降低。但在中国的改革过程中，货币收益率对货币需求的作用基本上是中性的，即金融深化理论模型中的 $\partial L/\partial(d-p^*)>0$ 不成立。从理论上讲，货币收益率只有在居民产生投机需求时才会影响储蓄。在中国，当货币化进程开始启动时，人们的货币需求主要是交易需求，而交易需求只与收入增长相关联。只有当交易需求达到一定水平，人们才会产生储蓄需求与投机需求，其中投机需求的产生又以机会成本的出现为条件。正如我们在第三章讨论超常规金融增长时所指出的那样，国家为了让储蓄更多地集中于国有银行，采取了限制其他金融工具发展的政策，这种政策实际上剔除了人们持有货币的机会成本，这种机会成本也就相当于肖模型中的 V 向量。假定人们只在持有储蓄存单和持有其他非货币金融资产之间进行选择，那么，在不存在机会成本的情况下，哪怕货币收益率再低，人们持有现金货币（或储蓄存单）也就不会觉得有什么损失。[1] 如果用 D^h 表示银行储蓄，那么，$D^h=F(Y,\ V,\ d-p^*)$，依照上述中国情形，则 $\partial F/\partial Y>0$，$\partial F/\partial V=\partial F/\partial(d-p^*)=0$。也就是说，中国的货币需求明显依赖于居民的收入增长，而与 $d-p^*$ 以及 V 几乎无关。

以上利率中性假说可以通过初步的回归分析进行检验。依据表 5—1，做经济增长率与储蓄存款增长率对实际存款利率的一元线性回归，得到结果：

$$\dot{G}^h=33.63-0.105(d-p^*) \tag{5.15}$$

---

[1] 当然，如果考虑消费因素与通货膨胀情形，当货币收益率降低时，人们便会放弃持有货币而选择即期消费，但这种情形事实上一直很少在中国出现。

$$(28.256) \quad (-0.419)$$

$$R^2 = 0.010\,9, DW = 2.107$$

$$\dot{G} = 9.75 - 0.16(d - p^*) \tag{5.16}$$

$$(12.27) \quad (-0.967)$$

$$R^2 = 0.055\,2, DW = 1.000\,5$$

虽然上述两个回归方程的拟合度都较差，但方程本身却表明了在中国渐进改革过程中 $d-p^*$ 对 $\dot{D}^h$ 和 $\dot{G}$ 所起的作用的不显著。[①] 尤其是回归方程（5.15）更为贴切地说明了在中国改革过程中出现的奇特景象，即在利率逐步下调（比如 1996—1998 年）的同时，储蓄存款仍在大幅度上升。由回归方程（5.16）也可进一步引申出，中国近年来在调低存款利率的同时也相应调低了贷款利率，目的是为了降低国有企业的筹资成本。因为贷款利率越低，国有企业的筹资成本就越低，体制内产出的增长率就会越高。如果与第四章的有关讨论相联系，就更容易理解，中国改革以来的低利率政策作为金融支持的一个重要构成因素，推动了渐进改革时期的经济增长。按照 Blanchard（1996）的一个模型（参见张军，1997a），若国有企业不受价格控制的制约而可以自由选择价格，那么总产出会下降。如果利率放开从而低利率转化为高利率，那么金融补贴便难以保持，国有经济在改革一开始就会迅速呈现"J形"下降；由于这时非国有经济并未占据很大份额，所以国内经济产出的迅速下降将使整个经济的总产出下降。不过，上述 $d-p^*$ 与 $\dot{G}$ 的统计关系也表明：软约束的国有企业对利率极不敏感，利率提高不会过多地抑制其信贷需求，而利率降低也不会过多地刺激其信贷需求，也就是说，利率对国有企业来说几乎是中性的。

---

① 臧旭恒（1995）曾作过中国储蓄存款增长率与名义利率的相关关系的分析验证，结果表明，两者的相关程度很低，相关系数仅为 0.114（212 页）。他还通过建立计量模型检验居民消费、收入与存款利率的关系，以及平均消费倾向与利率的相关关系，结果均表明利率的影响是极不显著的，利率对消费影响的不显著事实上也表明其对储蓄的影响不显著。从理论上讲，新古典经济学一般主张利率变化对消费（或储蓄）的影响是确定的，即利率上升，消费相对减少，储蓄相对增加；而利率下降，消费相对上升，储蓄相对减少。M-S 初始模型即属于新古典主义。后来，西方一些经济学家（主要是凯恩斯主义经济学家，比如夏皮罗和阿克利等）则发现储蓄对利率的变动表现出较小的反应。如夏皮罗（1978）认为，由于存在收入效应和替代效应，所以利率对储蓄的影响取决于替代效应与收入效应的力量对比，因此，在个人储蓄总量与利率之间，无从建立简单的系统关系。由于这种情况，许多经济学家采取了基本上是不可知论的立场。他们承认利率的变动可以改变来自任何一定水平的可支配收入的总储蓄额，但储蓄变动的方向可能与利率变动的方向相同，也可能相反（205～207 页）。简而言之，新古典学派强调利率是影响储蓄的最重要因素，而凯恩斯主义储蓄理论的着重点则从利率转移到了收入水平。显然，中国的情形为后者提供了某种佐证，尽管导致这种结果的因素或许会有所不同。

表 5—1　　　　中国的实际存款利率、储蓄增长与经济增长：1979—1996 年

	通货膨胀率 （p^*）	名义存款利率 （d）	$d-p^*$	储蓄存款增长 率（$\dot{D}^h$）	经济增长率（$\dot{G}$）
1979	2.0	3.96	1.96	33.43	7.6
1980	6.0	5.40	−0.60	42.17	7.8
1981	2.4	5.40	3.00	31.09	4.5
1982	1.9	5.76	3.86	28.97	8.7
1983	1.5	5.76	4.26	32.14	10.3
1984	2.8	5.76	2.96	36.10	14.7
1985	8.8	6.84	−1.96	33.58	13.5
1986	6.0	7.20	1.20	37.90	8.8
1987	7.3	7.20	−0.10	37.35	11.6
1988	18.5	8.64	−9.86	23.69	11.3
1989	17.8	11.34	−6.46	35.39	4.1
1990	2.1	8.64	6.54	36.67	3.8
1991	2.9	7.56	4.66	31.38	9.2
1992	5.4	7.56	2.16	27.23	14.2
1993	13.2	10.98	−2.22	29.30	13.5
1994	21.7	10.98	−10.72	41.54	12.6
1995	14.8	10.98	−3.82	37.84	10.2
1996	6.1	8.33	2.23	29.86	9.7

资料来源：本书附录Ⅱ表 F，本书表 2—4。

二、制度因素的引入

既然已有的货币需求模型无法解释中国的情形，那么唯一的选择就是重新构建中国的货币需求函数。既有的讨论已经表明，金融深化理论模型是基于新古典主义得出的，而中国的情形则需要从制度变迁的角度来把握。因此，要使金融深化理论模型适合于解释中国的情形，就需要对此作重大修正与扩展，尤其是要增加有关制度变量。[①]

事实上，近年来国内外的许多经济学家都试图构建体现中国转轨经济特征的货币需求函数。其中最具代表性和经过统计检验的模型有两个：一个是易纲（1996a）的模型；另一个是秦朵（1997）的模型。相对于其他学者诸如 Feltenstein 和 Farhadian（1987）、Chen（1989）以及 Portes 和 Santorum（1987）等的研究，易纲和秦朵的研究都更注重制度变迁因素。

---

① 尽管迈希森的模型曾经得出了很有意义的渐进主义结论，但模型本身并未引入制度因素。

基于对制度变迁因素的考虑，易纲（1996a）提出了改革前（1952—1978年）的货币需求模型与改革后（1979—1989年）的货币需求模型。仍然是基于交易方程式 $MV=Py$，得出 $m=(1/V)y=ky$，其中 $m=M/P$，对此式取自然对数，并以 C 取代 $\ln k$，且 $k=1/V$，得到改革前的货币需求模型：

$$\ln m=C+\ln y+D \tag{5.17}$$

式中的 D 为一个虚拟变量。易纲在式（5.17）基础上主要考虑了中国经济的货币化这一制度变迁因素，他曾把交易方程式修正为：$MV=\lambda yP$，λ 为货币化经济的比例，由此得到改革后的货币需求模型：

$$\ln m=C+\ln y+\ln\lambda+D \tag{5.18}$$

通过对式（5.17）和式（5.18）作回归估计，在改革以前，收入弹性系数接近于1，这说明实际人均收入和人均货币需求两者是同步增长的；而在改革后，由于货币化因素的加入，收入弹性系数明显下降，降至 0.75 左右，这说明货币化因素可以解释货币需求的增长。易纲用城市人口的百分率作为货币化进程的一个近似变量，依此，城市人口百分率（亦即货币化水平）每增长 1%，则会引起实际货币需求增长 0.81%～0.95%。考虑到持有货币的机会成本，易纲接着提出了一个新的货币需求函数：

$$\ln m=C+\ln(rs)+\pi+\ln(UP) \tag{5.19}$$

在式（5.19）中，易纲用实际零售额 rs 取代了 y，用城市人口比率 UP 取代了 λ，增加了预期通货膨胀率 π（即持币的机会成本）。用 1983—1989 年数据作回归估计，若以混合价格指数折算的实际人均货币需求 M_2^w 表示 m，则得出以下双对数计量检验结果：

$$\ln M_2^w=1.231+0.653\ln(rs)-0.004\pi+0.511\ln(UP)$$
$$(3.13)\quad (4.64)\quad\quad (-2.12)\quad\quad (5.07)$$
$$R^2=0.933,\ DW=1.507$$

由以上检验结果可知，人均零售额的货币需求弹性为 0.65，城市人口弹性为 0.51，而预期通货膨胀率对货币需求的影响很不显著。[1] 结论是，就中国而言，影响货币需求的主要因素：一是收入增长引发的货币需求；二是货币化进程

---

[1] 臧旭恒（1995）就 1978—1991 年间居民消费支出总额对滞后预期价格指数进行回归，分析价格预期对消费支出的效应，结果也表明，价格指数在回归中不具有统计显著性，说明它对平均消费倾向基本上没有什么影响（第214页）。由此也可推得，价格预期也不会对储蓄（一种货币需求）产生显著影响。

引起的货币需求。值得注意的是，利率因素没有进入易纲的货币需求函数，这和我们前面所讨论的利率中性似乎有很大程度上的内在联系。按照他的解释，中国的利率受到政府的严格控制，即被固定在一个远低于均衡点的水平上，因此不能反映持有货币的机会成本。这样，我们可以对易纲的货币需求模型作出与 $M-S$ 初始模型相对应的概括。事实上，易纲（1995）曾提出过一个货币需求函数的表达式：

$$m^d = f(y, r, \lambda, \pi, b) \tag{5.20}$$

式中，$m^d = M/P$，y 为国民生产总值，r 为利息率，λ 为货币化指数，π 为通货膨胀预期，b 为国际收支余额。这里，如果我们坚持封闭经济的假定，则 b 可以剔除；若用实际利率代替 r，可得 $r-\pi$，再用 $d-p^*$ 加以替换。这样，式（5.20）可另表示为：

$$m^d = f(y, \lambda, d-p^*) \tag{5.21}$$

由于利率因素是接近于中性的，因此 $d-p^*$ 也可以剔除，结果，货币需求函数可进一步简化为：

$$m^d = f(y, \lambda) \tag{5.22}$$

其中，$\partial f/\partial y > 0$，$\partial f/\partial \lambda > 0$。值得注意的是，易纲货币需求模型对货币化因素的强调正好与本书第二章的讨论相吻合。不过，只有货币化因素仍然难以说明中国货币需求函数的全部内涵。比如，仅据此就难以回答，为什么在货币化因素的作用随着货币化进程的推进而逐渐减弱时，人们的货币需求依然高涨。

秦朵（1997）试图引入一些新的制度因素来扩展通用的货币需求理论。[1] 他认为，一般货币需求理论描述的只是将各类经济制度及经济发展阶段的具体因素全部抽象掉了的一般规律，显然，若用它来解释中国改革以来的货币需求关系，就很可能是把复杂问题简单化了。因此，在将它运用于中国的转轨过程时，这种一般货币需求理论就需要扩展。秦朵在对通用的货币需求模型进行扩展时，主要考虑的制度因素有：（1）由计划控制造成的抑制性投机需求；（2）由计划体制软约束造成的过度资金需求；（3）由改革引起的市场化对货币的超常需求（即所谓货币化因素导致的货币需求）。其扩展模型为：

$$m = f(y, p, R_I, R_F, R_L) \tag{5.23}$$

---

[1]　这里所谓的通用货币需求理论，其表达式为 $m-p=k+\alpha y+BRc$，其中 α 表示货币需求的收入弹性，B 为持币成本系数向量，Rc 为持币成本。

式中，y 和 p 分别表示即期收入与价格水平，R_I 为利率，R_F 为货币化进程中的国有工业产出比率，R_L 为软约束的存贷比率。就上述三个主要的制度因素而言，第一个因素所涉及的投机需求用利率变量给出，由于中国货币的投机需求是受到抑制的，因此利率变量在货币需求函数中缺乏解释力。第三个因素实际上等同于易纲模型中的 λ。只不过，易纲是用可测度的城市人口比率（UP）来作 λ 的近似变量，而秦朵则是用国有工业产出占工业总产出的比率来作近似变量。到底哪个近似变量更有解释力，尚需作进一步的考察。就我们所关注的问题来看，到底使用哪个近似变量显然是不重要的，重要的是确认货币化进程本身对转轨中的货币需求具有重要影响。仅就此而言，秦朵的模型和易纲的模型都是令人满意的。

秦朵模型的特别之处是引入了一个崭新的制度因素，即上面所列出的第二个因素：由计划体制软约束造成的过度资金需求。在式（5.23）中，他用可测度的国有银行存贷比率 R_L 表示。毫无疑问，这是一个很有意义的制度因素。不过，可惜的是，因出于论证改革以来中国货币需求稳定性和货币内生于需求关系的特殊考虑，秦朵在计量验证模型以及货币需求的长期均衡关系时把它和利率变量一起给剔除了。剔除该因素的具体理由是，由总信贷速度激变所体现的软约束曾经对货币需求的增长起激化作用，但从模型的递归估计结果看，随着改革的深化，总信贷的软约束膨胀逐渐减弱，因而对货币过度需求的引致力也逐渐消失。可是事实却表明，国有银行的存贷比率因软约束所导致的金融支持而一直居高不下，依据表 2—8，国有银行的自有资金占总资产的比率 1996 年仅为 4.34%，其依赖储蓄存款注资的状况未见缓解，因此对货币过度需求的引致力并未有消失的迹象。更进一步看，软约束本身分为国有企业的财务软约束与国有银行的信贷软约束，这两种软约束都带来了国家货币供给扩张的压力（即所谓的倒逼机制）。但问题在于，这种货币供给压力并没有造成严重的通货膨胀，原因是居民部门的货币需求所推动的 M2 增长替补了中央银行的基础货币供给（尤其是 M0）的压力。据表 5—2 统计，在 1985—1996 年的 12 年间，M2 平均增长 27.31%，M0 平均增长 22.73%，前者的增长速度比后者高出 4.58 个百分点。在此期间，M2 增长的平稳性也远高于 M0。另从表 5—3可以看出，除了 1984—1985 年和 1988—1989 年以及 1993 年这 3 个时期之外，中国的 M0/M2 保持在一个较低的水平上，尤其是在 1993 年后逐年连续下降，1996 年仅为 0.120。若以增量之比计算，其下降得更快，依据表 5—4，1996年 M0 与 M2 的增量之比仅为 0.07。

表 5—2　　　　　　　　　　中国的货币增长：1985—1996 年　　　　　　　　　（%）

	1985	1986	1987	1988	1989	1990	1991	1992	1993	1994	1995	1996	平均
M0	24.7	23.3	19.4	46.7	9.8	12.8	20.2	36.5	35.3	24.3	8.2	11.6	22.73
M1	5.8	28.1	16.2	22.5	6.3	20.2	23.2	35.7	38.9	26.8	16.8	18.9	21.62
M2	25.4	29.3	24.2	21.0	18.3	28.0	27.1	30.7	24.0	49.0	29.5	21.2	27.31

资料来源：《中国金融展望》（1994、1997），本书表 3—1。

表 5—3　　　　　　　　　　中国的 M0/M2：1978—1996 年　　　　　　　　　（亿元）

	M0	M2	M0/M2
1978	212.0	1 159.1	0.18
1979	267.7	1 458.1	0.18
1980	346.2	1 942.9	0.18
1981	396.3	2 234.5	0.18
1982	439.1	2 589.8	0.17
1983	529.8	3 075.0	0.17
1984	792.1	4 146.3	0.19
1985	987.8	5 198.9	0.19
1986	1 218.4	6 721.0	0.18
1987	1 454.5	8 349.7	0.17
1988	2 134.0	10 099.6	0.21
1989	2 344.0	11 949.6	0.20
1990	2 644.0	15 293.7	0.17
1991	3 178.0	19 439.9	0.16
1992	4 336.0	25 402.1	0.17
1993	5 864.7	31 501.0	0.19
1994	7 288.6	46 923.5	0.16
1995	7 885.3	60 750.0	0.13
1996	8 802.0	73 613.3	0.12

资料来源：易纲（1996a）表 8—1，本书表 3—1，《中国金融展望》（1997）表 3—6。

表 5—4　　　　　　　中国 M0、M2 的年度增加额：1978—1996 年　　　　　　（亿元）

	ΔM0	ΔM2	ΔM0/ΔM2
1978	16.6	51.8	0.32
1979	55.7	299.0	0.19
1980	78.5	484.8	0.16
1981	50.1	291.6	0.17
1982	42.8	355.3	0.12
1983	90.7	485.2	0.19
1984	262.3	1 071.3	0.24
1985	195.7	1 052.6	0.19
1986	230.6	1 522.1	0.15
1987	236.1	1 628.7	0.14

续前表

	ΔM0	ΔM2	ΔM0/ΔM2
1988	679.5	1 750.2	0.39
1989	210.0	1 850.0	0.11
1990	300.0	3 344.1	0.09
1991	534.0	4 146.2	0.13
1992	1 158.0	5 962.2	0.19
1993	1 528.7	6 098.9	0.25
1994	1 423.9	15 422.5	0.09
1995	596.7	13 826.5	0.04
1996	916.7	12 863.3	0.07

资料来源：同表5—3。

事实上，预算软约束对货币需求的增长起着十分显著的作用，它和易纲模型中的货币化程度一样都是解释渐进改革条件下中国货币需求的关键变量。不同之处只在于，如果说货币化因素更多地反映了中国货币需求的初始条件的话，那么软约束因素则更为深刻地表现出中国货币需求的内部结构特征。我们特别注意到，软约束因素与投机需求的抑制因素之间具有十分微妙的逻辑联系。我们已多次强调，在渐进改革过程中，要避免"J形"经济增长曲线的出现，就需使国有经济（尤其是国有工业产出）维持在一个平稳的增长水平上，而要维持这个水平，就得保证资金的平稳供给，在财政能力下降的情况下，就无疑要主要依赖金融因素的支持了。尽管在中国的改革过程中，金融条件尚属优越，因为货币化过程提供了充足的货币化收益尤其是大量的金融剩余，但要使这种优越的金融条件顺利地转化为对软约束国有企业资金需求的满足，就得首先使金融剩余进入国有银行的账户。而这又进一步需要抑制人们持有国有银行储蓄存单的机会成本，亦即抑制其投机需求（以限制其他金融工具的发展为条件）。从这种意义上讲，软约束对中国转轨中货币需求的增长发挥了特殊作用。此外，利率因素的不显著也是基于软约束因素的影响。这样，秦朵的货币需求模型可以修正为：

$$m = f(y, d-p^*, R_F, R_L) \tag{5.24}$$

上式中的$d-p^*$系将式（5.23）中的p和R_I加以合并而来，由于在秦朵看来，$d-p^*$的作用也不显著，因此，此项也可以剔除，结果：

$$m = f(y, R_F, R_L) \tag{5.25}$$

且$\partial f/\partial R_F < 0$，$\partial f/\partial R_L > 0$，$\partial f/\partial y > 0$。与易纲的模型相比，上述秦

朵模型中增加了一个新变量 R_L。尽管它在计量验证模型与由此导出的货币需求的长期均衡关系中被剔除了，但仅指出这一变量并确认其在改革过程中的确对货币需求产生过激化作用就已十分有意义了。可以说，秦朵模型是对易纲模型的一种扩展与补充。

不过，在秦朵模型中，以国有工业产出比率 R_F 来表示货币化因素，值得作重新考虑。国有工业产出比率的下降表明货币化程度提高了，而国有工业产出比率的下降又不能太快，因为我们已经指出，如果那样会使经济增长出现"J 形"下降；要让国有工业产出比率不致下降太快，就得提供足够的信贷支持，这意味着国有银行的存贷比率 R_L 需要维持较高的水平，而这又最终要求人们货币需求（尤其是在国有银行的储蓄存款）的稳定增长。人们货币需求的增加又是以货币化程度的提高为条件的，这显然是一个悖论。这说明，用国有工业产出比率来作货币化因素的近似变量是不恰当的。

三、模型的扩展：考虑国家能力因素

从总体上讲，易纲与秦朵的模型引入了两个重要的制度变量从而对 $M-S$ 初始模型作了重要修正（尽管模型提出者本身并不一定会意识到这一点），可以说，易纲与秦朵的模型（在保留 R_L 的情况下）对中国改革中的货币需求关系具有较强的解释能力。但问题是，易纲与秦朵的模型依然存在以下几个方面的问题：第一，把利率因素从模型中剔除（如秦朵模型）或没有引入模型（如易纲模型），这本来是正确的做法，但它们却忽略了利率因素作用不显著背后的制度因素。我们已经指出，渐进改革中的国有经济产出主要依赖于金融补贴的支持，既然是补贴，就得是低成本的，亦即国有银行给国有企业的贷款只能收取低的贷款利率；与此同时，国有银行为了维持其金融支持能力，同样需要低的筹资成本，即低的存款利率（这种低利率只是相对于均衡利率，而不是绝对利率水平）。式（5.15）和式（5.16）的回归估算结果正好表明，在改革过程中，实际存款利率的降低起的是激励储蓄存款和经济增长（主要是国有企业的产出）的奇特作用。当然，这种低的利率对经济增长率的正向作用显然是可以寻找到新古典主义的解释的，因为低的利率激励了投资，而投资的增长又推动了产出的增长。但是，实际存款利率的下降（即货币收益率的下降）反而促使了人们更多地（至少是这样表现的）自愿持有货币（或储蓄存单），这显然是无法单独用被抑制了的投机需求（机会成本）和通常的理论加以解释的。或许更有意义的是，政府强有力的金融控制和对国有银行的担保事实上抵补了人们持有货币的低收益率损失。对储蓄者而言，低货币风险与高货币收益往往是可以相互替代的。因此，在中国的货币需求函数中，显然不能不考虑另外一个重要的制度变量：国家能力因素（即人们对国家的信心）。[1] 在中国的渐进改革中，国家能力因素实际上替代了利率因素而成为激励货币需求增长的重要变量。从这种意义上讲，储蓄者更倾向于购买国有银行的存单，这显然包含着他们很大程度上的自愿选择和对安全系数的偏好，尽管许多其他金融机构都在想方设法让人们购买其存单。

第二，易纲与秦朵的模型都指出了通货膨胀因素对货币需求的冲击，即把它视为人们持有货币的一种机会成本，只不过在中国的货币需求函数中，通货膨胀的冲击影响也很不显著，而这事实上更进一步加强了国家能力因素的作用。可以设想，尽管政府可以通过抑制投机需求来保持储蓄（或持有货币）需求，但却无法左右人们在交易需求与储蓄需求之间的选择。当通货膨胀因素迅速上升时，人们便会倾向于把货币兑换成实物（财富），20 世纪 80 年代出现的数次抢购与挤兑情形便是证明。但问题是，由于强大的国家能力因素的存在，国家总能把通货膨胀控制在一定的限度之内，从而保持了人们持有货币（或储蓄存单）的信心。因此，不管是利率因素还是通货膨胀因素，它们在中国货币需求模型中作用的不显著都可归结为国家能力因素作用的显著。

第三，国家能力因素的存在，使货币化因素和软约束因素之间的整合与沟通得以实现。很显然，软约束因素要求国有银行保持很高的存贷比率，而存贷比率的保持又要求人们对国有银行的存单感兴趣。主要由货币化因素（基于非国有经济的发展和由此带动的经济增长）导出的金融剩余要进入国有银行的存款账户，显然需有一个国家垄断的金融体系。我们已经指出，国家垄断的国有金融产权形式在吸纳货币化的储蓄贡献方面发挥了关键性作用，或者说，正是在国家有能力对国有金融产权形式实施控制的前提下，货币化因素才转变为国有银行账面上的巨额储蓄存款并由此支持其高存贷比率。因此，易纲与秦朵模型中所强调的货币化因素与软约束因素只是维持货币需求的必要条件，而国家能力因素则是货币需求增长的充分条件。根据第四章第二节中第三点的讨论，只要国家能力（P^g）足够强大，就能保证 D^h 足够大，只有 D^h 足够大，L^s 的增长才有保证，L^s 的增长有了保证以后，才能最终促使体制内产出 G 的平稳增长。

至此，若我们先将易纲模型与秦朵模型合并，可得：

$$M^d = F(y, \lambda, R_F, R_L) \tag{5.26}$$

---

[1] 世界银行（1996b）认为，中国的高储蓄率说明公众对银行体系金融实力的高度信任，同时对大多数机构和家庭来说，缺乏可供选择的金融资产（第 27 页），这两个因素实际上都与国家控制能力有关。

　　由于 λ 和 R_F 都表示货币化因素，且基于前面的讨论，用 λ 表示货币化因素更为恰当，因此，完全可将 R_F 并入 λ；同时，若考虑国家能力因素且 P^g 将 R_L 作并入处理（事实上被 P^g 归并的变量还有 $d-p^*$ 和由肖所定义的持有货币的机会成本向量 V），则可以得到一个扩展的中国货币需求函数：

$$M^d = F(y, \lambda, P^g) \tag{5.27}$$

　　在式中，全部偏导数皆为正值。当然，需要注意的是，随着改革的推进和市场作用的增强，货币化因素与国家能力因素的影响将逐步下降或趋于稳定，而 $d-p^*$ 的作用会日渐显著。这预示着，中国的货币需求函数将伴随渐进改革的推进而需要不断修正。

　　式（5.27）还可以用图 5—2 来直观地表示。我们假定改革初期面临的货币需求曲线为 m_0^d，货币供给曲线为 m_0^s，货币需求量为 $\overline{m}_0^d$。假定利率一直保持在一个受抑制的 $(d-p^*)$ 水平之上，且货币需求等于货币供给。改革一开始，由于人们的货币收入（y）迅速提高，与此相关联的交易需求急剧上升，国家随即通过扩大货币供给的方式作出回应，结果，货币需求从原来的 $\overline{m}_0^d$ 增加到 $\overline{m}_0^d + \overline{m}_1^d$，其中 $\overline{m}_1^d$ 为居民收入增长所导出的货币需求。与此同时，由于计划经济体制被打破，社会经济的交换与支付方式发生变化，经济货币化水平随之提高，这刺激了经济中货币需求的进一步增加，为了满足这些货币需求，国家又一次获得货币（供给）扩张的机遇，这样，货币需求由原来的 $\overline{m}_0^d + \overline{m}_1^d$ 增加到 $\overline{m}_0^d + \overline{m}_1^d + \overline{m}_2^d$，$\overline{m}_2^d$ 为货币化因素所导致的货币需求。在此基础上，当人们的货币收入进一步增加时，由于国家控制能力因素的作用（包括投机需求抑制与通货膨胀控制），

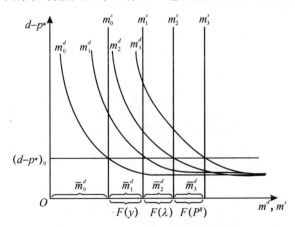

图 5—2　中国的货币需求模型：转轨情形

人们的货币需求以主要持有国有银行储蓄存单的形式继续扩展，结果，货币需求从原来的 $\overline{m}_0^d + \overline{m}_1^d + \overline{m}_2^d$ 进一步增加到 $\overline{m}_0^d + \overline{m}_1^d + \overline{m}_2^d + \overline{m}_3^d$。当然，图 5—2 把货币需求按作用因素划分为几个不同的区间，主要是为了讨论的方便，而事实上，在渐进改革过程中，上述 y、λ 和 P^g 等因素总是共同对货币需求产生作用。

第六章

金融制度的
过渡安排

第一节 何种金融制度安排更有利于转轨中的储蓄动员？

一、垄断性金融安排的比较优势

　　第五章有关中国货币需求函数的讨论表明，在转轨经济条件下，中国的储蓄存款（一种货币需求）与存款利率的高低几乎不相关，货币需求的扩展主要是基于货币化因素尤其是国家能力因素的作用。不过在第五章我们并没有详尽说明国家能力是如何作用于货币需求尤其是储蓄存款增长的。在国家能力与货币需求增长之间还存在一些重要的机制与组织，它们便是金融制度安排本身。当然，在已有的讨论中，我们也不是完全没有涉及金融制度安排的内容，但那只不过是在讨论其他问题时顺便提及而已。在这里，我们试图在国家能力、金融制度安排与货币需求增长诸因素之间建立起某种联系。

　　值得注意的是，上述中国货币需求函数对国家能力变量的引入实际上只是说明了在转轨条件下（即在相对于均衡利率的低利率条件下）人们为什么愿意持有货币（包括国有银行的储蓄存单），但并没有说明国有银行为什么会在自有资本比率很低（1996 年仅为 4.34%）的情况下会突破理论界限如此大规模地供给储蓄存单，因为供给存单本身并不是免费的。可以想象，在一个正常的市场金融条件下，储蓄存单会在某个均衡点（存单供给的边际收益等于边际成本）上停止提供。但在中国，即便是考虑低存款利率因素，也无法说明它超越均衡点如此之远的情形。看来，如果我们不能很好地回答这个问题，就难以在国家能力与储蓄增长之间建立一种可信的逻辑联系。

实际上，在转轨经济条件下，纯粹的市场金融制度将无法提供足够的货币供给（比如储蓄存单）。或者说，在人们愿意持有货币的假设条件下，如果不配合以适当的过渡金融安排，将会出现货币供不应求的局面，从而难以动员足够的储蓄资源，转轨中的经济（尤其是国有经济）也会因无法获得及时而有力的金融支持而呈现"J形"下降。如此看来，转轨中的经济需要一种特殊的过渡金融制度安排。在中国，正是由于国家垄断的或者国家控制的特殊金融制度安排的存在，才为转轨过程的经济提供了足够数量的低成本的货币供给，从而使人们的货币需求得到及时兑现。

可以想象，如果在转轨经济条件下，迅速引入非国有的或者国家不进行直接控制的竞争性金融制度安排，那么，金融机构就只能在一个均衡的利率水平上吸收居民的储蓄。若假定的均衡利率水平高于国家给出的利率水平，那么，所有金融机构将共同面对一个较高的提供存单的成本水平，从而限制其储蓄动员规模。这样，人们的储蓄需求便难以得到满足，因为在较高的均衡利率水平上，按照 M–S 初始模型，人们具有更为强烈的储蓄偏好。尤其值得注意的是，在国有金融机构面对一个均衡的高利率水平时，它意味着国家要支付更大的成本来动员储蓄从而为国有经济提供金融支持。

相比之下，国家垄断的金融制度安排则在控制存单提供成本与扩展储蓄规模方面具有明显的比较优势。我们可以借助图 6—1 来加以说明。在图 6—1 中，横轴表示储蓄存单的供给量（同时也可表示储蓄动员水平），纵轴表示储蓄存单提供的边际成本或边际收益。AB 线为储蓄存单提供的边际成本曲线，CD 线为储蓄存单提供的边际收益曲线。如果在改革一开始就放松国家的金融控制和放宽金融市场准入限制，那么就会迅速形成一个竞争性的金融制度结构；在竞争性的金融制度结构中，储蓄存单的供给量取决于边际成本与边际收益的比较。在图 6—1 中，一个竞争性的金融制度结构所能提供的储蓄存单规模仅为 OD_1^s。从理论上讲，这显然无法满足转轨经济对储蓄的巨额需求。这里，我们不妨把图 6—1 与图 4—5 加以对照。OD_1^s 的储蓄存单提供量仅能用以支持一个固定比例的体制内产出函数中相当于 OL_1^s 的贷款规模与较低的经济增长率（体制内产出水平）G_1。这就意味着，OD_1^s 的储蓄存单提供量无法支持经济的渐进转轨。饶有意味的是，从图 4—5（c）我们已经知道，一个竞争性的金融制度结构所能提供的金融支持（贷款）水平也仅为 OL_1^s，这正好与竞争性金融制度结构的存单提供水平 OD_1^s 相对应。无论如何，在转轨经济条件下，一个竞争性的金融制度结构是不利于储蓄动员与体制内产出的平稳增长的。

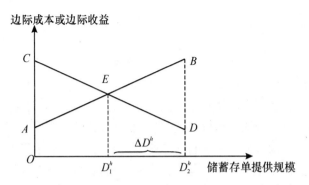

图6—1　垄断性金融制度在储蓄动员方面的比较优势

　　然而，在国家垄断的金融制度框架中，储蓄存单提供规模将超越 OD_1^h 而达到 OD_2^h。因为，垄断性金融制度在提供储蓄存单时遵循的不是"边际原则"，而是总成本等于总收益的"总量原则"。如图6—1所示，在储蓄动员水平为 OD_2^h 时，总收益面积 $OCDD_2^h$ 等于总成本面积 $OABD_2^h$。如果我们再与图4—5相对照，可以发现，OD_2^h 的储蓄存单提供规模正好对应于固定比例体制内产出函数中的贷款提供水平 OL_2^s 与更高的体制内产出水平 G_2。这样，图6—1中的 ΔD^h 便是转轨条件下垄断性金融制度安排在储蓄动员方面的比较优势。这一结果实际上进一步说明了，在第五章所提出的货币需求模型中，我们对国家能力因素的强调是恰当的。在第四章中，我们曾经特别强调，储蓄差异是转轨经济在中国和苏联、东欧获得不同绩效的一个基本原因，上述讨论也同时为此提供了理论支持。由此不难推出，转轨中经济增长水平的差异取决于储蓄的差异，储蓄的差异取决于过渡金融制度结构的差异，过渡金融制度结构的差异又取决于国家能力因素的差异。

二、混合性金融制度安排的储蓄动员绩效

　　以上所讨论的是纯粹的竞争性金融制度安排和垄断性金融制度安排在储蓄动员方面的不同绩效。这里，我们不妨进一步设想，转轨经济中存在一种混合性的金融制度安排，即竞争性的非国有金融制度与国有金融制度（不具有垄断性）并存的情形，那么，这种金融安排的储蓄动员绩效又将如何呢？从理论上讲，在改革一开始时，如果信贷市场是可以自由进入的，新进入的非国有金融机构会在提供储蓄存单方面面临一个更高的边际成本曲线。这是因为，一方面由于改革初期市场机制不健全，非国有金融机构很容易遭受非市场因素的侵扰；另一方面，由于信贷市场交易中的信任关系不可能一下子确立起来，非国有金融机构的贷款倾向于收取更高的利率，这也同时意味着信贷提供过程存在更大的违约（道德）风

险，非国有金融机构本身也就要支付更多的信息成本，结果，储蓄存单提供的边际成本将上升。

反映在图 6—2 中，边际成本曲线将从原来的 AB 上升到 $A'B'$。这里我们假定边际收益曲线没有发生变动，实际上，边际收益曲线的向下变动与边际成本曲线的向上变动对储蓄存单的提供规模来说是等价的。这样，储蓄存单的提供规模将由原来的 OD_1^h 缩减到较小的 $OD_1^{h'}$。进一步地，由于是混合型的金融制度安排，因此，国有金融机构（如国有银行）也将面临着较高的均衡存款利率以及与此相对应的较高的贷款利率。可是，作为国有银行信贷资金主要供给对象的国有企业难以接受较高的贷款利率，因此，在各有关利益方的讨价还价中，国有银行的贷款利率最终将难以达到均衡水平。与此相联系，存款利率也难以维持在较高的水平上，因为如果是那样的话，国有银行将会面对更高的边际成本。而更有意思的是，一旦国有银行把存款利率调到与贷款利率相适应的一个较低的水平，在非国有金融迅速发展并逐步确立其信誉的情况下，"国字号"储蓄存单的需求规模将下降，因为人们会转而持有利率更高的非国有金融机构的储蓄存单。为了不使存单流失现象出现，国有银行就得使其存款利率维持在均衡水平上。在这种情况下，存贷款利率的倒挂程度将大大提高，由此迫使国家拿出更多的资金来补贴国有银行，或者促使中央银行提供更多的再贷款，结果极有可能诱发人们的通货膨胀预期。很显然，这时国有银行储蓄存单的提供规模实际上取决于国家对提供补贴的承受能力。但无论如何，我们有理由确认，国有银行的储蓄存单提供会面临与非国有银行一样的边际成本曲线。基于提供存单的总量原则，国有银行实际的存单提供规模将由原来垄断状态下的 OD_2^h 下降到 $OD_2^{h'}$，如图 6—2 所示。并且，在混合性金融制度条件下，总体的储蓄存单提供规模将极有可能小于垄断性金融制度安排下的规模，即 $OD_1^{h'} + OD_2^{h'} < OD_2^h$。

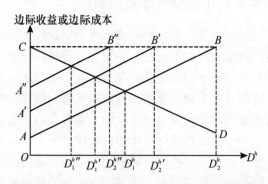

边际收益或边际成本

图 6—2　混合性金融制度安排下的储蓄存单提供

即便是 $OD_1^{''}$ 与 $OD_2^{''}$ 之和或许会等于乃至大于 OD_2^0，这种状况也不会持续太久。因为，如果 $OD_2^{''}<OD_2^0$，这意味着金融支持（或金融补贴）只能维持在较小的水平上，从而难以保证转轨中国有经济产出的平稳增长。一旦体制内产出出现下降，就会产生一系列连锁反应。最为严重的是，主要依赖于国有部门上缴税收的国家财政将面临更为严峻的现实，这必然逼迫货币扩张（在垄断性金融制度条件下，则是储蓄扩张在很大程度上替代了基础货币扩张），使人们形成强烈的通货膨胀预期，从而使人们持有货币的信心下降，货币需求随之削减。在这种情况下，储蓄存单的提供将面临一条更高的边际成本曲线 $A''B''$，要进一步动员储蓄，国有银行需支付更高的成本（比如存款下降本身将使银行支付更高的固定成本如办公费用与工资福利开支等）。最终，国有银行的储蓄存单提供水平会进一步下降到如图6—2所示的 $OD_2^{''}$ 的水平，这种储蓄下降又会导致基础货币的进一步扩张，形成恶性循环。从这种意义上讲，在混合性金融制度安排中，储蓄存单的总体提供水平或许一开始不至于比垄断性金融制度下的更低，但这种状况不会维持下去；当国有银行的存单提供水平随着人们货币需求的削减而下降时，前者的储蓄存单提供也会大幅度减少。如果进一步考虑到由体制内内生出的通货膨胀预期难免会对非国有金融的储蓄存单提供产生负面影响（即储蓄存单提供规模将由 $OD_1^{'}$ 下降到 $OD_1^{''}$），那么，混合金融制度下的总体存单提供水平将会进一步削减。

第二节　关于"金融约束"

一、再论国家能力因素

既然垄断性金融制度安排更有利于转轨经济条件下的储蓄动员，那么，合乎逻辑的推论便是维护与扩展这种制度安排。而基于已有的讨论，这又进一步需要国家能力因素的介入。依据前面给出的中国货币需求函数，在国家能力因素的介入下，实际利率水平对储蓄存单的提供与购买（货币需求）过程几乎不存在什么影响。这就意味着，在垄断性金融制度安排下，国家可以用较低的实际利率卖出储蓄存单而不影响储蓄规模。[①] 由于国有银行不必面对混合性金融制度安排中的均衡利率，因此储蓄存单提供的成本随之降低。如图6—2所示，边际成本曲线将从 $A''B''$（或 $A'B'$）重新回到 AB，储蓄存单的提供规模也恢复到较高的 OD_2^0。

---

① 本书表5—1表明，在1978—1996年间，中国实际存款利率有8年保持在负利率的水平，18年间平均实际利率水平只有−0.165%。

对于这种情形，我们还可以从图 6—3 中得到更为直观的说明。

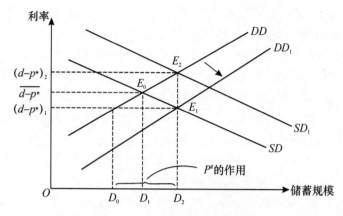

图6—3 低利率条件下的储蓄扩展

从图 6—3 可以看出，SD 表示储蓄存单提供曲线，DD 为储蓄存单需求曲线，在通常情形下，SD 与 DD 相交于 E_0 点，这时的 $\overline{d-p^*}$ 为均衡利率，而 OD_1 为均衡的储蓄规模。基于以上讨论，D_1 无法满足转轨经济条件下的储蓄动员要求，因此需要进一步提高储蓄动员规模。从理论上讲，假定经济中存在足够的储蓄存单需求，在这种情况下，需要将 SD 曲线向上移动，即以较高的利率 $(d-p^*)_2$ 来吸引储蓄者，从而使储蓄规模达到较大的 OD_2。这显然属于 $M-S$ 初始模型的逻辑。可是，基于我们已经给出的货币需求函数，在中国的转轨过程中，只要国家能力因素介入，储蓄规模就基本上不受利率因素的影响，国有银行就可以用较低的成本付出（即以较低的利率）提供更多（大于均衡储蓄规模）的储蓄存单。在图 6—3 中，一般而言，在较低的利率水平 $(d-p^*)_1$ 上，有着剩余的存单供给和不足的存单需求（缺口为 OD_2-OD_0），这种力量对比将促使利率上升到 $\overline{d-p^*}$ 水平。但是，由于国家能力因素的介入，在较低的 $(d-p^*)_1$ 上，中国的储蓄存单需求曲线作了反常的向下移动（从 DD 下移至 DD_1），从而与储蓄供给曲线 SD 在一个非均衡的利率水平上相交于 E_1 点，而这时储蓄动员规模也达到了较大的 OD_2。我们有充分的理由确认，OD_2 相当于图 6—1 或图 6—2 中的 OD_2^k。

二、租金是唯一重要的吗？

值得注意的是，垄断性金融制度安排可用较低的实际利率获取较高的储蓄动员水平，这种情形也曾受到一些经济学家的关注。在托马斯·赫尔曼、凯文·穆尔多克和约瑟夫·斯蒂格利茨（Hellmann, Murdock and Stiglitz, 1997）的一项研究中，把在低的实际利率情况下的储蓄扩展看作金融约束（financial restraint）的结果。[①] 他们认为，对于发展中的经济而言，由政府出面维持一种垄断性的制度框架将比竞争性的制度框架更有利于吸收储蓄[②]，其中的一个核心问题是使金融部门具有吸收储蓄的激励；为了形成这种激励，就有必要为金融部门创造租金机会（rent opportunities）；为了创造租金机会，政府就得使存款利率处在低于竞争性均衡利率的水平上 [即相当于图 6—3 中的 $(d-p^*)_1$]。正如我们已经指出的那样，低的存款利率使银行面对的是一条较低的边际成本曲线。很显然，在存款利率低于竞争性均衡利率水平的情况下，金融部门只要能够增加存款就可获得租金，这样，它们便有了寻求新的存款来源以扩大租金的激励，尤其是可以在原本不愿设立分支机构的地区（如农村地区）设立机构以充分地动员那里的储蓄。

　　既然租金如此重要，随后的问题就是如何保护这种租金而不至于使它消散。其中一个重要的保护手段是限制进入者的进入，以维护一个暂时的垄断性存款市场。也就是说，对现有存款市场的少数进入者进行专属保护（patent protection）。我们有理由认为，就中国的转轨过程而言，国有银行便是存款市场的几个少数进入者。由于政府一直实行着较为严格的进入约束，因此有效地控制了租金的消散。需要指出的是，在金融约束分析框架看来，进入存款市场获取租金的主要是从民间发育出来的金融部门，在其进入过程中，政府对它们进行专属保护，赋予其垄断权力。而在中国，进入者本身则是国有银行，它们从一开始就是垄断者。因此，如果说前者是把租金给予民间金融部门以便使其产生扩展储蓄的激励的话，那么后者就是政府自己获取租金并拥有相应的内在激励。如果考虑到中国转轨中经济的特殊性，即国有经济增长对渐进过渡的极端重要性，而国有银行金融支持的作用又十分关键，那么，政府本身有没有激励去动员更多的储蓄就显得十分重要。因此，尽管就金融约束理论框架而言，租金应由民间金融部门获得，而在中国却政府的金融部门获得，但考虑到制度背景的差异，在中国由政府的金融部门获得租金并维持动员储蓄的激励与能力就显得尤为关键。可以说，这是对

---

　　① 他们区分了金融约束与金融抑制，即前者是政府把存款利率压低到均衡利率之下，从而为民间部门创造租金；而后者则是政府通过把名义利率保持在远低于通货膨胀率的水平上而从民间部门攫取租金。

　　② 事实上，斯蒂格利茨作为一个结构主义者，一直对金融深化理论持有异议。他曾从市场失灵的角度对金融自由化进行过批评，认为金融自由化会导致市场失灵，因而主张政府的适度干预，他甚至认为，适度的金融抑制在信息不完全的情况下是有益无害的（参见王继祖，1997）。他在最近的一份研究（1997）中认为，东亚政府在确保金融制度安全和完善以及创建新制度和市场以填补民间部门的空白方面发挥了积极的作用。因此，由他参与提出的金融约束分析框架显然是其一贯思想的表现。事实上，金融约束被认为是介于金融抑制与金融自由化之间的情形，被称之为"一种比以上两种选择更有吸引力的模式"。

金融约束分析框架的一个重要补充。

事实上，以上推论可以从前面有关混合性金融制度安排的储蓄效应的讨论中直接得出。混合性金融制度对储蓄存单的负面影响等价于对存款市场过度进入而产生的租金消散效应，因为租金本身由 $\overline{d-p^*}$ 与 $(d-p^*)_1$ 的差额决定。进一步地，虽然储蓄存款的需求与 $d-p^*$ 无关，但存单供给却与 $d-p^*$ 有关，因为它直接关系到存单提供者（国有银行抑或国家）的成本与激励。很显然，当存款利率越是保持在较低的水平时，国有银行所得到的租金就越大，提供储蓄存单的积极性也就越高。此外，我们已知，国有银行是按"总量原则"提供存单的，在同等条件下，它比按边际原则行事的非国有银行要提供更多的存单，因此，让国有银行成为存款市场的主要进入者，限制非国有银行的进入是合乎逻辑的。必须注意的是，按总量原则行事固然可以多提供存单，但这必须以适度的租金激励为条件。只有总量原则加上租金激励才能得到较高的储蓄动员水平。显然，前者是必要条件，后者是实现条件。相比之下，金融约束分析框架似乎只关注了实现条件，而忽视了必要条件。民间金融部门即便是有了租金激励，仍只会按照边际原则出售存单，而租金激励又是有限的，因为 $d-p^*$ 不可能被压得过低。在一定的租金条件下，当政府依然要让民间金融部门超越其边际原则提供更多的储蓄存单时，那就意味着民间金融部门将要蜕变为政府的金融部门了。因此，只有租金激励没有国有银行制度的总量原则，是无法解释中国储蓄存单的巨大提供规模与储蓄动员水平的，反之亦然。

三、货币性金融支持与证券性金融支持

不过，就转轨经济对储蓄动员水平与金融支持的实际需要而言，只对提供储蓄存单的国有银行作出所谓的专属保护以及维持垄断性国有金融制度安排依然是不够的。前述中国的货币需求函数隐含着：货币需求是投机需求的递减函数。在由国家能力整合的因素中，除了 $d-p^*$ 即实际存款利率外，还有投机需求因素。而垄断性金融制度安排本身只具有限制其他金融机构进入存款市场的作用，而缺乏抑制投机需求的功能。这就意味着，在金融制度的转轨安排中，应当考虑抑制投机需求的制度装置。这种制度装置在金融约束分析框架中体现为限制资产替代。

赫尔曼等（1997）曾列举了居民的四种重要资产选择，即证券、国外存款、非正式市场存款和通货膨胀套期保值。由于我们坚持封闭经济的假定①，而且国

---

① 如果放松封闭经济的假定，那么资本外逃将是一个不可忽视的因素，即除限制资产替代外，限制资本外逃也是十分重要的，否则将影响限制资产替代的总效率。英国伦敦皇家国际问题研究所的顾问沃夫给 OECD 所作的一份研究报告指出，在 1989—1995 年间，中国长期资本外流总量可能超过 1 000 亿美元，其中 500 亿美元是未经政府批准的。更为具体的讨论可参见王军（1996）。

家能力因素使 $d-p^*$ 得到控制，而非正式市场存款也因非国有金融的进入限制而受到约束，因此，这里我们主要关注证券市场即投机需求问题。在赫尔曼等人看来，在金融发展的最初阶段，抑制债券和股票市场的发展可能是有效率的政策，尤其是在有效率的银行体系处于成长的阶段时，就更是不应强调证券市场的作用；只有随着金融体系的深化，证券市场才会变得日益重要。从根本上讲，证券市场之所以需要抑制，原因在于，证券市场会和银行部门争夺居民的资金，使垄断性银行失去一部分收益最高的业务，从而损失其特许权价值（franchise value），进而影响银行部门的租金，威胁金融体系的稳定。很显然，在制度变迁初期，当储蓄动员对转轨经济十分重要时，抑制投机需求或限制资产替代是一种合理的选择。从这种意义上讲，中国让国家控制金融市场的规模是合理的。因为对国家而言，更为重要的是储蓄动员，而不是调节社会的金融资产结构。更何况，在 $d-p^*$ 已经被压得很低的情况下，金融市场的稍许放松都会导致人们持有货币（与存单）的机会成本的迅速增大，从而动摇其持有储蓄的偏好与信心。不过，更值得关注的是，中国证券市场的规模从 1992 年起加速扩展，但由于占很大比重的股票份额属于未交易的国家股（或法人股）（如 1992—1996 年间平均占总股本的 64.36％），正如我们已经在第三章指出的那样，这部分所谓的投机需求属于金融增长的超常规部分，即是在政府推动下形成的，所以从根本上讲它与国有银行的储蓄动员具有同样的内涵。基于第四章第二节第三点的分析，它最终仍然导入了金融支持。更直观地讲，它与国有银行的信贷分配并没有什么不同。因此，证券市场发展对储蓄的转移本身来说仍然不属于标准意义上的资产替代。

可以说，在国有与法人持股占据较大比重的情况下，再大的证券市场扩展规模都不会形成标准的资产替代。或者说，这种资产替代并不会对转轨经济中的金融支持造成影响。由储蓄存单转化而来的国有银行的信贷性（货币性）金融支持与由政府控制的证券市场转化而来的证券性金融支持对体制内产出的平稳增长来说是等价的。这种状况只有在非国有的证券占有份额迅速上升且不受政府的直接控制时才会发生改变，亦即才会出现真正意义上的投机需求与资产替代。我们似乎可以由此领悟政府控制证券市场规模的真实意图。总之，在改革过程中，与限制存款市场的过度进入一样，国家在控制投机需求上也做得十分成功，尤其是国家通过资产替代的方式实施金融支持，既保持了体制内产出增长，又体现了总体改革尤其是金融改革的市场化倾向。

我们不妨仍用 S^b 表示金融支持（或金融补贴），除了我们已经指出的由储蓄存款的增长通过国有银行以信贷形式提供的补贴（用 DS^b 表示）外，还有通过政府控制下的证券市场（比如股票配给）途径提供的补贴（用 SS^b 表示），由于在某一特定时期内经济中可以动员的金融资源（或人们手持的货币收入净余额）是一定的，因此：

$$S^b = \alpha DS^b + (1-\alpha)SS^b \quad (0 \leqslant \alpha \leqslant 1) \tag{6.1}$$

也就是说，DS^b 和 SS^b 之间存在此消彼长的关系。但无论如何，只要从总体上能够保证足够的 S^b 来支持体制内产出的增长，α 取值的大小就不是问题的关键。从改革以来的情形看，由于国家对证券市场进行了严格的控制，证券市场的发展并没有削弱金融支持的规模，因为原来用信贷形式提供的一部分金融支持转而通过国有企业发行证券的形式提供了。也就是说，只要国家有能力控制证券市场，就同样可以从那里获得某种形式的金融补贴与金融支持，而金融约束分析框架显然没有考虑到这种形式。不过，一旦政府放松对证券市场的控制，即让非国有的证券份额进入，就会产生与放松存款市场进入限制一样的后果，即导致 S^b 的下降。我们若用 GS 表示证券市场的总规模，用 GS^n 表示非国有证券份额，用 SS^b 表示国有证券份额，那么，若假定 GS 在一定时期内由国有部门与非国有部门来持有且为一定值，就会有：

$$GS = \beta SS^b + (1-\beta)GS^n \quad (0 \leqslant \beta \leqslant 1) \tag{6.2}$$

从式（6.2）可得：

$$SS^b = \frac{GS - (1-\beta)GS^n}{\beta} \tag{6.3}$$

将式（6.3）代入式（6.1），得到：

$$S^b = \alpha DS^b + \left(\frac{1-\alpha}{\beta}\right)GS - \frac{(1-\alpha)(1-\beta)}{\beta}GS^n \tag{6.4}$$

显然：

$$\frac{\partial S^b}{\partial GS^n} = -\frac{(1-\alpha)(1-\beta)}{\beta}$$

由于 $0 \leqslant \alpha \leqslant 1$，$0 \leqslant \beta \leqslant 1$，因此：

$$\frac{\partial S^b}{\partial GS^n} < 0$$

也就是说，GS^n 每增加一个单位，S^b 就减少 $\dfrac{(1-\alpha)(1-\beta)}{\beta}$ 个单位。因此，在中

国的证券市场发展过程中，主要让国有经济进入而对非国有经济的进入进行限制主要是着眼于维持适度的 S^b 规模。这样，在中国的金融改革过程中就出现了一个十分有意思的情形，即在货币（或信贷）市场上，限制非国有银行的进入以维持足够高的 DS^b；而在证券市场上，限制非国有经济的进入以形成一个近似于垄断的市场结构，从而维持足够高的 SS^b。进一步地，在证券市场业已存在的情况下，S^b 最大化的条件是：

$$\frac{\partial S^b}{\partial GS} = \frac{\partial S^b}{\partial SS^b} \tag{6.5}$$

即 $\beta=1$。这就意味着，若给定 $1-\alpha$，β 值越高，GS^n 每增加一个单位，S^b 的减少额度就越小。当然，从式（6.4）又可以得出，α 值越大，β 变动所产生的影响就越小。因此，中国金融制度的过渡安排的基本特征可以概括为：为了在渐进改革中维持体制内产出的增长，国家主要采取了以激励储蓄增长（即广义货币需求）为主，辅之以适度扩展证券市场的策略，也就是尽量将 α 确定为一个较高的值，即主要让体制内金融机构进入存款市场，同时在证券市场上，又尽量把 β 值确定在较高的水平上，以便使更多的体制内部门进入证券市场。

对于以上的讨论，我们还可以用一个修正的希克斯模型来描述。图6—4是一个修正的希克斯几何图形。在图6—4中，横轴表示金融资产，纵轴表示边际效用（可用 $d-p^*$ 代表）。U_1U_1 为金融约束条件下货币（储蓄）需求的边际效用曲线，U_2U_2 为 $M\text{-}S$ 意义上的货币需求边际效用曲线，HC 为标准意义上的投机需求边际效用曲线。按照我们已有的讨论，在 $M\text{-}S$ 初始模型看来，较低的 U_1U_1 线导致较多的投机需求（OF_4）和较少的货币（或储蓄存单）需求（F_4F_5）。为了使人们更加愿意持有货币（或储蓄存单），就得提高持有货币的边际效用。如果将持有货币的边际效用提高到 U_2U_2，那么，货币（或储蓄存单）需求将扩大至 F_3F_5，而投机需求减少到 OF_3。可是，在金融约束条件下，不但货币需求的边际效用被控制在较低的 U_1U_1，与此同时，投机需求的边际效用也被相应降低，即原有的 HC 效用曲线向左旋转形成 HB 效用曲线。在这种情况下，人们的金融资产结构便由 U_1U_1 线与 HB 线的交点 E 决定，即货币需求扩展至较大的 F_2F_5，相当于式（6.1）中的 DS^b；而投机需求规模则缩减为 OF_2，相当于式（6.2）中的 GS。进一步地，在 OF_2 中，有相当的份额（即 F_1F_2）由国有部门持有，具有很强的刚性，而这一份额又与 DS^b（F_2F_5）呈此消彼长关系。当然，在金融支持意义上，其实它与 DS^b 并没有什么区别。这就预示着，它并不受投机需求边际效用曲线 HB 的严格约束。事实上，转轨中的投机需求将面临一条更低更陡的边际效用曲线 HA。并且，随着边际效用曲线变得更陡，利率变动对证券需求的影响也将变得越来越不显著。如果考虑一种极端的情形，即 $\beta=1$，那么，HA 效用曲线将进一步向左旋转与纵轴重合，在这种情况下，GS 将全部表现为 SS^b。若再考虑另一种极端的情形，即 $\alpha=1$，那么，DS^b 将扩展至 OF_5，金融支持（S^b）将全部表现为通过国有银行的货币性（储蓄性）支持。

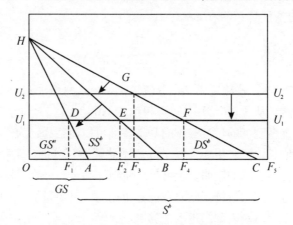

图6—4 一个修正的希克斯图形

第三节 体制外增长中的金融安排

一、体制外增长的重要性

在前面的讨论中，我们说明了在转轨条件下保持体制内产出持续增长的特殊金融制度安排问题。但若从整体制度变迁与渐进改革的角度看，仅说明这一点仍是不够的。在改革初期，保持体制内产出的平稳增长对渐进改革的顺利推行意义重大，原因很简单，在这一时期，体制内产出占总产出的比重较高。不过，若从长期的转轨过程考虑，最为重要的是体制外产出能否获得迅速增长。

进一步地，保持体制内产出平稳增长的基本意义在于使总体改革进入渐进路径。与渐进改革相伴的制度变迁函数的连续性与稳定性容易为各种利益集团所接受和认可。可是，这种渐进的制度变迁并不是免费的，有时费用还十分昂贵。我们已经讨论过的金融补贴本身就包含着金融资源的大量低效配置。据世界银行（1996b）统计，1994年国有企业以占工业投资总额73.5％的投入生产出34％的产出，国有工业企业每单位产量的资本占用量高出非国有工业企业两倍以上（第

15 页)。事实上，中国既有改革的渐进绩效正是以金融资源的低效配置为代价买来的。可以想象，如果这种状况一直持续下去，而体制外产出又不能迅速增长从而替代体制内产出成为经济增长的主要贡献者，那么，制度变迁函数的连续性将难以维持。道理很简单，金融补贴不可能长期保持下去，因为与金融补贴相伴的是国有银行不良债权的巨额增加以及金融风险的迅速积累。

值得庆幸的是，在改革过程中，体制外产出获得了迅速增长。如表 6—1 所示，体制外工业产值占工业总产值的比重从 1978 年的 22.37％上升到 1996 年的 69％。这在很大程度上缓解了国家维持体制内产出增长的社会压力。尤其是，随着体制外产出占比的上升，体制内产出份额下降的风险也相应地变小了。

表 6—1　　　　体制内与体制外的工业产出比重走势：1978—1996 年　　　　　　（％）

	体制内	体制外	体制外 I （集体企业）	体制外 II （"自由化"企业）
1978	77.63	22.37	22.37	
1979	78.47	21.53	21.53	
1980	75.97	24.03	23.54	0.49
1981	74.78	25.22	24.61	0.61
1982	74.46	25.54	24.82	0.72
1983	73.36	26.64	25.74	0.90
1984	69.08	30.92	29.71	1.21
1985	64.86	35.14	32.08	3.06
1986	62.26	37.74	33.52	4.22
1987	59.73	40.27	34.62	5.65
1988	56.81	43.19	36.14	7.05
1989	56.06	43.94	35.69	8.25
1990	54.60	45.40	35.63	9.77
1991	52.94	47.06	35.70	11.36
1992	48.09	51.91	38.04	13.87
1993	43.13	56.87	38.36	18.51
1994	40.80	59.20	38.80	20.40
1995	33.97	66.03	36.59	29.44
1996	31.00	69.00	35.00	34.00

资料来源及说明：本表依照《1992—1993 中国改革与发展报告：新的突破与新的挑战》表 12，《1978—1994 中国改革与发展报告：中国的道路》表 12 以及世界银行（1997）表 26 有关资料计算。1996 年为作者估计值。

二、体制外增长结构及其金融安排

这里，我们所进一步关注的问题是，中国的体制外产出是如何获得增长的呢？具体地讲，在大部分金融资源被国家控制并配置给国有经济的情况下，体制外产出究竟是依靠什么获得增长的？如果体制外产出的增长也要依赖于某种金融支持，那么，在有国家控制的情况下是如何获取这种支持的呢？

对于非国有经济（体制外产出）的增长原因，国内外不少经济学家做过深入而广泛的讨论，留下了不少有价值的文献，比如 Nee（1992），Naughton（1994），李稻葵（1995）以及张军（1997a）等。但这些文献大都未能论及非国有部门产出增长背后所存在的金融安排问题。我们注意到，在改革过程中，非国有经济的产出一方面需要保持足够快的增长速度；另一方面，又要使其产出本身建立在一种十分特殊的资本投入结构之上，也就是说，不与嗷待金融支持的国有经济争夺金融资源。

事实正好表明，以乡镇企业崛起为代表的非国有经济的产出在不与国有经济争夺金融资源的条件下获得了高速增长。根据表2—1，在1985—1996年间，在体制外产出份额迅速上升的同时，体制外经济所获取的金融（贷款）支持占全部贷款的比重平均只有19.03%。从理论上讲，经济产出的增长主要依赖于劳动投入与资本投入（以及技术投入），而资本投入又分为外源融资与内源融资，既然非国有经济产出所获得的（外部）金融支持份额很少，那就意味着它主要依靠的是内源融资。更为重要的是，若假定在非国有经济发展初期，资本投入十分有限（这也符合实际情况），那么由此可以推断，体制外经济更偏重于劳动支持，因为对非国有经济的（尤其是乡镇企业）的发展而言，劳动支持更容易获得，成本也更低。这样，更为合理的推论是，非国有经济的产出从一开始就选择了劳动密集型的投入结构，而这种投入结构所需要的配套资本又相对低下，一般可以通过自筹得到解决。或者说，内源融资正好与这种投入结构的低资本需求相适应，这样，体制外经济对外部金融支持的需求自然就十分有限。正是由于在非国有产出的特殊投入结构中，劳动和土地（生产用地）方面的投入具有十分有利的成本条件，使体制外产出的平均成本远低于国有经济，而内源融资又节约了资金使用的利息成本，因此，体制外产出在市场上获得了竞争优势，从而为其生产扩展和更为快速的产出增长提供了激励。当然，这样做的结果是更加减少了对外部金融的需求并加强了内源融资本身，而且，这所推动的货币化进程和储蓄存款（货币需求）的增长除了使体制外部门能为自己融资外，也为国有经济巨大的金融补贴需求提供了融资方便。

不过，以上只是一种初始情形。当更多的体制外企业因非国有经济初始发展的示范与激励开始大量进入时，每个体制外企业原有的生产函数与投入结构便会遇到越来越大的压力。从理论上讲，大量同类企业进入体制外市场的事实上提高了那里的生产成本，使体制外企业面临一条较高的边际成本曲线。在这种情况下，要获取更高的边际收益，就得提高生产过程的技术含量，从而使产品升级换代，即以新的设计与工艺水平赢得消费者和市场份额。可是，提高技术含量本身自然需要提高人力（劳动）资本的技术水准，但更重要的还是增加资本投入，尤其是金融资源的投入，这显然是无法单独依靠内源融资来解决的。在国家垄断的金融安排下，要获得外源融资，就只有设法获取国有金融的信贷支持，而要获得国有银行（以及信用社）的信贷支持，又必须取得国有金融制度所认可的制度协调与风险担保。在这种情况下，地方（乡镇）政府便被引入了。事实上，地方政府在大部分非国有企业初创时就已经被引入了，因为企业经营所必需的要素（土地、劳动力与资本）都需要由政府来提供（陈剑波，1995）。政府之所以会这样做，自然是因为它负有创造就业和增加收入的责任与激励。[1] 也正是在此意义上，政府有激励也有责任为乡镇企业提供担保和寻求金融支持。基于此，我们上面所讲的内源融资自然也包含了地方政府本身的出资了。或许在体制外企业初创时，地方政府就已经通过担保方式为其提供了必要的信贷支持。我们有理由确认，在非国有企业产出的增长方面，居民部门、企业部门与地方政府部门面对同一个效用函数，既然如此，为体制外企业寻求金融支持也就符合地方政府的利益目标。

地方政府为体制外企业寻求金融支持的行为，无疑推动了体制外产出的迅速增长。在这里，我们更为感兴趣的是，在地方政府寻求金融支持的条件下，金融制度总体安排将会发生什么样的变化呢？毫无疑问，地方政府的金融支持首先使体制外企业的投入结构发生了巨大变化，即"在比较容易获得更多的政府及银行的廉价资本的情况下，企业将选择较多资本密集的技术，并且通过从政府交易中得来的廉价资本进行不断的投资扩张"（陈剑波，1995）。在这种情况下，体制外产出与地方政府的金融支持之间也会形成某种程度上的刚性依存关系。我们姑且抛开由这种关系所造成的一系列负面影响不谈，只关注由此产生的对地方国有金

---

① 陈剑波（1995）认为，中国乡镇企业的目标不是新古典意义上的单一利润目标，而是由地方政府（社区）增加收入、扩大就业以及扩张财政能力甚至政府官员个人的目标叠加而成的综合目标。当然，由于市场发育不完全，因此企业创办过程所需要的各种要素诸如从劳动力的选用、土地的征用到信贷资本的取得，甚至与工商税收等部门的交涉都需要政府出面依据政府权力来为其组织。且对新兴的企业家而言，他们面对的是一个极为陌生的外部世界，企业必须依靠政府的保护才有可能生存下来。

融制度结构的影响。显而易见的是，地方政府为体制外企业寻求金融支持本身就意味着要与国家争夺金融资源的使用权。这种争夺是国有金融组织的规模在空间上一度迅速扩张的重要原因，也就是说，在国家垄断的金融产权框架中，它推动了各个地方政府要求下设国有金融组织分支机构从而便利其寻求金融支持的进程。当然，这也同时增加了国家控制金融的成本。此外，或许更有意义的是，体制外产出增长对金融支持（外源融资）需求的逐步增加也促使（或者内生出）了体制外金融制度因素的成长。因为从国有金融那里获取的金融支持毕竟有限，比如，在1985年、1990年和1995年的国家银行贷款中，非国有工业企业所占的比重仅为5.44％、5.48％和2.79％（《中国统计年鉴》，1996）。正是在这种情况下，对地方政府（作为体制外企业的主要保护者与支持者）来说，确立自己的体制外金融制度就显得尤为迫切。从既有的金融改革过程看，这种体制外的金融制度既包括地方政府支持下的区域性商业银行与合作银行，也包括更为基层的在政府部门扶持之下设立的抑或自发形成的各类非正规金融部门。这些体制外金融制度安排（或金融产权形式）的兴起本身对中国金融制度结构的变迁具有特殊意义，对此我们将在第九章作专门讨论。

更进一步地，体制外产出（尤其是表6—1中所给出的体制外Ⅱ）的投入结构以及小规模效应更加需要小型的金融服务。因为事实表明，对于体制外部门的小规模融资需求，国有金融机构要支付额外的信用评估与监督成本，因为它们偏好与资本密集型的大规模信贷需求建立联系是合乎逻辑的，而体制外产出的特质与民间金融制度更为切合。当然，体制外金融制度的扩展对体制内金融安排来说是一种竞争压力，它使得国家一直存有抑制体制外金融制度扩展的倾向。但是，由于非国有经济的发展不断内生出对这种金融制度的需求，因此，作为一种制度供给，体制外金融也自然会不断产生并存在下去。问题的关键仍然在于，体制内金融制度所提供的信贷供给远不符合体制外产出的金融需求。张军（1997b）和史晋川等（1997）的案例研究都表明，体制外产出（特别是体制外Ⅱ）的金融支持主要来自于民间金融部门（正式的和非正式的），而不是官方的正规金融部门。从国际经验看，在1998年之前的40年中，在很多国家的农村地区，政府通过引进正规金融制度向民间提供廉价信贷的努力似乎都未能产生预期效果。世界银行（1989b）认为，正式的金融安排往往无法完全满足非法人部门的要求，它们所需要的金融对正式的金融机构来说可能太小，因为许多贷款或接受一项存款的费用与交易数额的大小是无关的。正式的金融机构在乡村和小城镇开办分支机构的费用，往往与其所承办的业务不相适应（第112页）。而与此同时，民间非正规金融制度依然存在并取得发展。从金融制度结构变迁的角度看，只有内生于非国有经济内部的金融制度安排才是有意义的，因为，农业部门金融成长的真正要素存在于本部门的经济流程之中（张杰，1995b，第 148 页）。史晋川等（1997）的研究更是证明，民间正式金融机构（如城乡信用社）比国有金融制度更适合于体制外产出增长的金融需要。① 20 世纪 80 年代在中国兴起的乡村非正规金融组织以其实行民用民管的制度优势，将村民的储蓄与借贷活动联系在一起，有效地实行贷款监督，既以低廉的交易成本给予农户获得小额贷款的机会，又保障本机构的贷款得以收回，为这一对长期困扰正规金融组织的难题找到了解决途径。这有可能成为乡村基层社会继农村生产责任制之后的又一项重大的制度创新（朱玲，1995）。

概括地讲，在存在金融约束的情况下，体制外增长通过内生的方式获得了相应的体制外金融安排所提供的金融支持，这是值得总结的一个金融制度变迁历程。当然，我们不能过分指责国有金融制度为体制内产出提供金融支持的偏好，因为国有金融制度的金融支持对体制内产出的增长至为关键，说实在地，它不可能过多地顾及非国有产出。而来自国有金融制度安排的金融支持的不可得，则事实上强化了体制外企业的"内源融资加民间信贷支持"的资本结构，这有利于遏制体制外金融依赖现象的出现。应当指出，尽管从总体上讲，体制外产出主要依赖于自我筹资和非银行信贷的增长，但肖耿（1995）也指出了大量资金违背中央政府的意愿通过各种渠道流向乡镇企业的情形。据统计，国有银行的资金向乡镇企业的合法流动占国家银行总贷款的比重从 1979 年的 2.2％增加到了 1984 年的 6.1％，1991 年为 8.5％。除此之外，还有一些非法的流动，乡镇企业在全部固定资本与流动资本中所占的份额在持续上升，1979 年仅为 4.3％，到 1990 年达到 27.5％；而与其相对的国有企业的固定资本的占比则从 1979 年的 5.7％仅上升到 1990 年的 14.3％。这些所谓的非法资本包括从与国有银行有联系的非银行金融机构那里流出来的国有银行资金（可视为金融补贴的流失）。不过，从总体上讲，这种状况并没有动摇国家金融约束的有效性。

无论如何，中国的经验都表明，体制内产出由于金融约束与金融支持的存在出现了持续增长，而体制外产出也由于体制外金融安排的存在得到了相应的金融支持从而形成了高速增长的格局。更有意义的是，作为一种全新的金融产权形

①　史晋川等（1997）的案例表明，在民营小型企业占主导地位的浙江路桥，国家四大专业银行的存款仅占总存款的 32.67％，占总贷款的 25.79％，而民间金融机构（城市与农村信用社）的占比分别为 67.33％与 74.21％。更有意义的是，路桥城市信用社 1996 年的逾期贷款率仅为 0.612％，呆滞和呆账贷款比率为 0.003％，资本充足率达 8.48％。另据张军（1997b）的案例研究，1993 年在温州的农村金融市场上，国家银行与信用社的资金只占 20％，民间资金和自筹资金各占 40％。

式，体制外金融安排的出现是对国家垄断金融产权形式的挑战。可以想象，在这种金融产权形式得到迅速扩展之后，将出现一个多元金融产权形式竞争的局面。而我们一直在强调，多元金融产权形式之间的竞争是金融制度变迁的关键所在。

第四节　金融三元主义

一、麦金农的金融二元主义

中国的转轨过程所面对的两种金融安排及其产出增长绩效正好为麦金农（1993）的金融二元主义提供了一个很好的例证。我们已知，麦金农是金融深化理论的开拓者之一，在前面描述的 $M-S$ 初始模型中，他强调实际存款利率（$d-p^*$）的均衡水平对储蓄动员和金融深化的重要性，并倡导以放松利率管制为核心的金融自由化改革。但令人感到惊讶的是，当麦金农把研究视角转向转轨经济国家后，便对上述主张作了很大程度的修正（尽管他仍坚持认为现在的观点与以往的观点在理论出发点上并没有什么不同）：从强调金融自由化转而强调金融控制（financial control）。他认为，20 世纪 80 年代以来以及进入 90 年代以后，尽管在意识形态上发生了向着市场自由主义的转变，但以前经济高度集中的国家能够实行令人满意的过渡的很少，原因是这些国家未能恰当地实施足够的内部财政控制与货币金融控制，以确保干预主义的退位（1993，第 3 页）。不过，中国却是一个例外。除了我们已经在第二章所提及的"中国之谜"外，麦金农（1993）还试图用金融二元主义概括中国在成功实现经济转轨的过程中所做的特殊的过渡金融安排。这种特殊的金融安排就是：一方面，从一个高度集中但又"消极"的国有银行系统起步的社会主义国家在自由化的开始阶段必须以强有力的行动硬化货币与信贷系统（这就是我们已经讨论过的国家的金融控制与金融约束）；另一方面，在金融条件得到稳定之前，工农业中的非集中厂商最好主要依靠自筹资金①，以及从非货币性金融资源那里借款（这就是本章前面所讨论的体制外产出增长中的金融安排）。

金融二元主义有助于我们理解中国转轨中的经济增长及其金融安排。我们已经指出，中国转轨中经济增长的奥秘在于，中国不仅保证了国家对国有金融的有效控制，以给体制内产出提供足够的金融补贴或金融支持，而且同时使体制外经济的

---

① 麦金农认为，自筹资金的优点是可以避开一些难题：在市场化进程初期，自由化企业不具备向银行取得贷款的条件，比如在信用记录与风险担保等方面存在障碍；如何建立较为精致的法人结构（1993，第 197 页）。

产出在不影响上述金融支持（即造成补贴流失）的情况下获得增长。事实表明，中国的体制外产出成功地使用了自筹资金和获得了非银行的私人资本市场中金融资源的支持，其中民间金融（正式的和非正式的）的作用日渐显著。虽然在地方政府的介入下，一部分体制外产出（主要是体制外Ⅰ）获取了国有银行的信贷支持，但数目有限，比如从1985到1996年间，包括城市集体、个体、三资企业和乡镇企业（包括农业）在内的全部体制外经济所获正式金融机构的贷款占比在大多数年份在20％以下。在地方政府的干预下，农村信用合作社确实向集体农业组织和乡镇企业提供了一些贷款，但在改革初期，向个体农户提供的贷款数额并不大，能够从信用社获得贷款的农民只占农村居民的10％～25％（麦金农，1993，第200页）。因此，中国的体制外产出严格按照金融二元主义的自筹资金和向非银行资本市场借钱的金融安排行事，可以说，中国是实践金融二元主义的一个成功例证。

二、转轨中的增长结构变迁与金融安排的三元过渡

不过，麦金农的金融二元主义并不能很好地解释中国体制外Ⅰ（如乡镇企业）的金融安排与地方政府行为的介入问题，因为许多乡镇企业依靠地方政府的支持从正式的或非正式的渠道获得了大量的金融支持；金融二元主义同样不能用来解释地方政府为追求本地区经济增长而寻求信贷支持的倾向，这种倾向客观上为转轨时期的经济增长提供了动力；金融二元主义更不能解释集体企业（体制外Ⅰ）与后来兴起的自由化企业（体制外Ⅱ）之间的逻辑联系。这里，我们有充分的理由在麦金农的金融二元主义的基础上增加新的"一元"，即地方政府金融支持下的产出增长。这种产出增长既包括体制内的（如所谓地方国营企业），也包括体制外的（主要是乡镇企业）。为了讨论的方便，我们主要关注后者。这样，我们就能够在一个金融三元主义的框架内更加充分地描述和解释中国转轨经济中的金融安排。

显然，原来在麦金农那里被规定只能自筹资金和面向非银行资本市场的自由化企业实际上特指真正意义上的私有企业（体制外Ⅱ），而这种企业在转轨过程中并没有很好地进入市场。因为，与乡镇企业相比，在私有企业背后并不存在一个地方政府来帮助其克服市场不完全所造成的进入障碍，而正是地方政府的参与，在很大程度上帮助解决了乡镇企业进入市场的诸多难题（Naughton，1994；Nee，1992）。特别是，在金融市场未能放开的情况下，纯粹的私有企业要想单独凭借自己的力量进行融资，其难度是可想而知的。在这种灰市场条件下，地方政府的参与对许多非国有企业而言是有效率的行为，因为，模糊产权为这些企业提供了较好的保护。更进一步讲，民有化（自由化）在非规范经济环境下不是一

个最好的产权制度选择。在经济体制转型过程中，由于有效的市场体系还没有建立起来，经济自由化仍存在许多障碍，不太明晰的产权安排（如体制外Ⅰ）也许是必要的和有效的（田国强，1996；李稻葵，1995）。显然，在渐进转轨的过程中，从一开始就依靠自由化企业（体制外Ⅱ）的增长是不现实的。

然而，体制外Ⅰ及其相应的产权安排却具有中间过渡的性质，因为随着市场的逐步完善，市场的效率就会越来越低下。依据世界银行（1997）的一项调查，150万家集体企业曾是中国经济增长与就业扩展的源泉，但它们的活力已经有所衰退。仅在1993年，它们就曾创造了约1 700万个就业机会，但在随后的两年里，该数字下降到了1 400万个，而私营和个体企业创造的就业机会达660万个。世界银行的这份报告认为，这种下降说明模糊产权在改革初期所起的增长作用已经衰减，对经济增长来说，它不再具有促进作用。有地方政府介入的产权结构，可能会逐步降低企业的经营效率和灵活性；然而没有政府参与开办的非国有企业却获得了增长的机会（第33页）。这就意味着，在渐进改革推进到一定时期后，体制外Ⅱ的增长就会显得越来越重要，甚至可以说，它将成为渐进改革能否顺利维持的一个关键。

至此不难看出，中国转轨中的经济之所以取得良好的增长绩效，显然是因为存在一个自上而下逐步传递的三元增长结构。也就是说，中国的转轨经济存在三个增长支点，从而使经济一直保持平稳增长的势头。如图6—5所示，到1996年，国有、集体与自由化企业的产出已呈三足鼎立之势。与此相对应，金融制度安排也形成了三元过渡格局：与体制内增长相对应的国家金融控制与金融支持，与体制外Ⅰ增长相对应的地方金融支持以及与体制外Ⅱ增长相对应的民间（市场）金融支持。

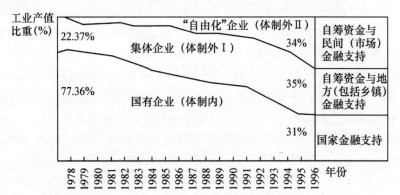

图6—5 转轨中的增长结构变迁与金融三元主义

资料来源：本书表6—1。

第七章

国有金融组织规模的
扩展与收缩

第一节 再论垄断金融产权边界的扩展

一、储蓄存单扩展与金融组织扩展

在第一章，我们已经讨论了国家垄断金融产权具有维护既有"产权存量"并扩展其产权边界（产权增量）的偏好或倾向的命题。这一命题在随后的讨论中也得到了进一步的论证。无论是维护已有的垄断金融产权还是进一步扩展这种产权边界，都无非是为了便于国家更为有力地动员和控制金融资源。而国家对金融资源的控制，在中国的经济转轨过程中获得了特殊的意义。也就是说，这种控制不仅是国有金融产权形式的内在要求，而且是经济体制渐进过渡的需要。我们一直强调，在中国的转轨经济中，在国家控制之下的垄断金融制度安排为体制内经济提供了足够的金融支持，而这种金融支持之所以能够实现，是由于垄断的金融制度安排可以依照总量原则提供足够的存单以动员民间的储蓄。中国改革的已有经历已经明确无误地昭示出，渐进转轨的成功推进取决于人们的货币需求状况与持有储蓄存单的偏好，而且，越是到转轨的关键时刻，这种因素就越显得重要。

进一步看，基于前面有关"金融约束"问题的讨论，储蓄规模取决于金融组织的扩展水平。在"金融约束"的情况下，不仅人们对储蓄抱有信心，乐于购买国有银行的存单，而且也能够购买到这些存单，因为国有金融组织可以得到迅速扩展。能将金融组织规模扩展到合理限度之外来推销国有银行的储蓄存单，这是垄断金融产权的比较优势。可以说，在中国的转轨过程中，相当一部分储蓄扩展依赖于国有金融的组织扩展，或者说，储蓄扩展是组织扩展的函数。显然，我们有必要对垄断金融产权边界扩展中的组织扩展问题进行专门而深入的分析。

值得关注的是，自改革以来，国有银行组织规模与储蓄存单的提供规模在同步增长。依据表1—1，国有银行的组织规模从 1985 年的 58 364 个增加到 1996 年的 168 101 个，年均增长 24％。似乎可以这样说，正是国有银行组织规模的迅速扩展才推动了储蓄存款的高速增长。其中更需注意的是，在垄断性金融制度安排下，由于存在租金与储蓄存单提供方面的专属保护，因此，国有银行在设立分支机构时，可以迅速地避开固定成本与搜寻成本的干扰。[①] 同时，由于国有银行分支机构的组织扩展本身类似于对原有行政科层结构的复制，一个国有银行分支机构的建立等于在相应的政府行政部门下面增设一个附属机构（张杰，1996），因此，国有银行可以很快地将分支机构扩展至国土的每一个角落，从而十分及时地把人们增长的收入中的一部分转化为储蓄存单。

更进一步地，对国有银行的分支机构而言，组织扩展本身的成本是相对外部化的，而存款的收益却基本上被内部化了。这就意味着，存款越多，分支机构的收益越大（这是金融约束的结果），这样，组织扩展的激励也就越大，而依照我们前面的讨论，组织扩展本身又会推动新一轮的存单扩展。在这种情况下，每一个国有银行的分支机构必然倾向于追求存单提供最大化，而不是净收益最大化。转轨中经济需要的正是具有这种效用函数的金融组织及其分支机构。这样，为国有金融组织的分支机构出售储蓄存单提供激励也就成为国家金融控制的应有之义。能够通过迅速的组织规模扩展来动员储蓄规模从而为转轨中的经济提供足够的金融支持，是中国金融制度变迁的重要特征。显而易见，就垄断金融产权的扩展而言，它包括储蓄扩展与组织扩展双重内涵，而且，前者以后者为条件。这同时也预示着，当金融制度变迁推进到一定阶段，通过国有银行吸收的储蓄存单就不再重要，或者说，当走向竞争性的金融制度安排过程中没有那么多的储蓄存款可以被国有银行的分支机构吸收时，便会出现国有金融组织的相对过剩。关于这个问题，我们将在本章稍后部分展开专门讨论。

二、国家推动、部门推动与地方推动

基于以上讨论，在中国的经济转轨过程中，储蓄规模的扩展依赖于金融组织的扩展，在国家垄断的金融产权安排下，金融组织的扩展又十分便利。这种推论

---

① 相比之下，一个非国有的银行在设立分支机构时，由于受固定成本与搜寻成本的约束，组织扩展的速度不会很快，尤其是不愿在边远与农村地区设立分支机构。"在竞争均衡的情况下，因为存款的边际收益为零，银行没有动力这样做。"（赫尔曼、穆尔多克和斯蒂格利茨，1997）

隐含着：是国家首先主动地推动了国有金融的组织扩展。不过，由于国有金融组织的扩展需要通过一种行政科层结构来最终实现，因此，当国有金融组织的扩展进入这种科层结构之后，便会增加新的推动因素。从理论上讲，在国有金融组织开始扩展的某一段时期里，新的推动因素扩展金融组织的愿望会与国家的愿望相吻合。但到后来，当金融组织规模达到国家所认定的某种扩展边界时，金融组织规模的继续扩展便会集中反映出国家与新的推动因素之间的矛盾。可以说，国家所认定的金融组织扩展边界对应于体制内产出增长对金融补贴的要求；当金融组织规模达到某种水平从而足以动员用于金融补贴的储蓄规模时，国家便不再有继续扩展组织边界的激励。由于新的推动因素具有与国家相异的效用函数，因此，它们偏好于新的组织扩展边界。这样，在渐进改革过程中，国家与新的推动因素之间针对金融组织扩展边界的博弈便在所难免。

就在国家推动之外出现的新的推动因素而言，首先值得关注的是部门推动。这种推动自从国家分设四大国有专业银行时起就已开始显现。由于各个国有银行在改革过程中都拥有各自不同的利益函数，因此它们之间自然就存在利益冲突。这种利益冲突在金融制度的变迁过程中集中表现为组织竞争与储蓄竞争。竞争的结果是，国有金融组织的规模超越国家的扩展边界。由此不难设想，国有银行若不分设，由一家银行独家垄断，那么，金融组织规模将远远小于分设后的规模。这里，若以 O^m 表示在独家金融垄断条件下金融组织扩展的国家边界（可理解为在只有国家推动的情形下所能达到的最大金融组织规模），以 O_i^d 表示分设后的国有银行总扩展规模，其中 i 表示国有专业银行分设的数量，那么，很显然：

$$\sum_{i=1}^{n} O_i^d > O^m \quad (i = 1, 2, \cdots, n) \tag{7.1}$$

若换一种表述，式（7.1）中的 O_i^d 实际上表示由部门分权（sector decentralization）导出的金融组织的扩展边界。可是，各个国有专业银行扩展其组织规模的努力也是在一个科层结构中具体展开的，因此，我们必须进一步涉及另一种更有意义的分权：地方分权（local decentralization）。

在地方分权的情形下，部门分权所产生的金融组织在导入地方的分权逻辑后，就要在很大程度上受地方逻辑与地方利益函数的支配。这样，各个国有银行分设地方分支机构的行为必然要被随之而来的地方竞争所支配。国有金融组织在某一地方的分设规模，直接关系到该地方向国家争取金融资源使用权的讨价还价能力（在设定金融约束与非国有金融机构的进入受到严格限制的情况下），对地方而言，更明确地讲，国有银行分支机构本身便是金融资源支配权的象征。抓住了国有银行的地方分支机构就等于抓住了金融资源的支配权，多一个国有银行的分支机构，就等于给本地区增加了一条向上讨价还价以争取更大资金使用权的途径。因此，地方之间的经济竞争在很大程度上就表现为投资竞争，投资竞争表现为金融资源竞争，金融资源竞争又最终表现为金融组织规模的竞争（张杰，1996）。这里，若以 O_j^d 表示地方分权推动下的国有金融组织的扩展水平，其中 j 表示地方的个数，那么就有：

$$\sum_{j=1}^{m} O_j^d > \sum_{i=1}^{n} O_i^d > O^n \quad (i=1,2,\cdots,n; j=1,2,\cdots,m) \tag{7.2}$$

三、金融组织的均衡规模与组织过剩

前面我们已经指出，金融支持所需要的储蓄规模依赖于金融组织规模的扩展，而垄断性金融制度安排又便利了组织规模的扩展。问题在于，以上讨论只说明了是什么因素会扩展金融组织的规模，但并没有说明什么样的金融组织扩展水平能够满足储蓄动员的需要与足以形成金融支持。也就是说，既然储蓄规模是组织规模的函数，那么，与图6—1中的 D_2' 相对应的金融组织规模又处在什么位置呢？只有回答了这一问题，我们才有可能进一步讨论金融组织结构变迁过程中的其他问题。

在回答这个问题之前，我们有必要首先确定金融组织的均衡规模。这里，我们不妨借助于图7—1来加以说明。我们的一个基本假定是，金融组织的均衡规模由边际组织扩展曲线与边际储蓄扩展曲线来共同决定。在图7—1中，横轴表示推动水平，纵轴表示组织扩展水平或储蓄扩展水平。我们用自原点出发的一条曲线 OO 代表边际组织扩展水平，其向下凸的形状表明金融组织规模取决于推动因素的作用水平并且其扩展呈递增走势。曲线 OD 表示边际储蓄扩展水平，其向上凸起的形状表示随着推动因素的加强，边际储蓄扩展呈递减趋势；因为在特定的时期内，储蓄资源是某个一定的量，当递增的金融组织追逐一定的储蓄资源时，金融组织在边际上的每一步扩展都将只能获得越来越少的储蓄动员水平。很显然，均衡的金融组织规模由曲线 OO 和曲线 OD 的交点 E 决定，相应的均衡推动水平为 P^*，均衡组织规模为 O^*。

我们不妨进一步设定，在只有国家推动（即独家金融垄断）的情况下，推动水平为 P_1，组织扩展规模仅为 O^n，而此时的储蓄规模处于相对较高的 D_1，也就是说，尚有 ΔD 的储蓄因组织扩展不力而未能得到充分动员。由于 D_1 低于均衡的储蓄规模 D^*，因此，这时金融组织尚有进一步扩展的余地；这同时也意味着，需要在国家推动之外寻求其他形式的推动因素。

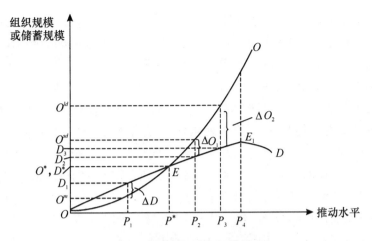

图 7—1　金融组织均衡规模的确定

饶有意味的是，一旦导入部门推动与地方推动，随着总体推动水平的提高与金融组织规模的扩展，原有的储蓄剩余（ΔD）便被迅速动员。在把 ΔD 动员完毕之后，从理论上讲，金融组织规模的扩展将在 O^* 处停止，总体推动水平也会驻足于 P^*。可是，基于前面已有的讨论，在由部门分权所导致的国有银行间的内部竞争的推动下（P_2），金融组织规模将突破均衡界限而达到 O^{ld}，这时，储蓄动员水平增加到 D_2；同样的道理，在地方分权因素的推动下（P_3），国有银行地方分支机构间的内部竞争将进一步使组织规模扩展至更高的 O^{ld}，而与此相对应的储蓄动员水平则达到 D_3。基于此，我们可以进一步把式（7.2）扩展为

$$\sum_{j=1}^{m} O_j^{ld} > \sum_{i=1}^{n} O_i^{sd} > O^* > O^m \quad (i = 1, 2, \cdots, n; j = 1, 2, \cdots, m) \quad (7.3)$$

从理论上讲，与 O^* 相对应的均衡储蓄水平 D^* 相当于我们前面已经指出的竞争性金融制度安排下的储蓄存单提供规模（即图 6—1 中的 D_1^h）。很显然，在 D^* 的水平上，储蓄规模将无法满足金融支持的需要，因此需要进一步扩展储蓄规模。由于储蓄扩展是组织扩展的函数，因此这要求金融组织规模的相应扩展。如果我们设定 D_3 是金融支持所需要的储蓄规模（即近似地等于图 6—1 中的 D_2^h），那么，由于边际储蓄扩展是推动水平的递减函数，而边际组织扩展是推动水平的递增函数，因此，不难看出，为了获得 D_3，组织扩展需要达到更大的规模，如图 7—1 中的 O^{ld}。结果，组织过剩情形在所难免，过剩水平由原来的 ΔO_1 增加到 ΔO_2。

值得注意的是，尽管金融支持所要求的储蓄规模需要金融组织的必要扩展，

而且在垄断金融产权安排下，这种组织扩展也能够实现。但是，基于边际组织扩展曲线与边际储蓄扩展曲线的不同性质，组织扩展对储蓄扩展的推动作用是递减的。也就是说，当推动因素增加到一定水平，就会出现相对多的金融组织追逐相对少的储蓄资源的现象。而在推动水平到达 P_4 点以后，由于边际储蓄扩展曲线处于向下的折点 E_1，即组织扩展将不再形成储蓄动员的增量，这样，推动水平的继续提高就只能促使更多的金融组织去瓜分既定的储蓄存量了。武捷思(1996) 曾经对 1987 年世界前十大商业银行与 1994 年中国四大国有银行的规模进行比较，结果表明，中国四大国有银行中雇佣人数最少的中国银行的从业人数为世界十大商业银行之首的美国花旗银行的 2.11 倍，中国工商银行的从业人数为日本第一劝业银行的 28.06 倍。从分支机构看，四大国有银行（依次为中国工商银行、中国农业银行、中国银行与中国建设银行）的分支机构数分别是日本第一劝业银行分支机构数的 99 倍、142 倍、34 倍和 91 倍。从人均存款看，花旗银行为 130 万美元，而中国四大国有银行平均只有 26 万美元。四个机构中平均存款余额最多的中国银行是世界十大商业银行中最小的巴黎国民银行的 1/10（第100~101 页）。其余相关情况可参见表 7—1。

表 7—1　　　　　　　　中国国有金融组织的过度扩张：国际比较

	从业人数（人）	分支机构（个）	存款总额（亿美元）	人均存款（万美元）	每个机构存款（亿美元）
中国工商银行	561 887	37 039	1 500	27	0.040 5
中国农业银行	552 709	63 816	680	12	0.010 7
中国银行	187 074	12 630	813	43	0.064 4
中国建设银行	342 855	33 979	721	21	0.021 2
四大国有银行平均	411 131	36 866	929	26	0.034 2
世界十大商业银行平均	30 716	753	1 483	1 293	3.902 5

资料来源及说明：（1）本表依据武捷思（1996）表 4—3 整理；（2）表中中国国有银行系 1994 年的资料，世界十大商业银行为 1987 年的资料，其中分支机构与每个机构存款数据仅包括住友、第一劝业、三和及巴黎国民银行 1992 年的数据。

可是，需要强调的是，尽管组织过剩导致了巨大的成本付出和大量金融资源的低效配置，但若从中国渐进改革的总体过程看，组织过剩又是一个内生的和必然的情形。或者说，正是由于组织过剩得以实现，才保证了金融支持所需要的储蓄规模。显然，这里的讨论与前面的有关分析具有逻辑上的一致性。

第二节　金融组织的拥挤模型

一、关于公有金融产权

　　依照以上讨论，渐进过渡需要垄断金融产权边界有一个迅速扩展的过程，以便为转轨中的经济提供足够的金融支持。垄断金融产权边界的扩展本身包括储蓄扩展和组织扩展，并且组织扩展是储蓄扩展的实现条件。问题在于，金融组织在到达均衡规模（O^*）后，仍以更快的速度继续扩展，从而出现了严重的组织过剩现象。这里，我们感兴趣的是，如果确认组织过剩肯定有其特殊的产权基础，那么，这种特殊的产权基础又是什么呢？若不理解这种特殊的产权基础，我们便难以深刻理解储蓄扩展和组织扩展以及金融制度变迁之间的内在联系。

　　我们注意到，垄断性金融安排的产权基础是公有金融产权结构（张杰，1995a）[①]。从理论上讲，与这种金融产权结构相对应的是集权性金融安排。可是，在中国，渐进改革本身要求国家通过加强金融控制与扩展垄断产权边界来获取足够的金融支持，而基于上面的讨论，垄断性（集权性）金融安排本身无法为这种金融支持提供足够的储蓄支持，反映在图7—1中，垄断性金融安排会导致储蓄动员不足（ΔD）。要获取足够的储蓄支持，就必须寻求一条在能够保持国家控制的前提下扩展储蓄规模的途径。由于国家控制要求金融产权的公有性质，而储蓄扩展的前提是组织扩展，组织扩展又势必冲击集权性金融安排，因而形成了事实上的分权安排。结果，就出现了公有金融产权结构与分权金融制度安排并存的奇特景象。

　　进一步看，国家的金融控制与金融约束需要维持金融产权的公有状态，而组织与储蓄的超常规扩展也只有在这种公有金融产权状态下才能实现（如果是私有产权状态，它们则会分别在 O^* 和 D^* 处停止扩展）。也就是说，若离开公有金融产权这个前提条件，不论是国家推动还是地方推动，都不会使组织规模和储蓄规模得到更大规模的扩展。饶有意味的是，储蓄资源的动员需要组织扩展与金融制度的分权安排，而国家对储蓄的控制与体制内经济获得金融支持又需要适度的组

---

　　① 我在一项研究中（1995a）讨论了公有金融产权及其分解问题。在改革过程中，分权（部门分权与地方分权）本身只是对这一公有金融产权所做的简单分解，而不是变革产权结构本身。具体而言，部门分权后，各个专业银行所拥有的金融产权并不具有排他性，任何一家专业银行依然是同一个公有金融产权的代表；而在地方分权后，各专业银行的地区分支机构所代表的仍然是公有金融产权。

织规模与集权金融安排。以上两种金融安排都建立在公有金融产权这个共同的前提之下。也就是说，不管是储蓄动员与组织扩展，还是金融控制与金融支持，都需要公有金融产权结构，尽管它们相互之间充满着矛盾冲突。从这种意义上讲，公有金融产权结构是渐进改革在中国得以成功推进的一个重要的制度条件。

二、金融产权安排与金融组织拥挤模型

以上讨论旨在揭示公有金融产权结构对于金融组织（或储蓄）扩展以及渐进改革的意义，这里，我们则试图进一步解释公有金融产权安排与金融组织拥挤情形之间的关系[①]，或者回答：为什么公有金融产权安排会导致金融组织的过度进入？

图7—2显示的是一个简单的金融组织拥挤模型。出于讨论问题的方便，我们不妨首先考察私有金融产权条件下的金融组织扩展情形。首先给出某一固定的金融资源 FR，它可由某一时期特定的储蓄资源来表示。在私有金融产权条件下，金融组织的进入数量取决于边际成本与边际收益的比较，在图7—2（a）[②]中，均衡的金融组织进入数量为 O_1。这里，MC 可视作金融组织动员储蓄所支付的固定成本（包括经营成本与利息成本等），如果这种成本是内部化于金融组织的，那么，金融组织便会寻求这种成本在边际上的增加与其在边际上所获收益的均衡点。当金融组织进入数量超过 O_1 时，则 $MC>MR$，多余的金融组织将会退出市场。同样的，在 O_1 左边，由于 $MR>MC$，金融组织的增加仍有利可图，这样，就会有金融组织继续进入，直到 $MR=MC$。

然而，在公有金融产权安排条件下，金融组织进入的均衡结果会有所不同。由于每一个金融组织所考虑的只是扩大储蓄存单提供规模给自身所带来的收益，而不顾及它的进入对其他金融组织乃至整个金融组织安排所施加的成本影响，因此，当每个金融组织均忽视对其他金融组织所施加的成本时，就会有新的金融组织不断进入，直到 $MC=AR$，金融组织规模最终将达到 O_2。

若依照埃格特森（1990）的产权安排与租金消散理论，我们不妨进一步确认，在私有金融产权安排下，金融组织进入数量为 O_1 时，将会有 $A+B$ 面积的租金收入，租金收入的大小可以表示金融资源配置效率的高低。显然，若金融组织进入数量小于 O_1，比如在 O_0 的水平时，租金收入仅为较小的面积 A。可是，在公有金融产权安排下，随着金融组织的大量进入，原有的租金收入会逐步消

---

① 关于拥挤的产权意义可参见张军（1994）。

② 图7—2（a）源于 Cordon（1954），T. 埃格特森（1990）对此曾做过详尽的描述。

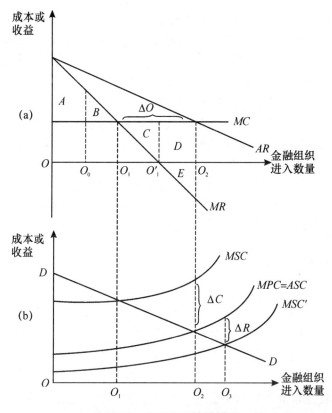

图7—2 金融组织拥挤模型

散。在图7—2中，当金融组织数量为O'_1时，租金消散规模为面积C；当金融组织进入数量最终达到O_2时，租金收入的总消散规模为$C+D+E$的面积。[①] 若假定$A+B=C+D+E$，那么这就意味着在公有金融产权安排下，随着金融组织的大量进入，来自金融资源的动员和使用的净租金收入会全部消散。从金融改革的实际过程观察，国有金融机构的低效率运行与规模过大正好验证了这一点。同时，上述租金消散情形也正好显示出渐进改革中中国金融制度的内在矛盾，即为了提供金融支持，国有金融机构的规模需要迅速扩展，但当国有金融机构都竞相追求储蓄规模最大化时，全社会来自金融资源的租金收入却消散殆尽。

---

① 面积E的出现正好与图7—1中在P_4点以后边际储蓄曲线开始向下弯曲时组织曲线仍在上扬的情形相吻合，即当金融资源的总动员水平开始下降时，仍有大量的金融组织进入。如果考虑到金融组织进入所引致的各种交易成本，那么就会出现租金的负边际增长。

需要着重指出的是，国有金融组织进入所面临的边际成本 MC 总是小于平均收益 AR，而在公有金融产权安排下，每一个金融组织又都是按照 AR 行事，因此，当金融组织规模处在 O_2 左边时，每一个金融组织都有进入的动机，直到边际成本等于平均收益，人们才会停止进入。很显然，产权安排本身改变了金融组织的进入边界与效用函数，即由 $MR＝MC$ 转变为 $AR＝MC$。金融组织进入本身已经摆脱了内在的约束（$MC＝MR$），而趋于瓜分金融资源动员过程中的平均收益（AR）。只有当金融组织进入的边际成本足以抵补其平均收益，即把平均收益瓜分完毕时，金融组织才会停止进入。但这时，金融组织已经足够拥挤了。不难确认，MR 曲线与 AR 曲线的水平距离 ΔO 即为拥挤区间。与私有金融产权安排相比，每一个国有金融组织面临不变的边际成本和较高的平均收益；这种平均收益在被单个金融组织获取的同时，其风险却外部化给整个社会（或由国家来承担）。对此问题，我们将在第八章做专门讨论。

事实上，不同性质的产权安排结构会导致金融组织各异的成本估价倾向。金融组织相对于储蓄资源动员水平的拥挤情形是公有金融产权安排合乎逻辑的结果。就每一个国有金融组织来说，它们不可能顾及进入的全部成本；而且，它们也无视因为自己的进入而使其他金融组织动员储蓄的边际成本上升这一事实。任何一个金融组织的进入都意味着其他金融组织面临的储蓄动员机会的减少，从而使其他金融组织的储蓄动员成本上升，收益下降。然而，每一个金融组织在进入后开始争夺储蓄资源时，都只会考虑自身的边际成本，而不会顾及对其他金融组织造成多少额外的成本负担。对每一个国有金融组织来说，只要进入后的收益依然大于边际成本，它就会选择进入。从理论上讲，在公有金融产权结构中，由于每一个金融组织不必为储蓄动员和使用的效率以及能否向储户兑现的风险负责，因此其进入的边际成本 MPC 不仅总是小于其所获得的收益，而且也将小于它给社会（或其他金融组织）所带来的额外的边际成本 MSC，如图 7—2（b）所示。因此，当每一个金融组织只按照 MPC 行事时，相对于整个金融资源的动员规模而言，就会出现金融组织的过度进入，从而导致金融组织的拥挤结果。

进一步地，在图 7—2（b）中，一个最佳的或有效率的金融组织规模显然是由社会对金融组织的需求曲线 DD 与金融组织进入的边际社会成本曲线 MSC 来衡量的，即均衡（或最佳）规模对应于私有金融产权安排下的金融组织进入规模 [即图 7—2（a）中由 $MC＝MR$ 所决定的 O_1]。但由于公有金融产权安排使金融组织的进入倾向于忽略对边际社会成本的外溢影响，而只关注较低的个人边际成本，这样，其金融组织规模便会由 DD 曲线与 MPC 曲线来决定。显然，这时的金融组织规模对应于图 7—2 （a）中由 AR 与 MC 所决定的拥挤规模。需要说明，这里的个人边际成本相当于平均社会成本。从理论上讲，平均社会成本曲线要低于边际社会成本曲线，因此，由平均社会成本曲线与 DD 线相互决定的金融组织规模要大于与边际社会成本曲线决定的规模。值得注意的是，在金融组织按较低的边际个人成本（或平均社会成本）进入以后，相应的风险（边际社会成本）却外部化于国家，正如我们上面已经指出的那样。这个外部化给国家的成本（风险）可用 MSC 曲线与 MPC 曲线的垂直距离 ΔC 来衡量。

概括地讲，在公有金融产权安排下，金融组织的扩展本身存在很强的外部效应。在存在外部性的条件下（一般指负的外部性），成本被外部化，而收益却被内部化，这样就会导致金融组织的过度"生产"。依照图7—2（b），当存在外部性时，边际社会成本曲线 MSC 将高于边际私人成本曲线 MPC（当然在不存在外部性时，边际社会成本曲线将与边际私人成本曲线重合），这时，实际的金融组织"产量"O_2 将大于社会最佳的金融组织产量 O_1。也就是说，使单个金融组织收益最大的组织规模将导致组织过剩。当然，从理论上讲，还存在另一种情形，即当存在正的外部性时，边际社会成本曲线 MSC' 将低于边际私人成本曲线 MPC，在这种情况下，实际的金融组织规模 O_2 将小于最佳规模 O_3，从而使社会得不到 ΔR 的好处。不过，本书的讨论忽略了这种情形。无论如何，外部性的存在总是不利于金融组织的最优配置的。更进一步地，在存在负外部性的场合，由于存在外部成本，会导致对金融组织扩展的过度刺激；而在存在正的外部性的场合，由于存在外部收益，会导致对金融组织扩展的刺激不足，因为扩展金融组织的个人收益小于社会收益。而这一切又都归因于没有市场，并进一步归结为不能确定和实施财产权（胡汝银，1992，第 79 页）。若依据科斯定理，在金融产权被明确界定的情况下，外部性随之内部化，因此也就不会存在对金融组织扩展的过度刺激或刺激不足现象。

当然，需要再次强调的是，国家为了获取足够的金融支持以维持体制内产出的增长，将不得不支付这笔巨大的社会成本。可以说，仅从金融的角度看，体制内产出的增长与渐进改革本身正是用 ΔC 的支出买来的。因为我们已知，如果不保持国有金融产权安排，国家便难以迅速动员金融资源与实施金融控制；一旦体制内产出因得不到金融支持而出现迅速下降，整个社会将面临巨大的风险压力，渐进改革也将难以为继。ΔC 虽然从总体上讲并不算小，但它却是分布在一个较长的渐进改革区间之内的，因此每一个改革时段所分摊到的成本相对有限。无论如何，分期支付 ΔC 总比一下子付出体制内产出下降的社会成本要划算许多。

第三节 ▷ 金融组织的空间竞争与空间分布

一、制度前提与金融组织分布逻辑

从理论上讲，金融组织的空间分布密度取决于某一空间内经济发展的水平，金融组织的发展是经济活动规模的函数。如果从分工与交换以及经济发展的一般逻辑观察，一国经济发展与交换以及分工在空间上的差异性将决定金融组织结构及其规模在空间分布上的非均齐性。一个特定空间内的金融组织结构以及金融组织分布密度取决于这一特定空间内的市场范围与金融资源流动状况。更具体地说，若一个地区内金融资源的流动相对稀少，市场范围相对狭窄，那么，其金融组织结构就会更多地以初级的金融形式（比如民间借贷）存在；在一个交换相对发达、金融资源流动比较频繁的地区，则要求效率较高的现代金融组织结构的存在；尽管确立现代金融组织结构的成本十分高昂，但金融资源配置活动范围的扩大所带来的收益会足以抵补其成本。只要金融组织设立的边际成本小于边际收益，就预示着这个地区的金融组织尚有扩展的余地，即金融组织仍是不足的，仍需要金融组织的进入，直至边际收益等于边际成本的均衡点为止。

不过，金融组织的以上一般分布逻辑，需要特定制度的支持。在一个市场条件较为充分、金融资源流动的空间限制较少尤其是在金融产权边界较为清晰的制度条件下，金融组织的空间分布便会遵循以上一般逻辑而展开。然而，在中国的渐进改革过程中，由于存在特殊的制度前提，因此，金融组织的空间分布具有其特殊的逻辑。这种特殊的制度前提，正如在上面已经指出的那样，首先是存在一个国有金融产权结构，这就意味着，金融组织的空间扩展将不再受边际成本等于边际收益的新古典约束。其次，金融组织在改革以来的迅速扩展是循着行政科层结构的路径进行的，而行政科层结构遵循的法则通常是自然算法而不是经济算法。这样，国有金融组织便被视作政府的一级附属行政部门而纳入扩展路径，这也就决定了金融组织空间分布的相对均齐性。不管一个地区的交换活动与市场范围能否对金融组织提出内在需求，但作为一级政府部门，它总归是要设立相应的机构的。再次，我们已经讨论过的由地方分权所导致的地方主义因素以及我们将在下面重点讨论的空间金融竞争，使金融组织空间分布的均齐程度进一步加强。当然，必须留意的是，空间均齐程度加强的过程也是金融组织拥挤程度上升的过程，因为地方间的金融组织竞争具有直接的扩张金融组织的效应。

需要特别指出的是，地方因素是理解中国金融制度变迁乃至宏观经济改革的一个重要因素。我们从一开始就已经指出，在中国特定的二重制度结构背景下，经济改革与制度变迁本身需要一个中间制度因素来支持，以便最终形成稳定而富有效率的三重结构，而地方因素正是这样一个中间过渡因素。地方主义的兴起及其与中央政府的利益冲突在渐进改革中所展现出来的制度变迁绩效日渐显著。因此，在这里，我们对金融组织空间竞争与空间分布问题的讨论就不能泛泛行事，而是为第九章更进一步地揭示中国金融制度的变迁逻辑做必要准备。

二、金融组织规模的国家边界与地方边界

我们已经讨论过，扩展金融组织规模符合国家的效用函数，因为金融支持需要储蓄动员，而储蓄动员又依赖金融组织规模的迅速扩展。不过，问题在于，就国家而言，金融组织规模并不是越大越好，而是存在一个边界或界限。我们不妨假定，金融组织规模与国家的效用实现之间具有"倒 U"形函数关系，即一开始随着金融组织规模的增加，体制内产出获得必要的金融支持，渐进改革得以顺利推行，这意味着，国家在这一时期的效用（或收益）水平是上升的。反映在图7—3 中，国家效用曲线处于 UE 段。而当金融组织规模继续扩展，从而使 UU 曲线到达 E 点时，国家的效用达到最大水平 R_1，这时，国家便不再有扩大金融组织的欲望，进一步的金融组织扩展只能使其效用水平下降。原因很简单，金融组织的扩展并不是免费的，它需要支付许多成本（比如创设成本、管理成本和储蓄动员成本等）。可以设想，当金融组织进一步扩展所新增加的储蓄超过金融支持所需要的水平时，就会导致储蓄动员过剩，表现为过多的储蓄存款挤进国有银行的账户（而这正好是中国国有金融组织所面临的现实状态）。总而言之，由于国家在其效用曲线达到最大点 E 时，不再有进一步增加金融组织（从而吸收储蓄存款）的期望，金融组织就会在与此相对应的 O_1 点停止扩展。这样，O_1 点便是金融组织规模的国家边界。

如果我们进一步假定，国家在渐进改革过程中能够控制金融组织的扩展规模，并且按照经济算法合理布置金融组织的空间结构，那么，不论金融产权结构如何，金融组织的扩展和储蓄资源的动员仍可维持在一个有效率的水平上。因为，至少从理论上讲，即使在公有产权安排下，只要使用公共财产的决策单位只有一个，且不会有其他单位相威胁，租金最大化的结果就能出现（埃格特森，1990，第79页）。不难看出，国有金融产权安排对金融组织的过度扩张效应，只有在国家控制能力受到挑战或者无法独立地左右金融组织扩展过程的情况下才会发生。只要国家的金融控制不受威胁，在国有金融产权安排下，国家追求自身效

用最大化的行为就仍将与金融组织的有效扩展取得一致。或者说，国家不会随意地安排金融组织的扩展与空间分布。因此，至少从理论上讲，图7—3中的国家边界完全可以在公有金融产权框架中实现。如果以上推论成立，那么，图7—3中金融组织的国家边界 O_1 将与图7—1中金融组织的均衡规模 O^* 相一致。这同时也意味着，国家边界只是一种理想状态。更为简便的一种解释是，在国家拥有足够的日程安排能力的情况下，整个经济中实际上只存在一种独立的产权形式，尽管它是公有的，但这种独立的金融产权形式却不存在外部性，即收益与成本都是内部化的。这就意味着，国家会合乎逻辑地只按照边际成本等于边际收益的新古典法则来行事，以确立符合自身效用最大化目标的金融组织规模以及空间结构，而问题正好在于，中国的改革过程是从分权开始的，也就是说，上述国家边界从改革一开始就不具备维持的起码条件。我们在上面已经指出，在中国，要么囿于传统的集权体制，使金融组织规模处在小于国家边界的水平上（如图7—1中的 O^m），而使体制内的金融支持需求无法实现；要么走向分权体制，使金融组织规模处在大于国家边界的水平上（如图7—1中的 O^{ld} 或 O^{ld}），形成国有金融组织过剩与储蓄动员过剩。

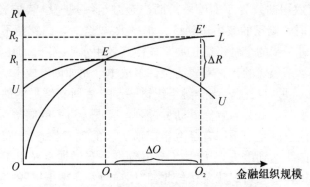

图7—3　金融组织规模的国家边界与地方边界

很显然，一旦形成分权体制，就意味着在国家之外出现了新的决策单位，在中国，这种新的决策单位主要指的是地方因素。在公有金融产权安排下，这种新的决策单位的收益与成本将是不对称的，即会出现外部性。就某一特定的区域（尤其是在国家边界内金融组织分布较稀的地方）而言，地方的效用函数迥异于国家的效用函数。一般而言，地方效用达到最优点的距离要远于国家效用。在图7—3中，当国家效用函数已达到最优点 E 时，地方效用曲线仍处在上升阶段。由于存在外部性，地方每扩展一个单位金融组织的收益是大于其支付的成本的，其最优点 E' 的收益水平 R_2 大于国家边界的最优收益水平 R_1，因此在到达最优

点 E' 之前，地方便不会停止扩展金融组织规模。与 E' 点相对应的金融组织规模 O_2 即是地方边界。不难看出，地方边界大于国家边界的部分 ΔO 在理论上相当于图 7—2 中的拥挤区间。显然，图 7—3 不仅有利于我们对金融组织的拥挤模型作进一步理解，更重要的是，它可以帮助我们进一步分析中国金融组织的空间结构。

三、地方间的金融组织竞争

我们已经知道，在公有金融产权安排下，一旦出现分权，就必然意味着金融组织的过度扩展。在图 7—3 中，我们从抽象的意义上把地方视作一个整体，在地方与国家的"一对一"的博弈中，会出现 ΔO 的金融组织增量。而事实上，地方是一个合成的概念，在存在多个地方的情形下，上述 ΔO 便是由地方之间的金融组织的竞争合力挤出来的。更为重要的是，地方间的竞争导致了中国金融组织的特殊空间结构。

我们首先借助于图 7—4 考察"两个地方一轮竞争"的情形。图 7—4 由图 7—3 扩展而来，在图中，假定 $\bar{O}_1L_1$ 为经济相对发达的地方 I 的金融组织的扩展效用曲线，而 $\bar{O}_2L_2$ 为经济相对落后的地方 II 的金融组织的扩展效用曲线。若地方 I 先行动，使其金融组织规模扩展到效用达到最大化的水平，即在国家边界 O^* 之外加上 ΔO_{11} 的增量。在只有一个地方的情形之下，总体的金融组织规模为 $\bar{O}_1O^* + \Delta O_{11}$。但是，在公有金融产权安排下，由于扩展金融组织规模在很大程度上不是经济规模与市场范围的函数，而是行政科层结构的函数，因此，经济规模相对狭小的地方 II 也会仿效地方 I 的行动来刻画自己的金融组织效用曲线（$\bar{O}_2L_2$）。这样，使地方 II 的效用达到最大化的金融组织规模为国家

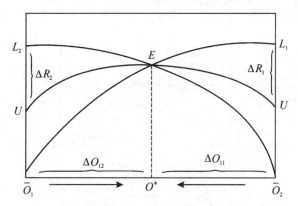

图 7—4 金融组织的"两个地方一轮竞争"情形

边界另加上 ΔO_{12} 的增量。若假定国家给地方Ⅱ的金融组织分配额度等于给地方Ⅰ的分配额度（即坚持平衡原则），那么，一轮竞争结束后，总的金融组织规模将达到：

$$2O^* + (\Delta O_{11} + \Delta O_{12}) \tag{7.4}$$

不过，两个地方之间的金融组织的竞争不只是一个一次性博弈过程。由于每个地方都存在万一对方多扩展金融组织增量并获取更大效用而使自己吃亏的心理，因此，地方Ⅰ与地方Ⅱ之间便会展开多轮组织竞争，竞争的结果是，实际的地方边界超越国家边界的距离将越来越远。这种状况可用图7—5直观地表示。在图7—5中，OS 为国家均衡分配线，这里，我们仍然坚持上述的平衡原则。OL_1 和 OL_2 分别为地方Ⅰ和地方Ⅱ的期望扩展线。为了讨论的方便，假定地方Ⅰ和地方Ⅱ具有相同的期望规模，其与中央政府的讨价还价能力也是等同的（尽管现实中并不完全如此，但这并不影响分析结论），也就是说，$\alpha = \beta$。这样，由 $OBE'A$ 矩形围起来的面积即为国家扩展金融组织的可行区域，对角线 AB 为最大的规模分配线，这时最大的国家边界即为 OA 或 OB，它等同于式（7.4）中的 $2O^*$。在 AB 线右上方的任何一条扩展线都会超过国家的最大允许区域 $OBE'A$，因此，国家会设法加以控制。但是在地方分权的情形下，国家很难对其边界实行

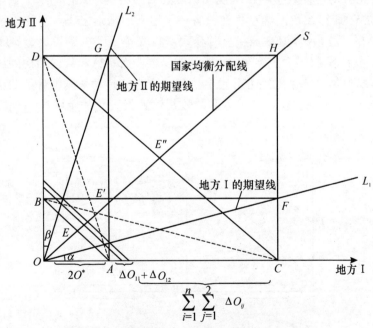

图7—5　金融组织的"两个地方多轮竞争"情形

完全的维持。我们首先考察地方Ⅰ。在只存在两个地方的情况下，地方Ⅰ的最大期望是，给定地方Ⅱ的边界，即把国家的边界 OB 定为地方Ⅱ的边界，而单独扩展自己的边界。地方Ⅰ边界的最大可行区域可以这样确定：沿国家边界 BE' 延伸出一条与横轴平行的直线，使其与地方Ⅰ的期望线 OL_1 相交于 F 点，然后再由此点向下沿 FC 线与横轴垂直相交，即构成地方Ⅰ的可行区域。对地方Ⅰ来说，实现其效用最大化的组织边界由 $OBFC$ 的对角线 BC 来决定，其可能的最大边界为 OC。

不过，地方Ⅱ也具有同样的期望，它会在自己的可行区域 $OAGD$ 内按对角线 AD 确定其最大规模 OD。进一步地，如果我们分别延长 FC 线和 DG 线，使它们最后相交于 H 点，这个点同时在延伸了的国家均衡分配线 OS 上，那么，在存在两个地方的情况下，金融组织的扩展区域就由 $OCHD$ 这个大的矩形来决定。这里，我们不妨再回到刚才的讨论。地方Ⅰ和地方Ⅱ都试图最大化自身规模的行动，最终要导出妥协的结果，也就是每个地方都得作出让步。这样，它们最终不是按照各自的期望线 OL_1 和 OL_2 来扩展其组织边界，而是双方围绕国家均衡分配线 OS 来行动，这也同时显示出国家因素在其中的约束作用。结果，金融组织规模将沿着 OS 线逐步扩展，直到最终到达地方Ⅰ和地方Ⅱ各自的最大边界为止。从图 7—5 可以看出，这时金融组织的最大规模也正好由矩形 $OCHD$ 的对角线 DC 来决定。而事实上，地方Ⅰ和地方Ⅱ竞争的结果是均分各自期望的最大边界，也就是说，它们各自得到的是合成的最大，而不是单独的最大。如果用代数式表示，总的金融组织规模为：

$$2O^* + \sum_{i=1}^{n} \sum_{j=1}^{2} \Delta O_{ij} \quad (i=1,2,\cdots,n; j=1,2) \tag{7.5}$$

式中，i 表示竞争轮数，而 j 表示地方个数。以上讨论还可以进一步扩展为"多个地方多轮竞争"情形，其金融组织总规模可表示为：

$$mO^* + \sum_{i=1}^{n} \sum_{j=1}^{m} \Delta O_{ij} \quad (i=1,2,\cdots,n; j=1,2,\cdots,m) \tag{7.6}$$

如果与图 7—3 相对照，由于：

$$mO^* = OO_1, \sum_{i=1}^{n} \sum_{j=1}^{m} \Delta O_{ij} = \Delta O$$

因此式（7.6）可以转换为

$$OO_2 = mO^* + \sum_{i=1}^{n} \sum_{j=1}^{m} \Delta O_{ij} = OO_1 + \Delta O \tag{7.7}$$

若将上述结果与图 7—2 相对照，则会加深对地方竞争条件下金融组织规模扩展的理论认识。也就是说，在公有金融产权安排下，各个地方都按 MPC 扩展其组织规模，旨在瓜分平均收益 AR，这个平均收益实际上就是金融组织的社会租金。各个地方都按自身收益最大化的原则去瓜分租金的理性行为，最终导出了金融组织过度扩展的社会非理性结果。同时，必须留意的是，在地方竞争中也包含着部门竞争，就如同在部门竞争中也包含着地方竞争一样。比如，在给定地方竞争的前提下，就某一地方而言，各家国有银行互相争设分支机构的竞争行为也推动了金融组织的迅速扩展。为了讨论的方便，这里我们只关注了地方间的竞争问题。实际上，对国有银行间的组织竞争同样可以用地方间竞争的原理进行说明。

四、金融组织的空间均齐分布：一个假说

金融组织扩展中的地方竞争不仅导致了金融组织在总量上的"拥挤"情形，而且也形成了金融组织在空间分布上的"均齐"结构。依据本章第三节第一点的讨论，从理论上讲，一个地区的经济发展水平与金融组织密度两者之间存在严格的正相关关系，即一个地方的经济发展水平越高，金融组织的密度就会越大。这种关系在图 7—6 中可用从原点出发的一条曲线 D^N 来表示，这条曲线可被称为金融组织的理论分布线或"诺思分布线"。可是在中国，由于地方竞争作用的影响，国有金融组织密度与经济发展水平之间的上述正相关关系不复存在。根据作者早期的有关调查研究与估计，在中国的改革过程中，几乎在每一级行政区域内都存在规模近似和结构趋同的国有金融组织群，甚至在许多经济很不发达的边远城镇，各类国有金融组织的聚集程度与经济相对发达的城市极为近似（张杰，1994；1995b，第 158 页）。而且，越是经济发展水平低的地区，实际金融组织分布背离诺思分布的程度（即金融组织的过剩程度）越大[①]。若综合以上讨论，我们可在图 7—6 中得到一条新的体现国有金融组织实际空间分布的曲线 D^s。这条曲线的走势较为平缓，表明国有金融组织的密度与经济发展水平两者之间基本不相关；金融组织的扩张是由经济活动与市场范围之外的非经济因素所推动的。在图 7—6 中，若假定西部地区的经济发展水平为 G_1，由于金融组织的均齐分布，其金融组织的过剩程度为 ΔI_1；中部地区的经济发展水平为 C_2，金融组织过剩程度为 ΔI_2；东部地区经济发展水平为较高的 G_3，其金融组织过剩程度为较小的

---

① 作者 1995 年 9 月在兰州召开的一次金融理论研讨会上，向参加会议的基层部门代表了解有关情况，得知甘肃、青海和宁夏许多地区的国有金融机构虽然长期亏损经营，但仍在争设分支机构。

ΔI_3，且 $\Delta I_1 > \Delta I_2 > \Delta I_3$。显然，相对于经济发展水平，中国金融组织的扩展是大为超前了。由此预示着，在金融制度变迁过程中，不论是东部、中部还是西部地区，国有金融组织规模都要做不同程度的削减（张杰，1998b），即分别收缩到诺思分布线附近。

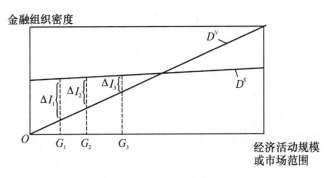

图 7—6　国有金融组织的空间分布假说

第四节　国有金融组织规模的收缩

一、转轨条件下国有金融组织的利益追求结构及其内在矛盾

我们已经指出，国家为了寻求金融支持，需要通过迅速的金融组织扩展来动员与聚集储蓄资源，但这种组织扩展在中国又必然伴随着分权（尤其是地方分权）改革的同步推进。结果，国家的确获取了体制内增长所需的储蓄规模与金融支持，但金融组织的扩展却没有在国家所确认的满意的边界上停止，地方偏好把金融组织推向了更远的边界。值得注意的是，地方边界的出现不仅导致了金融组织数量的迅速扩展，而且更重要的是，它引起了国有金融组织利益函数与信贷行为以及金融产权结构的变化。在国有金融组织扩展过程中所增加的每一个分支机构都将代表（或瓜分）一定的金融资源配置权力。或者说，它们所关注的不仅是如何扩大储蓄存款，而且更重要的是如何支配这些存款。事实上，每一个新进入的金融组织的效用函数和金融行为，在渐进改革过程中表现得十分复杂。根据我的一项研究（1996），国有金融组织在改革过程中的利益目标是多重的，这种多重的利益目标决定了中国国有金融组织演进的特殊轨迹。我们有必要首先讨论在转轨经济条件下尤其是在地方分权条件下，国有金融组织利益追求函数的变化及其内在冲突，只有在此基础上，才有可能进一步说明金融产权结构的相应变化

及其绩效。

毫无疑问，在改革初期，国有金融组织自然是要追求出资人效用的最大化，这个出资人就是国家。而国家的效用最大化，正如我们已经讨论过的那样，便是保证转轨中体制内产出的增长，这种增长需要国有金融组织的金融支持。国有金融组织为了履行这种金融支持义务就自然要扩展储蓄规模，而扩展储蓄规模的一个重要条件是扩展国有金融组织规模，因为，储蓄规模是组织规模的函数。从这种意义上讲，在改革初期，国有金融组织的利益追求在很大程度上符合国家效用函数，或者说，国有金融组织的目标函数是单一的。

国家对金融资源尤其是储蓄资源的追逐以及与此相伴随的组织扩展，表明了经济中相对价格变化所造成的巨大影响。从理论上讲，相对价格的变化是制度变迁的源泉，因为相对价格变化改变了人们在相互关系中的激励。相对价格变化同时引起制度的调整，它引导生产要素流向最有利可图的地方，而且所有的变化将立刻引起反应，引导寻求最大化的个人在成本与收益方面作出选择（诺思，1990，第 112 页；1981，第 9 页）。在中国的改革过程中，这种相对价格变化的一个重要表现是金融资源的相对重要性迅速上升。基于前面的讨论，金融资源相对价格（或相对重要性）的变化导源于中国特有的货币化进程以及其所引起的金融资源的分散化。在改革初期，国家迅速扩展其垄断金融产权边界的真正目的即在于获取日趋分散化的金融资源与金融剩余，以弥补伴随改革出现的国家财政能力的迅速下降（张杰，1998b）。在对付金融资源分散化的诸多制度工具中，当时最好的工具就是金融制度。因为，我们已知，相对于税收工具，金融工具在聚集金融资源方面具有相对优势：税收工具体现单方面的征取原则，而金融工具的精髓则是有借有还。毫无疑问，在改革过程中，当人们同时面对税收工具与金融工具时，更愿意把钱交给银行而不愿意交给税务人员。对一个步入改革过程不久且人们的收入水平尚低的国家来说，为了争取人们对改革的支持和最大限度地消除改革阻力，显然不宜从一开始就使用税收工具。这同时也表明，重建税收制度以获取改革所需要的金融资源与利益补偿资金，需要经历一个十分漫长的过程；它事实上涉及公共物品提供与购买流程的确立乃至一个国家社会结构的重建等更为深层次的问题，这自然不属于我们在此处所要讨论的主题。但对像中国这样一个亟待集中金融资源以支持渐进改革（尤其是体制内产出增长）的国家来说，显然不可能利用需要一个漫长过程才可见效的个人税收制度来动员分散于居民手中的金融剩余。这样，金融资源的分散化和税收工具的不可行，使得国家只能通过扩展国有金融组织来重新集中金融资源，结果导致了金融制度相对重要性（相对价格）的迅速上升。与此同时，财政收入地位的相对下降更加促进了金融资源与金融工具相对价格的上升。

地方政府通过将其偏好渗入国有金融组织的目标函数而对金融资源相对价格的变化作出了相应的反应。在这种情况下，原来只追求国家效用最大化的目标的国有金融组织，就需要同时追求地方效用最大化的目标，国有金融组织的效用函数随即包含了双重的目标追求。这也预示着，国有金融组织的行为本身将体现国家与地方间的利益冲突（张杰，1996）。而且，国有金融组织越是下设分支机构，其受国家效用函数支配的力量就越弱，受地方效用函数支配的力量就越强。这就意味着，国家通过扩展金融组织规模尽管获取了越来越多的储蓄资源，但其对储蓄资源的控制与使用权力则随储蓄资源动员水平的提高而呈边际下降趋势。当国家对储蓄资源的控制和支配能力下降到一定程度，便不再具有继续扩展金融组织的欲望了，因为国家只对自己能够控制（或用于金融支持）的那一部分储蓄资源感兴趣。

不仅如此，在组织扩展过程中，国有金融组织的利益目标还在进一步发生变化。在国家与地方就国有金融组织的利益追求展开博弈的同时，国有金融组织自身的私人利益目标也凸现出来。基于此，由于国有金融组织自身也具有扩展分支机构（即组织规模最大化）的偏好，因此，国有金融组织扩展本身理应包含这种自身扩展。中国的金融改革把国有银行的资产与负债权限从中央银行的账户上作了分离，指明了成本支出和利润留成计划，提供了有限制的资金分配自主权，调整了利率与内部机构的决定权以及管理人员和职工的任命与补充权。如中国工商银行1983年规定的利润留成比率是12％，中国银行是3％，中国建设银行是12.6％。在留置利润中，60％可用于业务发展，40％作为奖金和福利，扣除后的利润上缴国家财政（62％）或作为银行自身的基金（38％）。这些措施大大激励了国有银行各分行扩展业务与展开竞争的积极性，其中最主要的手段就是非价格竞争，如大力设置分支机构等（肖耿，1997，第330~331页）。因此，从严格意义上讲，除了国家边界与地方边界外，还应有一个国有金融组织的私人边界。但为了讨论的方便，在上述的地方边界扩展中，已经隐含了私人边界扩展的影响；私人边界的扩展过程类似于地方边界的扩展，即同样是由不同国有金融分支机构之间的相互竞争引发的。但有一点需要强调，国有金融机构越是扩展，国家的控制能力就会越弱，国有金融组织自身对金融资源的支配力也就越强。不过，我们一般会假定在国有金融机构扩展的问题上，国有金融组织自身的偏好与地方政府的偏好往往是相同的，因此，说明了国家与地方之间的关系，也就等于说明了国家与国有银行"个人"之间的关系。当然，这并不表明国家与国有银行个人之间的关系就不重要。

无论如何，国有金融组织私人利益目标的凸现最终使三重利益目标并存于国有金融组织，这是中国金融制度变迁过程的又一奇特图景（张杰，1996）。国有金融组织自身利益目标的介入无疑更加促使了国家控制金融资源能力的下降。结果，许多表面上由国有金融组织吸收的储蓄资源实际上并不仍能由国家行使控制权，其中的相当一部分已由地方和国有金融组织自己支配了。在此过程中，究竟是国家控制的份额多还是地方或国有金融组织自己行使支配权的份额多，就在很大程度上取决于它们之间的博弈过程，而不再取决于国有金融组织规模的扩展。当然，国家控制份额的大小，主要取决于国家控制能力的大小，而国家控制能力本身又与国家所支付的控制成本紧密相关，这就意味着，在国有金融组织利益目标结构发生变化的情况下，国家需要在控制金融资源的份额与所支付的控制成本之间进行权衡（张杰，1998b）。不难理解，国有金融组织三重利益目标本身决定了中国国有金融体制变迁乃至整个金融制度变迁的特殊路径。

二、国有金融组织规模与国家控制的绩效

基于以上讨论，由于每一个国有金融组织在总体规模扩展后都具有三重利益结构，因此，对国家来说，它自然要做把国有金融组织的利益目标单一化（即符合国家效用函数）的努力，而这种努力正如我们已经指出的那样，要受国家控制金融成本的约束。可能的情况往往是，即使国家付出了巨大的控制成本，但由于随着国有金融组织的扩展，其扩展的边际绩效（即对金融资源的支配权）是递减的，因此，问题最终也将归结为，通过国有金融组织规模的削减来节约控制成本并由此增加金融控制的绩效，而这实际上是现实金融改革过程正在发生的情形。

我们试图通过一个图形来解释这种情形发生的机理与逻辑。在这里，我们将集中描述国有金融组织规模变化与国家控制绩效之间的关系。在图 7—7 中，SS 线为储蓄增长线，其向右上方倾斜表示，随着国有金融组织的扩展，储蓄存款的规模呈上升趋势，即后者是前者的增函数。一组 CC 线为国家控制线，其向右下方倾斜表明，随着国有金融组织的扩展，国家的金融控制绩效呈递减趋势。这样，从理论上讲，国有金融组织的边界可以由 SS 线与一组 CC 线的交点来决定。

我们首先假定，所有的国有金融组织都追求纯粹的国家效用最大化（即对体制内增长提供尽可能多的金融支持），这样，如图 7—7 所示，国家便以三角形 SCE（或 $A+B+C$）的控制成本付出得到 $OSE\bar{O}$ 面积的储蓄资源支配收益。可是，实际上，正如上面所讨论的，任何一个国有金融组织都具有三重利益追求，因此，国家即便付出了 $A+B+C$ 面积的成本，也未必能完全得到 $OSE\bar{O}$ 面积的储蓄支配收益。

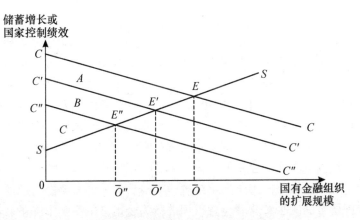

图7—7　国家控制国有金融组织的绩效

若考虑地方利益目标介入的情形，国家的控制曲线将由CC向左下方平移到C'C'曲线，也就是说，国家的控制绩效在下降。[1] 更直观地讲，这时国家以A+B+C面积的控制成本付出，只能获得OSE'O'面积的储蓄支配收益。而当国有银行的私人利益目标介入时，国家控制线则会更进一步下移到C''C''线，这表明国家的实际金融控制绩效又有了新的下降，即以A+B+C面积的控制成本支出，仅获得OSE''O''面积的储蓄支配收益。

当然，这仅仅是一种静态的描述。若从动态角度看，在改革过程中，国家会不时通过金融紧缩与加强宏观调控等措施增强对金融资源的支配权，这意味着国家控制绩效的下降并不是线性的。但从总体上讲，随着渐进改革的推进，利益多元化格局的出现以及市场主体的不断发育与融资方式的增多，国家的传统金融控制（比如规模控制）的效率存在不断递减的趋势。当然，国家要节约控制成本和提高控制绩效，最为根本的途径自然是改变国有金融组织的产权结构及相应的制度安排（如推行商业化改革）。因为一旦改变了国有金融组织的产权结构，也就意味着国家的金融控制摆脱了公有金融产权的"公共地困境"。到那时每一个国有金融组织就只拥有自己的效用函数，扩展组织规模的成本与收益都内部化了，因此，从理论上讲，其组织规模的扩展也就不会出现过度现象。但是，正如我们已经在第四章所指出的那样，改变国有金融组织的产权结构与国家所谋求的金融支持两者正好是不兼容的，或者说，改变金融产权结构有利于节约控制成本与提高控制绩效，但却不利于金融支持的获得与体制内产出的增长。对转轨中的经济

---

[1]　需要注意的是，在这里，国家控制绩效的下降同时表明国家控制成本的相对上升，即国家要用更多的成本付出来维持某一特定的控制水平。

而言，后者似乎更为现实，尽管前者具有长远意义。

既然不能通过改变国有金融组织的产权结构来提高控制绩效，那么，可能的选择就是收缩国有金融组织的规模，因为，国家控制成本是金融组织规模的增函数。对国有金融组织规模的收缩过程，我们可以继续借助于图7—7来说明。依照前面的讨论，由于我们假定国家事实上能够支配的储蓄规模是 $OSE''O''$ 的面积，这就意味着国家最终会把国有金融组织规模从原来的 $O\bar{O}$ 收缩到与这个储蓄规模相对应的 $O\bar{O}''$。这时，一条新的国家控制线 $C''C''$ 与储蓄增长线相交于 E'' 点，国家支付的控制成本将由原来的 $A+B+C$ 下降到 C。

从理论上讲，收缩国有金融组织规模本身会促使国有金融组织的代理层数减少，而代理层数的减少意味着金融组织的行为受地方的影响下降了。比如，当一些地方的国有金融机构被撤并后，这一级地方政府便会自动失去对国有金融组织继续施加影响的依据。这样做虽然会影响到储蓄规模的增长，但并不影响国家实际所能支配的储蓄资源的规模，减少的那一部分储蓄存款实际上只是原来由地方或国有银行个人所控制的部分。更何况，依据前面的讨论，渐进改革中的储蓄规模本身是相对过剩的。人们争储蓄规模并不是生产部门真正需要那么多的储蓄（信贷），而是在公有金融产权安排下不论对国有银行个人还是地方，多增加一个百分点的储蓄就等于多获取相应的租金或收益。也就是说，储蓄存款规模是由国有银行间的寻租竞争挤出来的。而在国有金融组织规模收缩后，它们瓜分这种租金的机会就会相应减少。若剔除掉储蓄过剩因素，国有金融组织规模的收缩本身对金融支持所需要的储蓄规模的影响将不会很显著。更何况，随着改革的推进，体制内产出占比在逐步下降（参见第六章），国家金融支持的压力也在相应减轻。

三、国有金融组织规模的收缩路径：一个假说

更有意义的是，基于以上讨论，我们可以进一步解释从第二章的分析中遗留下来的国有金融制度变迁的难题与两难困境。第二章的讨论曾经表明，国家控制成本与退出成本的双重压力使国有金融改革陷入困境。由于条件尚不成熟，我们当时没有进一步解释走出这种两难困境的可能途径。当然，这里的讨论仍然具有假说的性质，尚需作进一步的论证与检验。

我们不妨把图2—4与图7—7复制到一起，组成图7—8。图7—8（a）、图7—8（b）表示的是国有金融组织的扩展过程。一开始，国家为了获取储蓄资源，具有扩展国有金融组织规模的强烈冲动，如果我们假定与 M_{t_1} 对应的是 $\bar{O}'$ 规模，那么这时，国家的控制曲线 $C''C''$ 与储蓄线 SS 相交于 E'' 点。但问题在于，

此时的储蓄水平仍无法满足金融支持的需要，因此，国家控制曲线需要继续上移。假定国家控制曲线由 $C''C''$ 上移至 $C'C'$，并与 SS 线相交于 E' 点，与此相对应，国有金融组织达到 $\bar{O}'$。由于储蓄规模是组织规模的函数，因此与 $\bar{O}'$ 相对应的将是较大的储蓄规模。从图 7—8（b）可知，国家控制成本曲线 C 与控制收益曲线 R 相交于 M_{t_2} 点，这意味着国家不再具有扩展组织规模的激励（而事实上，依据第二章的有关讨论，国家自 M_{t_1} 点起就已经开始感到控制成本递增的压力了）。依照本章第三节第二点的讨论，从此往后，地方偏好与国家偏好出现不一致（在 M_{t_2} 之前，我们假定地方与国有银行个人偏好并不起作用，或者说，两者在组织扩展问题上与国家的偏好是一致的），在地方（还有国有银行个人）的推动下，国有金融组织规模进一步扩展到 $\bar{O}$；与此相伴随，国家控制成本迅速超过控制收益，并在 M_{t_n} 点达到极值。此时，国有金融组织将面临从扩展到收缩的临界点。需要注意的是，在前面的讨论中，我们曾假定，在 $O\bar{O}$ 的组织规模上，国家即使付出 $A+B+C$ 面积的控制成本，仍仅获 $OSE'\bar{O}''$ 面积的储蓄支配权，这种假定只是为了讨论问题的方便。而事实上，由于国家与地方（还有国有金融组织个人）对储蓄支配权的争夺是一个博弈过程，因此，国家所获得的储蓄支配份额往往介于 $OSE'\bar{O}''$ 与 $OSE\bar{O}$ 之间。进一步地，由于我们一直确认中国存在一个强政府，因此，应当充分估计国家支配储蓄的能力，只不过，国家为了维持这个能力，需要支付越来越多的控制成本。

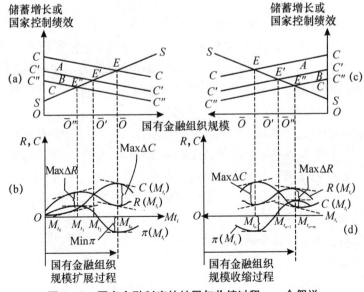

图 7—8　国有金融制度的扩展与收缩过程：一个假说

第二章的有关讨论已经表明，国有金融制度变迁的充分条件是：$\dfrac{dC(M_{t_n})}{dM_{t_n}} = \dfrac{dR(M_{t_n})}{dM_{t_n}}$，或者：$\dfrac{d\pi(M_{t_n})}{dM_{t_n}} = 0$，$\dfrac{d^2\pi(M_{t_n})}{dM_{t_n}^2} > 0$，因为在这时，$\text{Max}\Delta C = \text{Min}\pi$，亦即国家控制金融的净成本达到最大（净收益达到最小）。进一步的问题在于，在 M_{t_n} 这一点上，国有金融制度变迁的含义到底是什么呢？如果仅局限于图 7—8（a）、图 7—8（b），得出的结论自然是金融改革陷入两难困境。可是，若结合图 7—7 所揭示的国有金融组织规模的变化机理，问题就会有新的解答。我们不妨大胆假设，国家提高金融控制绩效的努力将导致一种金融制度的"逆向演进"。为了讨论的方便，我们把图 7—8（a）翻转成图 7—8（c），在图 7—8（b）的基础上再描绘出图 7—8（d）。从图 7—8（c）、图 7—8（d）直观地看出，随着改革的推进，国有金融体制在 M_{t_n} 和 $M_{t_{n+m}}$ 之间的演进轨迹很有可能是此前金融制度在 M_{t_1} 到 M_{t_n} 之间演进过程的一种逆向再现。若仅就国有金融组织规模而言，这一逆向演进过程便是规模收缩过程。[①] 从图 7—8（c）可知，在国有金融组织规模从 $\bar{O}$ 收缩到 $\bar{O}'$，国家控制成本下降，控制收益上升，并达到均衡折点 $M_{t_{n+1}}$，这时，$R(M_{t_{n+1}}) = C(M_{t_{n+1}})$。若国有金融组织规模再收缩到 $\bar{O}''$，那么国家控制的边际收益等于边际成本，即：$\dfrac{dR(M_{t_{n+m}})}{dM_{t_{n+m}}} = \dfrac{dC(M_{t_{n+m}})}{dM_{t_{n+m}}}$，控制净收益达到最大（$\text{Max}\Delta R$），国有金融组织最终将在 $M_{t_{n+m}}$ 点停止收缩。

然而，需要强调的是，在国有金融组织从 $\bar{O}$ 收缩到 $\bar{O}''$ 的过程中充满着国家与地方以及国有银行个人之间的利益冲突。相对于前期的组织扩展，这一过程将更为艰难。因为前期的组织扩展过程具有帕累托改进性质，有关利益各方都可从中获益，而组织收缩过程则要触及已有的利益结构。因此，不难推断，从 M_{t_n} 到 $M_{t_{n+m}}$ 所花费的时间要比从 M_{t_1} 到 M_{t_n} 长出许多。

耐人寻味的是，若将图 7—8 中的各分图进行"机械"地对照，不难发现，组织收缩后的理想规模将对应于国有金融体系开始确立时（即 1985 年）的规模。当然，需要注意，在国有金融组织的边界重返初始点时，其内涵已经发生了重要变化。起初的边界是由国家自上而下确定的，而后来的边界则是一系列产权交易与利益冲突或者说是制度变迁的结果。尽管我们尚无法验证这种设想，或者说尚有更为艰巨的验证工作需要进行，但作为一种假说，国有金融组织规模的理想收

---

① 事实上，这种收缩过程已经从局部展开，比如 1996 年四大国有银行就已撤并分支机构 6 000 余个（中国人民银行，1997，第 37 页）。

缩点落在了与 1985 年相似的某一个未来年份本身，就具有特殊的制度变迁含义。它使我们得以进一步思考国有金融制度在中国渐进改革中的特殊角色与改革归宿，并由此领悟以上假说在逻辑上的可信性。在很多情况下，逻辑上的真实比现实直觉上的真实更真实。

我们在前面的有关章节中曾反复强调一个基本观点，即中国既有渐进改革的成功取决于持续而有力的金融支持，这种金融支持的获得又以国家能够有效动员与支配储蓄资源为前提，而对储蓄资源的动员与支配又需要一个国家控制下的具有相当规模的国有金融体制的存在。简言之，国有金融组织得以扩展是中国已有渐进改革成功的一个关键。不过，需要特别留意的是，如果说中国渐进改革在 M_{t_n} 之前（可称为前渐进改革）的成功推行是依赖于国有金融组织的扩展，那么，这种渐进改革在 M_{t_n} 之后（可称为后渐进改革）的进一步成功推行则取决于国有金融组织规模能否得到顺利收缩，而后者往往被人们所忽视。由于在国有金融组织身上已经凝聚了太多的改革风险压力，如果国有金融组织规模一直扩展下去而不能得到及时有效的收缩，或者说，一旦国有金融之弦拉得过紧甚至被扯断，那么这就意味着渐进改革将功亏一篑，经济会立即经历一次激进式震荡。如此看来，现在说中国的渐进改革已经取得成功还为时尚早，我们只能说既有的渐进改革（前渐进改革）是成功的。

四、关于收缩条件

要使国有金融组织规模实现顺利收缩，须具备两个条件：第一个条件是，国家的控制能力。国有金融组织收缩本身并不意味着国家要放弃对金融的控制，而是使国家的金融控制范围（或者对金融资源的直接支配份额）在改革中逐渐下降。如果国家不能有效地安排收缩日程，其结果将是，一方面，无法继续保证体制内产出对金融支持的需求，因为体制内产出对金融支持的需求将是逐步而不是迅速下降的；另一方面，若国有金融组织收缩过程失控，会使国有银行存单的持有者产生一种风险不确定性预期，一旦人们对国有银行储蓄存单的需求迅速减少，或者大量提取存款，将危及社会与政治稳定，从而使渐进改革失去起码的社会政治基础。我们一直强调，老百姓对国有银行的存单感兴趣本身构成了中国前渐进改革的一个基本条件。无疑地，在一个足够长的时期内，维持国有金融体系的稳定（但并不等于组织规模不变）与人们对其存单的信心也是后渐进改革得以顺利推进的一个关键因素。如果说打国有银行这张牌的出发点在前渐进改革时期是为了维持体制内产出的稳定增长，那么，对后渐进改革来说，就是为了保持人们对进一步改革的信心。只要国有银行在改革中不是突然地而是逐步地削减其组织规模与市场占有份额，那么，改革的渐进性就能够保持下去（张杰，1998a）。由此不难看出，如同国有银行规模（或垄断性金融产权边界）在前渐进改革中的扩展主要依赖于国家的控制能力（从而与苏联、东欧转轨经济相区别），拥有日程安排权的中央政府的存在在国有银行规模的收缩中无疑会产生同等重要的作用。而从已有的讨论看，拥有一个掌握日程安排权的政府，正好是中国走上渐进改革道路的一个基本因素。

第二个条件是，地方因素与国有银行私人因素的成长。在图7—8中，我们已经看到，国家之所以要作收缩金融组织规模的努力，是由于地方效用函数与国有银行私人效用函数的进入导致了国家控制金融的成本收益结构的变化。因此，就国有金融组织规模的收缩进程而言，这两个因素不可或缺。具体地说，地方与国有银行个人必须对国家的金融控制构成某种寻租压力，从而使国家时刻感受到收缩国有金融组织规模的迫切性并使其具有内在激励。由于我们已经假定，在中国渐进改革中，中央政府具有强大的日程安排权，因此这意味着地方与国有银行个人具有扩展寻租能力的较大空间。可以说，寻租能力（控制国有金融组织分支机构以争取更多的金融资源支配权）越强，国家控制金融的成本就会越高，收缩金融组织的努力就会越积极。我们完全可以设想，只有在中央的控制能力与地方以及国有银行个人的寻租能力形成一种很强的竞争局面时，国有金融组织规模的收缩才会发生边际变化；而国有金融组织规模也将在中央控制能力的边际变化等于地方等利益集团寻租能力的边际变化时才会停止收缩。在这一点上，国家进一步收缩组织规模再也不会继续导致控制能力的边际增强，与此同时，地方等利益集团的寻租能力也不会继续发生边际下降。也就是说，在这一点上，国家感到自己对金融资源的控制足以使其符合自身效用最大化的要求（比如保持体制内产出增长、社会稳定与税收增长），而地方等利益集团则觉得国有金融组织已退缩到这种地步，进一步争取对其储蓄的控制以实现地方收益最大化所要付出的寻租成本太大，因此也就自动放弃寻租，而去寻求别的更为经济与现实的融资渠道了。

第八章

国有金融制度的产权困境与求解路径

第一节 关于国有金融产权的困境

一、金融组织边界与金融产权边界

第七章的讨论实际上表明了，在中国的渐进改革过程中，国家具有通过增大国有金融组织规模来扩展其金融产权边界的强烈倾向。扩展国有金融产权边界的实质是掌握对储蓄资源的支配权和实施金融支持，以寻求体制内产出的持续稳定增长。那么，在中国，何以只能依赖于组织扩展的方式来扩展金融产权边界呢？有没有别的更为经济与更有效率的扩展金融产权边界的方式呢？是否存在一种方式使得金融产权边界在扩展之后不再导入收缩路径？或者说，如何使通过产权边界扩展而形成的金融产权形式将直接构成新的金融制度结构的组成要素，而不是一种过渡性的制度安排呢？

回答显然是否定的，其原因也不算太复杂。我们曾经多次强调，在中央计划经济体制背景下，为了寻求改革成本的补偿来源与对体制内产出的金融支持，迫切需要在短期内通过某种金融产权形式的扩展来聚集和支配随着改革进程而不断分散化了的国民收入（或储蓄）。我们在第六章的讨论中已经揭示出，国家垄断的金融产权形式在储蓄动员方面具有比较优势，这种比较优势体现在它能够按照总量原则（即总成本等于总收益）迅速且大量地提供储蓄存单。由于储蓄扩展是组织扩展的函数，因此，储蓄存单的大规模提供必然要求提供存单的金融组织具有足够大的规模并能以足够快的速度扩展。如此看来，国家垄断的金融产权形式在储蓄动员方面的比较优势可以说是通过金融组织扩展方面的比较优势加以体现

的。结果，国家所需要的对改革成本进行补偿的资金来源与金融支持需求得到了较为顺利地满足，国家实现了可能的效用最大化，渐进改革路径也得以形成。值得注意的是，以上讨论显示出，国有金融产权边界的扩展主要依赖于国有金融组织边界的扩大，仅通过组织边界的扩展，或者说是通过偏离市场范围来扩展金融产权边界，这是中国金融制度变迁的又一特殊图景。

不过，在缺乏完备的市场环境的条件下，试图通过竞争性的（如非国有）金融产权形式的扩展来动员储蓄并服务于渐进改革则是不现实的。虽然我们可以从经济学的角度论证，这种产权形式在动员储蓄与配置金融资源方面是如何地有效率，由此形成的金融制度安排会怎样地成长为新的金融制度因素，或者，如果这样做了，就不会出现金融组织的过剩与产生那么多的不良债权等等，但就中国的初始条件与渐进改革路径而言，那种的确有效率的竞争性金融制度安排只有滞后于这种低效率的国有金融安排时才是符合逻辑的。问题的关键或许就在于，中国的渐进改革对储蓄资源的渴求不可能等待那个有效率的竞争性金融制度的自然成长。制度变迁过程对制度安排的选择是最讲求实际效用的。基于此，在理论上更优的制度安排往往会被理论上次优但更实用的制度安排所替代。对渐进改革过程来说，首要的问题是"有多少金融资源可用于金融支持"，而不是"如何更有效地使用金融资源"。因此，假如在制度安排的"备选菜单"中存在垄断性金融制度安排与竞争性金融制度安排，制度变迁本身也会选择最能获取金融资源的前者，而不会选择最能有效配置金融资源的后者。一旦国有金融制度安排以其动员金融资源的比较优势成为主导型制度安排，非国有金融制度安排（具有配置金融资源的比较优势）就会被排斥乃至剔除；这种金融制度安排只有在总体制度演进更需要金融资源配置效率时才会被列入制度选择"菜单"。

以上讨论表明，中国国有金融组织边界的过度扩展本身是合乎渐进改革逻辑的，这同时决定了国有金融组织边界的收缩也要按照渐进改革的逻辑进行。我们在第七章已经较为详尽地讨论了国有金融组织边界的收缩问题，由于中国国有金融产权边界的扩展是由组织边界的扩展推动的，因此，合乎逻辑的推论就是，收缩国有金融产权边界就得从收缩组织边界入手。可是，问题在于，这个逻辑过程具有不可逆性。也就是说，组织扩展的结果可以是产权扩展，但组织收缩的结果则不一定是产权收缩。因为，一旦通过组织扩展形成一定规模的产权边界，就会包含比组织边界复杂得多的内容。更具体地讲，它不仅包含对金融资源的控制权与对金融收益的获取权，而且还包含相应的义务，尤其是它要承担多年积累下来的由金融补贴所导致的大量金融风险。国家固然可以用行政办法对国有金融组织进行撤并，但内在于国有金融产权边界的金融风险则无法因此而削减。或者说，国家自然可以通过收缩组织边界来削减控制成本与提高控制绩效，但却无法同步消除国有金融组织所承担的某些社会责任。

二、国有金融产权边界的分割与国家担保的不可分性

从理论上讲，要把国有金融产权边界收缩到与金融资源配置效率以及 X 效率相兼容的限度之内，有一种最为直截了当的方式，这就是产权分割。也就是说，迅速细分国有金融产权边界[①]，让分割后的每一块国有金融产权都具有收益风险的对称性。显然，这种方式具有理论上的巨大吸引力。不过，这种方式的推行需要具备十分苛刻的条件。最引人注目的是，国家能够一次性地交割金融产权，不再做最后结算人。亦即国家把对国有银行的产权（包括控制权、剩余索取权与风险担保义务等）全部结转给国有银行个人。这同时意味着国家要放弃直接的金融控制与金融担保。这种方式的推行有两种可能结果：第一种结果是，国家在不对国有银行实行再资本化（recapitalization）的情况下交割产权，这无异于宣布国有银行破产。因为我们已知，国有银行的资产比率十分低下（根据本书表2—8，1996 年仅为 4.34%），其整体维持主要依赖于以国家担保（控制）为背景的居民储蓄支持。国家一旦宣布退出控制，也就等于放弃担保。基于国家控制因素对中国货币需求的极端重要性（参见第五章），这势必会使居民的储蓄意愿发生动摇，仅依靠占储蓄存款 5.54% 的银行自有资金和少量的存款准备金是无法应付储蓄存款提取的流动性要求的。事实上，本章随后的讨论将表明，中国国有金融产权结构的特殊性在于，国家的控制与担保对国有银行来说也是一种重要的注资，或者可视为自有资本中的一部分。随着改革的推进，国家以担保形式进行注资的比重在逐年上升，担保的重要性与风险权重也越来越大。在担保存在的情况下，居民在国有银行中的储蓄存款将具有稳定性，以至于银行可以将其挪作自有资本之用。可是，一旦国有金融产权被分割，国家担保退出，就意味着国家原本用担保来注资的那一块虚置资本将不复存在，这会造成国有金融资本结构的严重失衡。因此，基于中国渐进改革的逻辑，产权分割方式显然不具有推行的可能性。

与上述结果等价的另一种结果是，国家能够在交割金融产权时一次性地对国有银行实行再资本化，也就是用真实的资本注入替换原来用担保充当的虚置资本。这里，问题的关键在于，国家能否拿得出这笔真实的资本，由表 8—1 可知，这是一笔并不算小的支付。仅按作者较为保守的估计，1996 年国家应注入的真实资本规模高达 2 314.83 亿元；按世界银行估计，则在 4 000 亿~5 000 亿元之

---

① 关于所有权或产权细分的讨论请参见张杰（1994）。

间；若按资本净值估算，则注资规模达 6 394.20 亿元。显然，国家不可能在短期内拿出这么多的资本来对国有银行实行再资本化。退一步讲，即使国家可以一次性支付再资本化的资金，产权交割也不一定能够顺利进行，因为以上讨论是以国有银行本身基本上不存在不良债权为前提的，而依照第二章的经验考察，国有银行的不良债权在迅速积累。以 1996 年为例，这一年真正收不回的贷款比例若以保守的 6％计（相当于占当年不良债权的 37.95％），就意味着国家要拿出3 794.80 亿元来冲销呆账。而依据表 8—1，1996 年国家冲销规模仅为 200 亿元；国家准备在 1997—2000 年间总共拿出的核销资金才 1 400 亿元。[①] 当然，应当注意的是，国家冲销国有银行的坏账，也意味着国有银行总资产的减少，国家的注资规模也会相应减少。即便如此，国家总体要投入的资金仍十分可观。不过，若国家能够支付得起上述再资本化的费用，就意味着它仍有能力维持既有的国有金融产权，从而也就没有激励（也无必要）分割金融产权与推行国有银行的商业化改革。

表 8—1　　　　　　　国家对国有银行的注资规模：1990—1996 年　　　　　　（亿元）

	1990	1991	1992	1993	1994	1995	1996
作者估算的注资值	31.99	166.97	118.92	182.22	998.03	1 839.49	2 314.83
依世界银行数据估算的注资值	399.06	601.93	854.27	1 200.84	1 828.36	—	—
按资本净值估算的注资值	234.68	663.32	2 848.13	2 980.19	4 094.08	6 040.51	6 394.20
应冲销呆账值	841.89	1 030.70	1 213.45	1 792.30	2 454.17	3 082.89	3 794.80
实际冲销规模					24.00		200.00

资料来源及说明：本表依据本书表 2—5、表 2—7、表 2—8 与表 2—9 计算。这里所估算的是要达到巴塞尔协议规定的 8％核心资本比率所需国家注资的规模。作者估算值之所以小于世界银行估算值，那是由于后者只包括四大国有专业银行，而前者另包括了中国人民银行及中信实业银行；如果仅按照四大国有专业银行数据计算，则 1992 年和 1996 年的注资规模将远远大于作者估算值，更何况，在国有银行的自有资本中，有不小的虚置成分。应冲销呆账值，1992 年以前按当年总资产的 5％计算，1993—1996 年按 6％计算，这两个比率又是参照了官方有关坏账占总贷款的比率确定的，实际比率可能会更高。实际冲销值引自张春霖（1997）。

　　基于以上讨论，国有金融产权边界的市场化收缩（产权分割）将存在一个二者必居其一的结果：要么维持既有产权边界不变，要么推行激进式的产权分割；

　　① 中国人民银行前行长戴相龙在 1998 年初的一次记者招待会上指出，中国目前真正收不回来的贷款（即坏账）只占总贷款的 5％～6％。其中 1997 年已核销 300 亿元，1998 年将核销 500 亿元，1999—2000 年再核销 600 亿元，并认为最迟在 1999 年国有银行的资本充足率达到 8％。

即要么不动，要么破产，没有第三条路可走。而这两种结果都不符合中国渐进改革的逻辑。若继续维持产权边界，迟早会走上激进路径，因为维持既有的国有产权边界本身意味着让金融风险继续积累；若采用市场方式通过分割产权来分散风险，则会遇到国家担保不可分性的约束。

三、国有金融产权边界内的改革努力与产权困境

事实上，当国有金融产权安排本身的风险开始大量积累时，作为出资人的国家，其本能（合乎理性）的反应并不是通过分割金融产权来分散风险，而是通过更加严格的金融控制来防止金融风险的外化。因为，分割金融产权一方面意味着国家退出担保，另一方面也意味着国家放弃对金融的控制，国家自然知道放弃金融控制的后果。因此，我们以上所讨论的分割金融产权的努力及其两种可能结果都不符合国家的效用函数，从而也就不会成为现实的改革行动。在国家尚能对经济和金融过程实施强有力控制的情况下，一切改革主张（改革方案与改革理论）都要首先符合国家的效用函数，才会最终转化为改革行动（张杰，1998b）。因此，我们在图7—8中所指出的折点 M_{t_n}，只是表明到此点国家控制净成本达到最大，只有收缩规模（组织边界）才能降低净成本。这样，国家便会作出撤并国有金融组织的改革行动，但这一行动并不意味着国家要放弃对国有金融组织的控制，反而，组织收缩本身只能使国家对国有金融产权的控制更加强化。因此，不管国有金融组织边界如何收缩，国家的控制初衷将难以改变。既然国家仍然是出资人，那么，只有在国家控制国有金融产权时，风险与收益才是对称的。毫无疑问，国家总是希望在不损害金融控制的前提下着手改变金融产权安排与分散金融风险。

从中国既有的金融改革经历看，国家正是一直试图在不改变国有金融产权边界（即不放弃担保与金融控制）的条件下做调整金融产权安排的努力的，即理论界所谓的国有银行商业化改革努力。国家的意图十分明确，想在继续维持既有国有金融产权边界的前提下改善金融资源配置效率与X效率，依此化解金融风险，减少国家控制金融的净成本。当然，从理论上讲，如果以上尝试获得成功，国家将得到效用最大化。这样，合乎逻辑的推论自然是，只有当国家最终觉察到这种努力无法达到所期望的结果时，才会作出别的选择。只有在国家支付了足够的学习成本后，感到这种努力的预期成本会大于预期收益时，才会从这种努力中退出。仅从这种意义上讲，国有银行商业化的努力显然也是符合国家效用最大化目标的。

国家开始进行上述改革努力的时间与我们在第二章以及第七章所刻画的折点

时限十分吻合。我们已知，在 1992 年国家控制金融的成本首次超过收益，这表明从这一年起，随着金融风险的迅速积累，国家对国有金融的控制将越来越不划算，持续了 14 年的国有金融产权边界的扩展过程从此出现逆转。而 1993 年底，国家决定加快金融部门改革，则是对 1992 年控制成本迅速上升的反应。在这一年，国家正式提出国有银行商业化改革思路并进行尝试。随后，1994—1996 年的许多制度变迁与金融改革行动都是在为推行这一改革思路作准备。具体情形可参见表 8—2。

表 8—2   国家的金融控制及其改革努力：1988—1996 年

时间	改革努力及背景
1988—1989	货币化指数出现首次下降，国家的金融控制由主动变为被动，宏观经济运行与社会政治状况失常。
1990—1991	国家着手削减信托投资公司与财务公司等非银行金融机构。
1992	国家控制金融的成本首次超过控制收益。
1993	国家着手加速金融部门的改革，主要是国有银行的商业化改革与加强国家的金融控制。
1994	全国人大批准《预算法》，禁止政府从中央银行借款；组建三家政策性银行，并从该年起开始通过试点方式冲销呆账。这是为国有银行商业化改革做第一阶段的准备。
1995	全国人大批准《中国人民银行法》与《商业银行法》，前者禁止中国人民银行对中央及省级政府透支和直接贷款，后者要求国有银行须持有相当于风险调整资产总额 8% 的资本，并通过适当计划提高对资产负债比例的管理技能。同时，还通过了《保险法》、《票据法》与《担保法》，这既是强化金融控制的有力步骤，也是为国有银行商业化改革做第二阶段的制度准备。
1996	建立全国同业拆借市场并有限地放开拆借利率，解除国有银行与非银行金融机构的所有权关系。从 4 月 1 日起，开始操作公开市场业务。这是为国有银行商业化改革所做的第三阶段的制度准备。

从总体上讲，经过一段时间的制度准备，与其说是为国有银行商业化创造了条件，毋宁说是强化了国家对金融的实际控制。而这种结果在很大程度上是依靠正式制度安排（如金融法规）削弱地方与国有银行个人的影响而得来的，正如我们在第七章已经表明的那样。尽管从 1994 年起，国家已开始安排呆账冲销，并通过分设政策性银行来分流原有国有银行的政策性贷款，但没有证据表明，国有银行的政策性贷款或中央银行的再贷款有任何减少的迹象（肖耿，1997，第 347 页）。这进一步显示出，在加强金融控制能力与国有银行商业化改革之间，国家并没有多少选择余地，或者说国家不可能兼容这两重改革目标。更深层次的原因则在于，这两重目标之间存在着内在的冲突。具体而言，在国有金融产权框架

内，若国有银行商业化改革有了进展，则说明国家的金融控制受到削弱。国有银行商业化改革的核心是资金自主权，而在试图维护国有金融产权的情况下赋予国有银行资金自主权，无疑会使地方偏好或者国有银行个人偏好的影响力上升以及国家偏好的影响力下降。这样做的结果是，国家将失去对金融的控制。反过来讲，国家作为出资人，不可能让地方偏好与国有银行个人偏好凌驾于自身的偏好之上，所以它会本能地削减乃至剔除这些偏好，而这些偏好的剔除则意味着国有银行资金自主权的丧失。既然国有银行连自主使用资金的权力都不复存在，又何谈商业化经营呢！事实正好表明，国家的金融控制在1993—1996年间得到了强化，这除了证实我们在第七章中所得出的有关推论外，也说明国有银行商业化改革在此间并没有什么进展。

不难看出，国有金融制度改革面临着一个产权困境。从理论上讲，国有银行商业化改革的前提是分割国有金融产权边界，让国有银行成为一个收益与风险内在化的新型金融组织。而我们前面的讨论正好证明，国有金融产权边界的分割完全不可行。在国有金融产权边界依然如故的情况下，合乎逻辑的选择应该是金融垄断化（集权化），而不是商业化（分权化）。因为，我们已知，商业化就是赋予国有银行信贷自主权，激励国有银行更多地按照自己的偏好去配置金融资源。由于国有金融产权是不能分割的，所以所谓的商业化改革充其量只能给国有银行以残缺的金融产权。尤其是，国有金融产权不分割意味着国家继续提供担保，这决定了获取一部分产权的国有银行并不会对信贷行为的后果负最后责任，其谋求自身效用最大化的机会主义行为就在所难免。结果，国家为了使国有银行的信贷行为符合国家的偏好（比如金融支持），就会重新加强对国有银行的控制。总而言之，只要国有金融产权边界依然存在，不管其配置效率与X效率有多低，国家的金融控制就是必要的与合理的。在这种情况下，由国家倡导并力图推行的国有银行商业化改革最终依然是推而不行，即便已经开始了，走过一段后，也会退回到国家控制上来。这种情形可以从对金融秩序频繁地周期性治理整顿中窥见一斑。

从根本上讲，国有金融产权安排与国家对国有银行的直接控制从来就是无法分离和不应分离的。国家要让自己的金融组织为自己的效用最大化服务，显然是天经地义的事情，就如同私有金融组织要为其出资人的利益最大化服务一样。如此看来，我们通常所讲的诸如国家给予国有银行的资金自主权太少，征收的税利太重等等，实际上都属于误解。既然是国有的，国家为什么要出让自主权，凭什么不能多征收一些税利呢！至于国有银行的低效率，那仍然不是一个可以草率下结论的问题。国有银行提供了可观的金融支持，使渐进改革得以顺利进行，对国家而言，这就是最大的效率。对这种效率的追求应是国有银行分内之事。我们已有的讨论所隐含的一个逻辑是，如果国有银行过早地追求自身的资源配置效率，那么这就意味着中国渐进改革将失去足够的金融支持。正是国有银行这种低的资金使用效率（新古典意义上的）才促成体制内产出的稳定增长，从而避免了像苏联、东欧经济那样的"J形"下降。我们在本章第一节第一点中已经指出，中国的渐进改革首先需要的是金融资源的配置规模，然后才是对配置效率的追求，而国有金融制度的存在正好满足了这种要求。即便是在进入我们所假设的追求金融资源配置效率的过程后，对国有银行的效率要求仍应具有其特殊性。在国有金融产权边界难以分割的情况下，国有银行的效率便不能以国有银行自身的资源配置效率或者收益水平来衡量，而应以国有银行所配置的金融资源规模来衡量。更明确一点讲，当经济改革对金融资源配置规模的要求下降而对金融资源配置效率的要求上升，就意味着国有银行所配置的金融资源规模要作出相应的削减，这种削减本身便是对总体金融资源配置效率的贡献。改革越是推进，国有金融体制就越显得低效率，其原因并不在于政府垄断或者说它是国有的，而在于其相对规模越来越大。因此，在改革过程中，国有银行的政府垄断地位需要加强而不应削弱，只不过由于经济中尚未形成一个相对规模足够大的商业金融制度，所以国有银行的垄断才成了问题（张杰，1997b）。认识这一点，对理解中国国有金融制度的变迁与寻求走出产权困境的路径至关重要。

第二节　国有银行的呆账模型

一、呆账与渐进转轨

通常而言，银行的呆账总表示其配置金融资源的低效率。银行自身的金融信息有限、信贷决策失误以及监督管理不力等因素都能导致大量的呆账。不过，对于此类呆账，既可以通过银行自身的努力和技术性改进策略加以削减和抑制，也可以通过建立呆账准备金加以冲销。而且，金融创新的勃兴、金融制度结构的变迁以及作为其结果的金融资源配置效率的提高等景象都生动地体现在银行间竞相防范和清理此类呆账的具体过程之中（张杰，1997b）。可是，中国国有银行的呆账却不能一概与银行自身的失误挂钩，更不能简单地视为金融资源配置低效率的体现。事实上，中国国有银行的呆账与渐进转轨过程直接相关。

为了使我们对国有银行呆账问题的讨论不失其理论一般性，有必要建立一个符合主流经济学规范的解释模型，这个模型可由图8—1来直观地表示。不难看出，在图 8—1 中，图 8—1（a）是基于一个标准的厂商均衡模式，而图 8—1（b）则是从图 4—5 中直接复制而来。我们首先来看图 8—1（a）。横轴 L^S 表示信贷规模，纵轴 r 表示资金价格（利率），D^A 线表示平均信贷需求线，它向右下方倾斜表示与利率呈反函数关系，D^M 为边际信贷需求线，它通常处在 D^A 线的下方，S^M 和 S^P 分别代表信贷的市场提供线与计划提供线。这里有三种情形值得关注。第一种情形：若国有银行按照商业原则经营，而且面对的是一个竞争性的金融（信贷）市场，那么，它就会按照 S^M 线以 r_2 的利率提供信贷，其信贷提供量为 L_1^S。第二种情形：若国有银行按照商业原则经营，但面对的却是一个垄断性的信贷市场，那么它就会按照 $D^M = S^M$ 的原则提供信贷，也就是说，它将按较高的垄断价格（r_3）提供较少的信贷（L_0）。第三种情形：不存在一个完备的信贷市场，国有银行也不按照商业原则经营，而是根据政府的偏好分配信贷，以便为转轨中的经济提供金融支持。在这种情况下，国有银行将按照 S^P 线以较低的计划价格（r_1）提供较多的廉价信贷（L_2^S）。

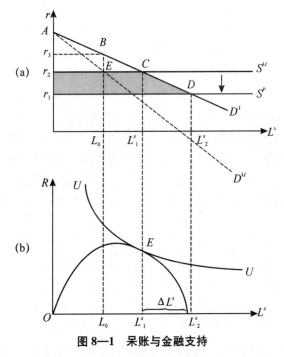

图 8—1　呆账与金融支持

进一步地，国有银行按以上三种情形提供信贷所产生的绩效是截然不同的。在第一种情形下，由于信贷市场是竞争性的，国有银行只能按照市场均衡利率 r_2 提供信贷，并与参与信贷市场的其他金融机构共享平均收益，因此，国有银行处于零信贷剩余的状态。现代微观经济学理论揭示出，这种零信贷剩余的状态最能体现市场竞争与金融资源的配置效率。就第二种情形而言，由于国有银行占据垄断地位，它可以按照垄断价格享受正的信贷剩余，在图 8—1（a）中，这种由垄断带来的信贷剩余可由 BEr_2r_3 的面积来表示（也就是实际信贷提供价格高于市场信贷供给线的部分）。当然，在这种情形下，社会也将因垄断金融的存在而出现三角形 BEC 的面积的净损失（即所谓 Harberger 三角区）。但仅就国有银行个人而言，它毕竟获得了额外的信贷剩余。我们再看第三种情形下的信贷剩余。由于国有银行只能按照较低的计划价格 r_1（低于市场均衡价格 r_2）提供信贷，因此无疑会出现负的信贷剩余。这个负的信贷剩余也就是计划信贷提供线 S^P 低于市场信贷提供线 S^M 的部分，在图 8—1（a）中，它可由阴影梯形 r_2CDr_1 的面积来表示。

需要附带指出的是，国内理论界动辄认为中国的国有银行体制是一种垄断性的制度安排，这在理论上讲是极不严密的。基于以上三种情形，中国国有银行制度安排与严格意义上的垄断性金融安排相去甚远。既然是垄断性的，它为什么不是以更高的垄断价格和更小的垄断信贷规模而是以相反的情形来配置金融资源呢？事实上，以金融约束或者金融抑制概念来描述中国以国有银行占据主导地位的金融制度（市场）结构更为贴切。若从这种意义上讲，麦金农与肖在提出其金融抑制或金融深化理论时，把提高银行信贷所提供的价格（或称利率自由化）作为核心步骤是相当中肯的，因为只有那样，这些银行才可以削减其负的信贷剩余，从而有能力也有激励进入信贷市场来配置资源。不过，出于对约定俗成的提法的考虑，作者在描述国有金融问题时仍不时使用"垄断"字眼，但读者必须留意，在阅读本书过程中触及"垄断"字眼时，请及时甄别其中包含的真正含义。

无须强调，在转轨过程中，中国的国有银行是以第三种情形配置信贷的。至于为什么要这样做，我们已经在前面几章（尤其是第四章和第五章）中做过详尽讨论。这里，我们需要特别指出，若按照第一种和第二种情形，转轨经济中的体制内产出将得不到足够的金融支持。从图 8—1（b）中可以看出，与这两种情形相对应的信贷提供量分别为 L_0 与 L_1^S，若以较大的 L_2^S 衡量，与渐进转轨所需要的信贷量 L_2^S 尚差 ΔL^S 的份额，而这个信贷差额只能在按第三种情形运作时才可得到弥补。显然，国有银行正是为了给转轨中的体制内产出提供足够的信贷支持才付出负信贷剩余的代价的。或者说，渐进转轨是国有金融以负信贷剩余的支付买来的，这又一次证明了我们在第四章所提出的命题。进一步地，这个负信贷剩余表明，国家实际上以特定的制度安排把国有银行的那一部分相当于阴影梯形面积的信贷剩余转移给了国有企业。结果，体制内产出获得了平稳增长，渐进改革得以推进，但与此同时，在国有银行的账面上出现了大量呆账，国有银行的资本结构中出现了巨额的虚置份额。至此，我们有理由认定，图8—1（a）中的阴影梯形面积即为国有银行的经营亏损额度，图8—1（b）中的 ΔL^S 相当于国有银行的理论呆账规模。

以上讨论还使我们意外地发现，在其他金融产权形式成长到足以形成一个竞争性的信贷市场之前，在国有银行尚占有75％以上信贷市场份额的情形下，若让国有银行完全按照商业原则经营（我们姑且抛开其现实可能性不谈），那就意味着它将按上述第一种情形行事。这对一个转轨中的经济而言，其后果无疑将是灾难性的。当体制内企业得不到足够的（实际上也没有能力得到）信贷支持，而国家又无法给予财政支持时，经济增长将会出现迅速的"J形"下降。这也附带佐证了在渐进改革过程中，当国有银行占有垄断份额时，单方面推进商业化改革的思路是不可行的，因为它与渐进改革的逻辑相冲突。

二、国有银行的信贷均衡模型

从既有的经济学文献看，经济学家们提出了三种信贷均衡模型。第一种是新古典信贷均衡模型，如图8—2所示。在这种模型中，存在一条向上倾斜的信贷供给曲线和一条向下倾斜的信贷需求曲线，信贷均衡取决于这两条曲线的相交点 E，均衡信贷供给水平为 L^*，信贷供给价格（利率）为 r^*，而且利率具有自动调整信贷供求的作用。比如，当利率为较低的 r_1 时，会出现过剩的信贷需求 ΔD，即 $D(r_1)>S(r_1)$，由此产生使 r 向上移动的力量，直到 $r_1 \to r^*$，$S(r^*)=D(r^*)$；当利率为较高的 r_2 时，会出现过剩的信贷供给 ΔS，即 $S(r_2)>D(r_2)$，由此产生使 r 向下移动的力量，直到 $r_2 \to r^*$，$S(r^*)=D(r^*)$。

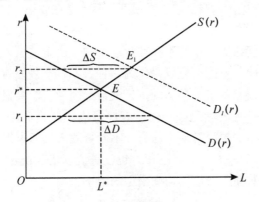

图8—2　新古典信贷均衡模型

　　第二种是政府干预的信贷均衡模型。这事实上是一种非瓦尔拉信贷均衡模型。政府为了推行某种信贷倾斜政策，把利率上限人为地压在较低的水平上，由此形成一种信贷需求大于信贷供给的情形。由于利率被政府给定，且具有很强的刚性，因此它就不再具有自动调整信贷供求的作用。如图 8—3 所示，尽管存在 ΔD 的过量信贷需求，但银行能够提供的信贷供给只有 L_S^*，这时，E' 为偏离瓦尔拉均衡的一种信贷均衡情形。在这种情况下，只有部分信贷需求（反映政府偏好）能够得到满足。这个模型有两个十分关键的假定：第一，所有的现实信贷需求 $D(r)$ 都是理性的，不存在金融资源配置的 X 低效率与刚性信贷需求，或者说，信贷需求对 r 的反应十分灵敏。利率上限一旦放松，它就不会停留于 L_D，而是自动地趋于 L^*。第二，除政府控制下的银行体系外，不存在其他的金融机构来提供信贷。或者说，政府对信贷的管制是完全的，政府管制下的银行体系不存在自行其是的机会主义行为。

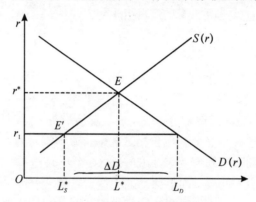

图 8—3　政府干预的信贷均衡模型

　　第三种是信贷配给均衡模型。这个模型实际上是在放松新古典信贷均衡模型所坚持的完全信息假定的条件下得出的，这是斯蒂格利茨和温斯（Stiglitz&Weiss，1981）的贡献。他们认为，即使不存在政府干预，由于借款人方面存在逆选择和道德风险行为，因此信贷配给也可以作为一种长期均衡现象存在。[1] 事实上，如果贷款者具有完全信息，就不会出现信贷配给，因为它们会根据不还账的不同可能性而相应地收取更高的利息率，使所有愿意支付适当利率的申请者都得到贷款。因此，信贷配给的根源是缺乏信息，不管贷款人如何审慎，总会有一定量的遗漏信息（Stiglitz，1993，第 554 页）。也就是说，信贷配给均衡模型是在考虑信息不完全因素后对新古典信贷均衡模型的修正。

---

　　① 具体讨论可参见张维迎（1996，第 562~569 页）。

图8—4展示了信贷配给均衡的情况。在该图的第一象限中，与图8—2相比，信贷需求曲线 $D(r)$ 没有发生什么变化，而信贷供给曲线则由线性转变为非线性。这种变化之所以会发生，基于上述分析，显然是考虑了信息因素的缘故。这也意味着，如果信息是完全的，那么，图8—4中向后弯曲的信贷供给曲线就会还原为图8—2中的直线。信贷供给曲线的这种非线性变化，直观地看，是均衡利率（r^*）条件下的信贷供给量从原来的 L^* 减少到 L_R^*，即有 $\Delta\overline{D}$ 的信贷需求得不到满足。这些得不到满足的信贷需求，既包括本来就不合格的信贷需求，也包括许多合格的借款者的需求。也就是说，根本原因仍然在于，信息不完全因素使贷款者无法辨别在 $\Delta\overline{D}$ 中哪些是合格的，哪些又是不合格的。

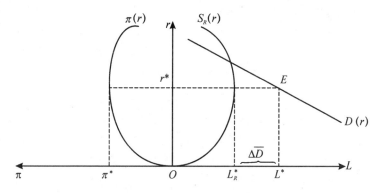

图8—4 信贷配给均衡模型

信贷供给曲线之所以会向后弯曲，主要是基于以下原因。在新古典信贷均衡模型中，贷款人提供信贷的多少直接取决于利率的高低（当然利率的高低也同时取决于信贷需求的大小），只要借款人愿意接受高价，比如图8—2中的 r_2，贷款人就可以按这种价格多提供信贷（比如 ΔS），直到实现新的信贷均衡，如图8—2中 $D_1(r)$ 与 $S(r)$ 的交点 E_1。可是，就信贷配给均衡模型而言，贷款人提供信贷的多少则取决于信贷平均收益而不仅仅是贷款价格，问题正好在于，贷款价格（r）与信贷平均收益（π）两者之间并不完全吻合。在图8—4的第二象限中，我们可以看到，一开始，贷款平均收益（π）会随着贷款利率的上升而增加，当贷款利率达到一定水平（r^*），π 也达到最大（π^*），此后，当贷款利率进一步提高时，贷款平均收益则出现递减。这时，不管借款人给出（或愿意支付）多高的利率，贷款人也不会增加贷款。通常情况下，在较高的利率水平上，那些最佳借款者会放弃继续借款，而仍然愿意借款的一定是甘愿冒巨大风险的借款人。这样，银行会担心，收取的利率越高，越有可能发生这种冒险行为，银行的信贷风险会越高。结果，利率提高可能降低而不是增加银行的预期收益，银行宁愿选择在相对低的利率水平上拒绝一部分贷款要求，而不愿意选择在高利率水平上满足所有借款人的申请（Stiglitz，1993，第 554～555 页；张维迎，1996，第 563 页）。反映在图 8—4 中，信贷供给曲线在利率达到 r^* 后便向后弯曲。

以上信贷均衡模型虽然都无法单独用来说明中国国有银行的信贷均衡情形，但却有助于我们建立新的解释模型。我们不妨首先以中国的情形为背景对以上信贷均衡模型进行重新解释，在此基础上，构建中国国有银行的信贷均衡模型。

首先考察新古典信贷均衡模型和信贷配给均衡模型。我们已知，这两个模型的唯一区别是信息因素存在与否。在新古典信贷均衡模型中，由于假定信息是完全的，所以利率就成为决定银行信贷提供的唯一重要因素；只要信贷需求方的信贷需求足够强烈从而能够接受较高的利率水平，那么，信贷均衡将在较高的利率水平上实现（如图 8—2 中的 E_1 点，与此点相对应的利率水平为较高的 r_2）。信贷配给模型则显示，银行的信贷提供量直接取决于信贷平均收益而不是利率水平。由于考虑了信息成本与信贷风险因素，高的利率往往与高的信贷风险相伴随，从而会降低信贷的平均收益，所以信贷均衡将在信贷平均收益达到最大的那一点实现，不管这时是否存在多余的信贷需求。根据我们前面几章已有的讨论，在中国，国有银行承担着给体制内产出提供信贷支持的任务，因此，决定国有银行信贷供给的因素既不是利率水平，也不是信贷平均收益，而是经济渐进转轨对信贷的实际需求。或者说，一定高的经济增长水平是决定国有银行信贷供给的主要因素。这就意味着，中国国有银行的信贷均衡模型将既不同于新古典模型也不同于信贷配给模型。如图 8—5 所示，国有银行的信贷供给曲线是一条与横轴平行的曲线 $S(r_1)$；由于存在金融约束（参见第六章），这条曲线处在均衡利率水平（即市场利率 r^*）的下方。

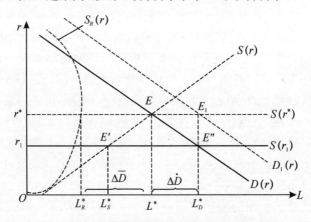

图8—5　国有银行的信贷均衡模型

其次考察政府干预的信贷均衡模型。我们已经指出，政府干预将导致一种人为的信贷供给短缺，因为利率被压得较低，较低的利率刺激更多的信贷需求而抑制信贷供给。典型意义上的政府干预信贷均衡点为 E' 点，与此相对应的信贷提供水平为 L_S^*，利率水平为较低的 r_1。可是在中国，由于生产部门（主要是国有企业）对信贷的需求是刚性的（在政府干预信贷均衡模型中，信贷需求则富有弹性），而国有银行又负有提供金融支持的义务，因此，与典型的政府干预模型不同，国有银行的信贷均衡是由 $S(r_1)$ 曲线与信贷需求曲线 $D(r)$ 的交点 E'' 决定的，即处于均衡状态的实际信贷供给水平为 L_D^*，或者说，只有 L_D^* 的信贷供给水平才能保证体制内产出的平稳增长。

有意思的是：第一，相比之下，在典型的政府干预模型中，信贷供给遵循的是短边规则（贷方规则），而在国有银行信贷均衡模型中，信贷供给则遵循长边规则（借方规则）。第二，从图 8—5 可知，在国有银行的信贷均衡点上，信贷供给水平比上述其他三种信贷均衡模型中的信贷供给水平都要大，即：$L_D^* > L^* > L_S^* > L_R^*$，这与实际情形十分吻合。而且，国有银行的信贷均衡点与信贷配给均衡点相距最远，这事实上表明了国有银行商业化改革的难度。我们在第四章已经指出，渐进改革需要的是国有化的国有银行，而不是商业化的国有银行，因为前者比后者提供的信贷更多。这里的讨论进一步佐证了这一点。第三，既然在国有银行的信贷均衡模型中，信贷需求是刚性的，也就意味着利率的高低并不对信贷需求产生重要影响。即使利率提高到较高的 r^*，信贷需求仍会保持较大的 L_D^*，只不过信贷均衡点会从 E'' 点上移至 E_1 点。[①] 基于此，我们可以对图 8—1 的呆账内涵作进一步引申。当信贷均衡点移至 E_1 时，如果我们把图 8—5 中 r^* 与图 8—1 中的 r_2 相对应，都表示市场利率，那么，从表面上看，国有银行由于提高了利率而把原来转移给国有企业的信贷剩余重新拿了回来，这也就意味着在理论上国有银行不再有经营亏损与呆账了。但是，由于国有企业的信贷需求是刚性的，利率的提高仅仅表示国有银行账面上的信贷收益上升，而事实上这部分收益一直未能入账，即是虚置的。更重要的是，图 8—1 是基于新古典的假定，即信贷需求对利率具有充分敏感度与弹性，当利率由 r_1 上升到 r_2 或者 S^P 上移至 S^M 时，就意味着呆账的消失；而事实上，在信贷需求呈刚性（对利率无弹性）的情况下，即便利率再提高到垄断的水平（图 8—1 中的 r_3），呆账依然存在。利率再高，但软预算约束的国有企业仍会毛遂自荐。

①　一项针对 300 家国有大中型企业厂长经理的调查表明，83.3％的厂长经理认为当利率提高 5％时不减少贷款，64.3％的厂长经理认为利率提高 10％时仍不减少贷款（樊纲等，1990，第 257 页）。

因为这些企业根本就不打算还钱，所以，利率高筛选不掉它们。中国的国有企业是负盈不负亏的，有些企业在拿到贷款后，不按预定方案投资，而是把资金投到高风险与高回报的项目之上。如果项目投资成功，企业获高利润；如果项目失败，亏的是国有银行的钱，呆账由此生产（易纲，1996b）。若按图 8—5 做直观的理解，当利率为 r^* 时，可能的呆账规模为 $L_D^* - L_R^*$，或 $\Delta \dot{D} + \Delta \dot{D}$，这个规模也相当于图 8—1（b）中的 ΔL^S，即国有银行信贷均衡模型的信贷供给减去信贷配给均衡模型的信贷供给。也就是说，这部分贷款包含着巨大的信贷风险，偿还的可能性较小。

三、呆账的两种形式

基于以上讨论，由于国有银行的信贷均衡遵循的是长边规则，在信贷需求呈刚性的情况下，国家为了维持体制内产出的平稳增长与渐进过渡，就不得不超额供给信贷。尤其是 1985 年实行拨改贷以后，在国有银行提供给国有企业的贷款中更是包含了一部分财政性注资的成分，这部分信贷供给主要体现为国有银行的政策性贷款，国有银行成为中央政府宏观稳定性经济改革与产业结构调整政策的执行者。由此看来，在国有银行所提供的信贷供给总量 L_D^* 中，有相当一部分是国有银行作为政府的金融代理人为配合经济增长与平稳转轨需求而提供的，这部分信贷产生呆账的可能性最大。进一步地，由于这部分信贷供给的决定因素是外生的，即取决于国家的经济纲领及其实施方式以及各级政府对此的具体化程度（或者地方政府的放大程度）（谢平、俞乔，1996），因此，其呆账的产生显然无法用国有银行自身的信贷行为来解释。并且，此类信贷供给一般是无抵押的，除了国家实施紧缩性经济政策外，国有银行无法单方面减少或收回贷款以及进行逆向控制。我们姑且把这种呆账称为外生性呆账或政策性呆账。从总体上讲，这种呆账具有很大程度上的强迫性、故意性与事先可知性，因此可以说，它原本就属于国有银行产权结构所允许的合理效率损失（张杰，1997b）。当然，对国家来说，这种效率损失的另一面却是渐进过渡与金融支持收益。表 8—3 具体展示了 1979—1996 年间国有银行政策性贷款的情况。[①] 从表中可以看出，1979 年国有银行的政策性贷款仅为 11.85 亿元，占国有银行总贷款的比重为 0.6％，1985 年这一比重上升至 31.45％，到 1996 年政策性贷款规模高达 16 440.10 亿元，占国有银行总贷款的比重为 34.66％。

---

① 有关国有银行政策性贷款更为详尽的描述请参见肖耿（1997，第 361~418 页）。

表 8—3　　　　　　　　　　　国有银行的政策性贷款：1979—1996 年

	政策性贷款总额（亿元）	国有银行贷款总额（亿元）	政策性贷款占国有银行总贷款的比重（%）	政策性贷款增长率(%)	国有银行贷款增长率（%）	中央银行给国有银行的贷款总额（亿元）	中央银行贷款占政策性贷款的比重（%）
1979	11.85	2 040	0.60	—	—		
1980	333.60	2 414	13.82	2 715.19	18.33		
1981	432.26	2 765	15.63	29.57	14.54		
1982	525.37	3 052	17.21	21.54	10.38		
1983	569.22	3 431	16.59	8.35	12.42		
1984	1 266.21	4 420	28.65	122.45	28.83		
1985	1 857.70	5 906	31.45	46.71	33.62	2 193.18	118.06
1986	2 340.36	7 590	30.83	25.98	28.51	2 649.99	113.23
1987	2 776.83	9 032	30.74	18.65	19.00	2 419.60	87.14
1988	3 286.82	10 245.70	32.08	18.37	13.44	3 395.88	103.32
1989	4 251.21	12 064	35.24	29.34	17.75	4 325.50	101.75
1990	5 459.21	14 759.80	36.99	28.42	22.35	5 234.71	95.89
1991	6 781.70	17 594.80	38.54	24.22	19.21	6 075.10	86.93
1992	7 410.90	21 081.70	35.15	9.28	19.82	6 980	78.03
1993	9 322.60	25 869.70	36.04	25.80	22.71	9 610	83.93
1994	11 485.20	32 441.20	35.40	23.20	25.40	10 450	71.30
1995	14 159.70	39 249.60	36.08	23.29	20.99	11 510	62.83
1996	16 440.10	47 434.70	34.66	16.10	20.85	14 518.40	63.40

资料来源：肖耿（1997）表 17—2、表 17—7；本书附录Ⅱ表 B；世界银行（1996b）表 15；《中国金融展望》（1997）表 3—3；《中国金融年鉴》（1994 年—1997 年）。

既然政策性贷款占国有银行信贷供给的比重如此之大，而政策性贷款的呆账发生概率又相对较高，因此国有银行本身就不可避免地拥有巨额政策性呆账。据肖耿（1997）的调查分析，违约与逾期的政策性贷款相当普遍，尽管在银行的官方账户上此问题并不太严重。由于借款人时常利用新贷去偿还旧贷，或者用短期流动资金贷款为长期投资项目融资，因此，国有银行不把贷款偿还比率作为非常有用的贷款履约能力指标（第 394～395 页）。这也就意味着，我们不能把国有银行账户上的贷款偿还比率作为直接评判呆账的标准。肖耿在这份调查分析报告中列举了中国农业银行与农村信用合作社 1980—1990 年的累积贷款偿还比率。1990 年中国农业银行全部固定资产贷款（包括非政策性贷款）偿还比率为 55.5%，全部流动资产贷款偿还比率为 88.98%，但其中政策性贷款如农产品采购贷款偿还比率为 82%，补贴性脱贫贷款为 38%，外汇追加人民币贷款为 45.78％。相比之下，农村信用合作社的贷款偿还比率高于中国农业银行同类贷款的偿还比率。这似乎在暗示，政策性贷款的履约水平比其他贷款的情况更糟。由于缺乏相关资料，我们在这里无法列出国有银行政策性贷款的呆滞状况，但做一些假设与推测仍是有意义的。若我们假设国有银行总体政策性贷款的平均偿还率为 70％①，那么，1996 年国有银行的政策性呆滞规模将达 4 932.03 亿元。

需要说明的是，就国有银行本身而言，它们一般无法控制与左右大部分政策性贷款的发放，因为这部分贷款一般是国家或者中央银行已事先指定了用途的，甚至直接确定了接受贷款的企业，尽管国有银行本身并不一定愿意这么做。我们在第二章已经指出，在这些通过国有银行发放的政策性贷款中，有相当一部分资金是中央银行通过再贷款的形式下发的（而这种再贷款的资金来源又主要是国有银行缴存的准备金）。据谢平（1996）的分析，在 1993 年以前，中央银行的信贷大部分都用在政策性贷款项目上。比如，中央银行对国有银行新增再贷款中用于政策性项目的比重，1989 年为 83.2％，1990 年为 93.8％，1991 年达 100％（第11～12 页）。表 8—3 显示，在 1985—1993 年间，国有银行的政策性贷款数额与中央银行给国有银行的贷款额十分接近。基于上面的分析，这种接近并非出于偶然。1994 年以后，中央银行信贷占政策性贷款比重下降，这主要是因为外汇占款的比重上升。据统计，1994 年外汇占款在中央银行资产净增额中的比重由1993 年的 7％上升到 75％，而中央银行对银行系统（主要是国有银行）的信贷占资产净增额的比重则由 1993 年的 78％下降 1994 年的 20％（谢平、俞乔，1996）。这同时意味着，由于中央银行贷款的下降并不表示国家对政策性贷款需求的下降，因此，如果法定准备金率不做相应的下调②，国有银行自己将要额外拿出更多的资金投向政策性信贷领域。这进一步表明，国有银行账面上的政策性呆账原本就与国有银行自身的信贷行为没有多少直接联系，因此，严格地讲，它就不属于真正意义上的银行呆账。

如果国家能够对国有银行的行为进行完全控制，使其全部信贷都纳入国家的指定用途，那么在这种情况下，国有银行可能出现的呆账都会成为政策性呆账。可问题恰好在于，国家对国有银行的信贷行为并未达到完全控制的程度，而且随

---

① 如果考虑到国有银行发放的支持关键大型国有企业的贷款、清理三角债的贷款与支持亏损企业的贷款等的偿还率非常之低，这些贷款事实上与中国农业银行的脱贫贷款具有同样的救济性质，偿还率应与此相当。因此，70％的平均偿还比率有可能是被高估了。

② 1998 年 3 月 25 日中央银行将法定存款准备金率由原来的 13％调至 8％。

着改革的推进，国家对其控制的完备程度反而在逐渐下降。正如我们在第七章已经表明的那样，国有银行的信贷行为越来越多地受地方偏好与国有银行个人偏好的支配。这就意味着，国有银行的呆账还会有其他的形式，比如商业性形式。基于我们已经讨论过的国有银行产权困境，这种商业性呆账发生的可能性会随着改革的推进而逐步上升。作为受政府保护的超级国有企业，国有银行有着严重的软性贷款预算约束，它们为追求短期自身收益最大化而甘冒信贷风险的概率是很大的。也就是说，国有银行依托公有金融产权的优势，其风险可以外在化，其信贷行为不受信贷配给（标准意义上的）的内在约束，很容易被单方面的高利率与获利机会所诱使，从而造成大量的商业性呆账。这里，问题的关键并不在于国有银行能否遵循中央银行的贷款规定，而在于国有银行的产权结构与其日益扩大的信贷支配权之间发生着根本性的冲突。前者可以通过设立专门的政策性银行来解决，而后者则需要改造金融产权结构。国有银行的公有金融产权结构要求风险与收益都必须内部化于国家，可是，国有银行私人利益的凸现与信贷支配权的扩大却使这种内部化情形出现了外部性，即风险外部化而收益内部化。这种风险与收益相互隔离的产权结构是产生国有银行商业性呆账的基本原因。在不改变公有金融产权结构的前提下，国有银行的信贷行为越自主，发生道德损害的可能性就越大，国有银行越是只对高收益的信贷需求感兴趣，产生商业性呆账的概率就越高。我曾在一项研究（1997b）中推断，国有银行的商业性不良债权（呆账）是国家对其进行所谓的市场化改革使其付出的不必要代价。而更有意思的是，就国有银行而言，政策性呆账反而成为其商业性呆账的掩护机制，它们可以想方设法把商业性呆账的损失计在政策性呆账的账上。比如，国有银行的利润少了，银行可以说是由政府指定的政策性贷款过多或国有企业欠息不还所致；国有银行本身的效率低下一般都可算在政府干预、国有企业改革、保值储蓄政策、天灾人祸甚至贷款限额管理等外生变量上（吴晓灵等，1997）。而更可能出现的状况是，国有银行把国家指定的政策性贷款资金投向其他领域，迫使中央银行不断追加信贷，从而使政策性呆账与商业性呆账同步上升。[1]

更进一步地，还是由于产权结构问题，国有银行的组织边界扩大，委托代理链条过长，这样，代理人行为扭曲或其信贷行为背离委托人偏好的现象便会时有发生。下级国有银行时常利用对有限信贷资金的决定权追求自身利益；在很多情

---

① 如1992—1993年间，银行系统大规模通过同业拆借将大量资金投入房地产市场和股票市场，使国家重点建设项目和农副产品收购资金严重缺乏，中央银行因此不得不追加政策性贷款（谢平、俞乔，1996）。

况下，只要给某一级信贷资金支配权的拥有者以较高的回扣，信贷需求便可以得到满足；而依照信贷配给均衡模型，能给出较高回扣率的信贷需求者则大都具有高风险偏好抑或准备孤注一掷。给信贷供给者的回扣越高，信贷需求者履行还债义务的可能性就越小，导致国有银行商业性呆账的概率就越大。结果，单个国有银行信贷决策者自身并没有因此受到什么损失（损失的是整个国有银行），可是这种情形却使国家对国有银行承担的无限风险责任迅速加重。这种因下级国有银行的机会主义行为所造成的体制内信贷资金的短缺风险最终仍需中央银行通过不断注入新的贷款来缓解，因为体制内的信贷需求是刚性的，我们已知，这种刚性信贷需求能否得到满足直接关系到渐进改革的成败。[①]

以上讨论可以借助于一个简单的模型来加以描述。依据前述，国有银行的总信贷提供规模 L 由两部分组成，即政策性贷款 L^P 和自主性（或商业性）贷款 L^M，而且在特定的时期内 L 为一定的量，这也就等于说 L^P 与 L^M 具有此消彼长的关系，即：

$$L = \alpha L^M + (1-\alpha)L^P \quad (0 \leqslant \alpha \leqslant 1) \tag{8.1}$$

α 值取决于国有银行的自主信贷能力。此外，对国有银行而言，政策性贷款按价格 r^P 提供，而自主性贷款则倾向于按价格 r^M 提供，且 $r^M > r^P$，如果忽略掉筹资成本，则：

$$\pi_{L^M, L^P} = \alpha L^M \cdot r^M + (1-\alpha)L^P \cdot r^P \tag{8.2}$$

π 为国有银行的收益。从式（8.1）中得到 L^P 与 L^M，再分别代入式（8.2），可得：

$$\begin{cases} \pi_{L^P} = L \cdot r^M + (1-\alpha)L^P(r^P - r^M) \\ \pi_{L^M} = L \cdot r^P = \alpha L^M(r^M - r^P) \end{cases} \tag{8.3}$$

当国有银行的自身收益达到最大化时，应满足以下一阶条件：

$$\pi L^{M'} = \alpha(r^M - r^P) = 0$$

亦即

[①] 当然，应当看到，国有银行的计划外信贷冲动也使相当一部分金融资源流向了非国有企业，支持了那里的产出增长，这可视为对渐进过渡的另一种形式的贡献。与此同时，由于国有银行的低利率政策也鼓励了非优先部门（非国有部门）进行许多非理性的资本投资，从而使其资本效率迅速下降（肖耿，1997，第 402—417 页）。

$$r^M = r^P \tag{8.4}$$

再将式 (8.4) 代入式 (8.3)，得

$$\mathrm{Max}\pi_M{}^L = L \cdot r^M \tag{8.5}$$

由此表明，对国有银行个人而言，其收益最大化的条件是让全部信贷都按市场利率来提供。依据同样的方式，我们可以得到国家的国有银行收益最大化等式：

$$\mathrm{Max}\pi L^P = L \cdot r^P \tag{8.6}$$

也就是说，对国家而言，在渐进过渡时期，通过国有银行所要实现的收益最大化的条件是，让国有银行不折不扣地按照中央银行（或中央政府）指定的利率与用途提供全部信贷。以上讨论可以用图 8—6（a）来表示。

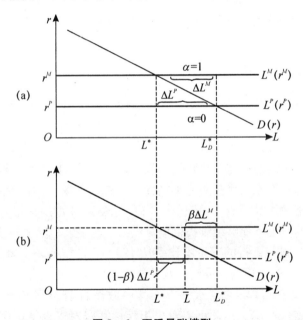

图 8—6　双重呆账模型

如果我们假定国有银行的正常信贷提供水平为 L^*（这个所谓的正常信贷供给自然是指既为渐进过渡提供了金融支持而又能顺利偿还的那部分信贷供给），且无论商业性贷款还是政策性贷款，最大都不超过 L_D^*，那么，从图 8—6 中可以进一步得出：（1）当国有银行的全部信贷都为政策性贷款（$\alpha = 0$）时，在理论上将可能出现 ΔL^P 的不正常信贷。这些不正常信贷会在很大程度上成为政策性呆账。（2）当国有银行在产权结构依然如故的情况下，让全部信贷由国有银行按自己的

意愿投放（$\alpha=1$）时，在理论上将产生 ΔL^M 的不正常信贷，并由此滋生出大量的商业性呆账。（3）由于国有银行既提供商业性贷款也提供政策性贷款，因此，其呆账将是商业性呆账与政策性呆账的某种组合。既然如此，国有银行的信贷提供函数将在 $L^*L_D^*$ 这一特定区间内呈现出不连续性，如图 8—6 （b） 所示。在图 8—6 （b） 中，两种信贷的组合点在 $\bar{L}$ 处。若假定这两种信贷供给在 $L^*L_D^*$ 区间内呈此消彼长的关系①，那么，在 $\bar{L}$ 处，国有银行的信贷提供可表示为：

$$L_D^* = L^* + \beta\Delta L^M + (1-\beta)\Delta L^P \quad (0\leqslant\beta\leqslant1) \tag{8.7}$$

和 α 一样，β 的大小取决于国有银行的自主信贷能力，并由此决定 $\bar{L}$ 在 $L^*L_D^*$ 区间内的具体位置。

第三节 是注资求解还是交易求解

一、 双重债务性注资

我们在本章第一节中已经指出，在国有银行的资本结构中存在着一个十分奇特的虚置资本现象，这是决定中国国有银行体制变迁路径的关键因素。具体而言，虚置资本现象是指作为出资人与所有者的国家并不直接对国有银行注入真实资本，而是以其暴力潜能这一比较优势充当资本份额，国有银行随后依赖这种特殊的资本份额来置换或安排真实资本结构。我曾在一项专门研究中（1997b）称这种情形为"担保代替注资"。依据表 2—8 与表 2—9，国有银行之所以在资本比率迅速下降的情况下能够继续提供信贷供给，在很大程度上是依赖于这种担保性注资。比如，国有银行的净资本比率从 1990 年的 6.41％ 下降到 1996 年的—5.48％（见表 2—9），而与此同时，其信贷提供的年均增长率在 1990 至 1996 年间却一直保持在 21.62％ 的高水平上，其中政策性贷款平均增长速度也达到 21.47％（参见表 8—3）。由此可以看出担保性注资对支撑中国国有银行资本结构以及渐进过渡的重要性。可以说，改革越是往前推进，担保性注资的重要性就越是显著。

尽管担保可以替代注资，可是，在现实经济生活中，担保性注资总归是要以真实资本来体现的。国有银行不可能把国家的担保直接转借给国有企业，这就需

---

① 事实上，依据上面的讨论，ΔL^M 与 ΔL^P 并非是单纯的此消彼长关系，而是前者具有诱使后者同步扩张的效应。可是为了分析的简便，我们忽略了这种效应，但这不影响分析结论。

要有一个真实的资本载体，尽管这种真实资本的注入（即信贷提供）本身仍然具有担保性质。那么，在改革过程中，究竟谁能够充当担保性注资的真实资本载体呢？根据我们已有的讨论，不难确认，只有居民储蓄（即金融剩余）。居民储蓄之所以能够聚集于国有银行，是一系列特殊的金融安排的结果，而这些特殊的金融安排事实上已经为替代性注资提供了制度基础。道理很简单，只有通过国家控制下的垄断性国有金融制度安排将大部分居民储蓄集中于国有银行，国家的担保性注资才能得以实现。由此可以推得，1985 年以后实行的拨改贷，从表面上看，是国家试图使国有企业对国有资本的使用从无偿转变为有偿，从而提高资本使用效率，而实际上则是为了转换注资方式，以减轻国家财政的压力。

我们已经指出，在中国渐进改革的过程中，存在着弱财政强金融的格局，国家财政能力下降所引致的国家能力下降通过国家对金融的有效控制而得到迅速弥补。这其中自然包括，依赖于国家的金融控制在很大程度上抵补了国家财政能力下降所造成的注资乏力。国家虽然无力给国有企业（包括国有银行）直接注资，但却有能力提供担保。在国家提供担保的情况下，国有银行吸收存款本身便具有了一部分国家注资的性质，正是基于此，各家国有银行才不惜一切代价相互争夺个人部门的储蓄，因为吸收的存款越多，就等于得到更多的国家担保性注资。而事实上，对国有银行个人来讲，由国家财政直接注资和在国家担保之下通过吸收存款来注资，其效用是等价的（张杰，1997b）。至少在理论上讲，国有银行资本结构中用存款替代注资的份额大致等于按资本净值计算的国家应该注入国有银行的国有资本值，或者说，等于国家需要用真实资本的注入来替换的虚置资本的规模。由表 8—1 可知，1996 年这一规模达 6 394.20 亿元，占当年国有银行存款总额的 12.89%，若按城乡居民储蓄存款计，这一比率则在 18% 上下。从理论上讲，由于国有银行已经没有多少自有资本，因此，居民部门的储蓄存款一经进入国有银行，其中的 18% 左右便会立即成为储蓄者（债权人）的"不良债权"。这部分不良债权之所以没有出现问题（即储蓄者没有产生挤兑心理），那显然是因为有国家的有力担保（即兑付承诺）。国有银行在渐进改革过程中通过向储蓄者举债来进行债务性注资，是中国渐进改革中金融制度结构的又一特质。

正是基于国有银行资本结构的这种特殊内涵及其形成机理，因此，除了国家作为所有者与控制者之外，谁都没有能力成为国有银行的产权代表。原因很简单，谁要作为国有银行的产权代表，就得有能力把国家利用其自身的天然优势用担保替代的（与居民储蓄相互结合而形成的）那一部分对国有银行的注资买断（即用其自身的真实资本加以替换），因为谁都无法拥有像国家那样的担保能力，因此只有拿出真实的资本通过交易的方式来拥有金融产权。话又说回来，就国家而言，它也没有能力拿出足够的资本来赎回其担保。这样，国有银行改革面临的一个实质性问题就是，如何把国家担保下的虚置资本还原为真实资本。正是从这个意义上讲，我们才一直认为，国有银行的特殊资本结构决定着国有银行的改革方式，国有银行改革的关键不在于我们想让它做什么，而在于其自身的资本结构和产权结构规定了它能做什么（张杰，1997b）。或者说，国有银行改革的路径将直接取决于虚置资本还原为真实资本的过程本身，取决于这一还原过程中各个利益主体的利益冲突、讨价还价以及各自的收益成本比较。

进一步地，国有银行确立以债务性注资为核心的资本结构，是在前渐进过渡过程中国家作出的整体制度安排中最为吸引人的部分。确立这种资本结构的精妙之处还在于，来自储蓄者（一种非国有部门）的这种注资本身并不改变国有银行的产权结构，因为债务性注资在资本结构中占的比重再大，也只是一种债权而不是所有权。这样，一方面不需要国家直接拿出钱来，避免了财政压力；另一方面国家并没有放弃国有金融产权，这也意味着没有放弃金融控制。储蓄者拿出了钱，但并没有取得国有金融产权本身。更有意义的是，若将储蓄者的储蓄存款加总起来，规模十分巨大，但持有者却十分分散，因此谁都只拥有很小的一部分债权，从而很难形成一种储蓄者之间的集体行动来左右国有银行的产权结构；或者很难通过集体的以脚投票（提取存款）来迫使国有银行改变其行为或金融产权结构。这是否意味着，只要储蓄者之间达成某种合作与形成集体行动，就会凝聚成一种真正的非国有注资力量，从而改变或威胁国有银行的产权结构呢？或者说，这是否会成为国有银行产权结构改革的一个可行途径呢？这个问题我们将在随后做专门讨论。无论如何，产权拥有者与真实出资者的分离构成了中国国有金融产权的特殊结构，从已有的渐进改革过程看，这种特殊的产权结构（或资本结构）的运作无疑是相当成功的。

同样引人注目的是，与国有银行资本结构十分类似的情形也在国有企业发生了。我们已知，改革以来，国家对国有企业的注资同样在迅速下降，依据表4—1，1972年国家财政对国有企业生产投资的注资比重为92.3%，到1986年降至32.5%，1996年仅为15.4%，财政渠道减少的份额事实上都由国有银行加以弥补了。这样，在国有企业的资本结构中也出现了债务性注资，即用国有银行的信贷资金代替国家财政给国有企业的注资。在改革初期的1979年，国有银行的固定资产贷款额只有7.9亿元，但到1986年累计达1 005.9亿元，1996年累计额为12 034.20亿元，这一年国有银行为国有企业固定资本融资的比重接近60%。流动资本贷款就更不待言，1979年累计额只有2 031.7亿元，1986年达6 584.9亿元，1996年高达35 400.5亿元。1985年以后，国有银行信贷占全部流动资本投入的份额几乎平均为94％左右。人们经常讲到的国有企业的高负债结构便由此而来，具体情况可见表8—4。

表8—4　　　　　　　中国国有工业企业资产负债率变化走势　　　　　　（％）

1980	1990	1991	1992	1993	1994	1995	1996
18.7	58.4	60.5	61.5	71.7	75.1	74.2	78.0

资料来源及说明：1995年数据引自鲁利玲、沈莹（1997，第24页），1996年数值则依《中国统计年鉴》（1997）提供的有关资料估算。对国有工业企业的资产负债率的计算，在理论界有很大出入，比如，1993年的数值，就有人认为，若把已查明的资产损失和潜亏挂账计入，则实际资产负债率为83.3％（张春霖，1996）。这里所列出的只是其中的一种估计。

当然，问题的关键并不在于国有企业资产负债率有多高，而在于这种高的资产负债率背后的企业资本结构（产权结构）。高的资产负债率并不必然导致国有企业的债务困境，高的资产负债率之所以成为问题，是因为国有企业的资本结构有了问题。显而易见的是，在渐进改革过程中，就国有企业的资本结构而言，国家也一直存在维持其单一的国有资本的偏好。当然，许多国有企业自身的经营特性（比如基础性的与公共性的）也使其适宜于采用国有的产权形式。但从总体上讲，国家在改革中一直严守着非国有部门以所有者权益的方式进入国有企业资本结构的途径。因为一旦敞开进入途径，就会冲击国有企业的公有产权结构，不利于国家对产权形式的控制以及收益的获取（因为国家财政收入的80％以上依赖于此）。国家一方面没有太多的资金可以注入，另一方面又不放开国有企业的注资市场（即产权市场），因此就只有一条路可走，即采取债务方式来融资。在既有的金融制度框架中，能够为国有企业提供债务融资的部门只有国有银行。以国有的金融途径给国有的企业提供债务融资，这与国有银行利用国家担保进行储蓄性（债务）注资并没有什么不同。国家在不触及国有企业产权（资本）结构的前提下，使国有企业获得了大量的注入资金与金融支持，从而实现了渐进改革中的体制内产出增长与国家对产出收益进行控制的双重目标。

正是基于这种情形，国有银行对国有企业的信贷供给行为便具有了代表国家（替换财政）给国有企业注资的意味。而对国有银行来说，国家为其提供足够的担保并使其树立一个强金融的形象本身就是为了让其应付国有企业的资本困境。至此，我们完全可以体会到，在中国渐进改革的过程中，这种双重债务性注资的确十分精巧，它是一种极为独到的制度安排。从改革一开始，大量货币化收益出现了，可是货币化收益尤其是金融剩余又十分分散，如何在不改变国有经济产权结构的情况下把这种剩余最终注入国有经济从而形成金融支持呢？这是一个十分关键的难题。正是在这种情况下，国有金融制度安排展示了自身的独到功用。它首先以其扩展组织规模进而扩展储蓄规模的比较优势迅速地把数万亿资金收入账中，国家随即为其提供了足额的担保。一旦这一制度安排得以实现，国有经济便可在维持国有产权安排的条件下获得经济增长所必需的可靠资金支持。不管这种制度安排在改革过程中要付出多么巨大的成本，但它只要符合渐进改革的逻辑，就无疑是合理的。我们不能离开渐进改革的逻辑来评价和苛求某种制度安排和改革路径。

既然国有银行对国有企业的信贷提供实际上具有注资的性质，因此就国有企业而言，它就会合乎逻辑地把国有银行信贷资金中的一部分认作自有资本。也就是说，自打这部分信贷资金（债务）进入国有企业账面的那一刻起，资金使用者就没有打算还的意思与可能。或者说，注入国有企业的信贷资金原本属于国有资本的这个性质，使其注定要成为国有银行账面上的呆账（张杰，1997b）。对国有银行而言，也就意味着这部分信贷资金已经失去了流动性。正是从这个意义上讲，我们才认为国有银行呆账中的很大份额（主要是政策性呆账）便不是严格意义上的呆账。

二、注资求解的成本：一种估算

从上面的讨论可知，不论是国有银行较低的资本充足率，还是大量呆账的存在，从根本上讲都源自渐进改革过程中国家的金融控制以及对垄断产权形式的追求。正因如此，国家就自然至少在理论上要对国有银行的低资本比率和大量呆账负责。既然如此，渐进改革中出现的大量国有资本缺口就只能由国家来填补了。因为有问题的这些银行与企业大都是国有的，国家是出资人和风险责任的最后承担者，尽管国家这个概念一旦与风险责任以及产权相联系就总是显得那么模糊与宽泛。

作为出资人，国家出面解决上述问题的最直截了当的方式似乎是直接注资。这里，姑且不论注资解决方式会促成怎样的产权后果，只看国家在渐进改革中有没有能力用注资的方式来求解这一道改革方程。我们不妨粗略地估算一下国家注资求解的成本。

实际上，在前面的有关章节中，我们已经涉及了国家注资求解的代价问题。比如，在表8—1中展示了国家的注资规模。以1996年为例，要使国有银行资本比率达到8%，国家需拿出6 394.2亿元；同时也估计了国家应冲销的呆账值，1996年为3 794.8亿元，这是依照官方公布的5%～6%的呆账比率计算而来的。尽管这一数值与国家当年实际拿出的冲销资金（200亿元）相比已不算小，但事实上要清理的呆账值肯定会更大。因为国有银行除了呆账贷款①之外，尚有大量

---

① 按照一般解释，在中国，国有银行的坏账（又称呆账）是指完全不能收回的贷款。

的呆滞贷款（逾期三年以上的贷款）和逾期贷款（按贷款合同规定期限到期未还的贷款）。据调查，1995 年在国有银行的信贷资产中，不良贷款占比为 22.65％，其中逾期贷款占比 13.99％，呆滞贷款占比 6.67％，呆账贷款占比 1.99％，而其中呆滞贷款中的大部分和逾期贷款中的一部分已经蜕变为呆账贷款。另据保守估计，国家需要拿出6 000 亿元来处理这些不良贷款，若按国有企业的资产损失和资金挂账计则为 6 696.7 亿元（吴敬琏等，1998，第 48 页）。毫无疑问，依此推算，1996 年国家需要拿出的冲销资金不会低于 7 000 亿元。

　　这样，我们就可以估算国家解决国有银行资本缺口与不良资产问题的总体代价了。若假定国家先冲销不良资产，即拿出 7 000 亿元，然后注资解决资本缺口；在已冲销国有企业不良债务的基础上，若一半资金用于新增贷款，另一半用于补充资本金与呆账准备[1]，那么，国家的注资值将是：（1996 年贷款总额47 434.7 亿元—因呆账冲销实际减少资产 3 500 亿元）×[8％－（－5.48％净资本充足率）]－3 500 亿元＝2 422.40 亿元。这就意味着，要让国有银行达到正常状态，国家需拿出 9 422.4 亿元的资金，而且这还假定从此往后资本缺口与不良债权不再派生，国家不必再追加注资，也就是说，这只是一种静态注资规模。

　　然而，从整个国有经济的角度看，这仅仅是国家所要拿出的资金的一小部分。由于国有银行的问题基本上是缘起于国有企业，因此，国有银行与国有企业这两个问题就不能分开来解决，即两个问题的解决具有不可分性，看来国家要解的是一个联立方程。吴敬琏等（1998）就此做过一笔粗略的估计，他们分别计算了解除国有企业不良债务与补充资本金不足所需的资金额（注资额）。就解除不良债务所需资金看，若基于 1995 年不良债务额，仅此一项，国家需拿出约 6 696.7 亿元。而我们已知，这笔注资事实上大体相当于上面国家冲销国有银行不良资产的数额（我们对 1996 年的估计值是 7 000 亿元）。也就是说，国家解除国有企业不良债务的注资与清理国有银行不良资产的注资大体上是一回事。就补充国有企业资本金不足所需的资金看，他们的估算结果是，如果国家给国有企业注资使其平均负债率由 60.28％左右[2]降至 45％，就得拿出约 1.8 万亿元的资金

---

　　[1]　中国自 1992 年起才设立呆账准备制度，该年国有银行呆账准备金按年初贷款余额的 5‰计提，以后每年增加 1‰。到 1995 年呆账准备金的计提比例应为年初贷款余额的 8‰，而将同期呆滞贷款的 60％计入呆账贷款，则呆账贷款的实际比重按保守计算已达 5.99％（鲁利玲、沈莹，1997，第 17～18页）。因此，呆账准备等于杯水车薪，若按全部不良贷款计，就差得更远。

　　[2]　这里的国有企业平均资产负债率 60.28％，是依照 1995 年底中国 29.1 万户国有工商企业的资产总额 9.6 万亿元与 5.8 万亿元的负债相比估算而来的，与本书表 8—4 中的估计有出入。若按本书表 8—4中估算的平均负债比率来计算，国家要拿的钱就会更多。

（第48～49页）。

若把以上计算结果加以汇总，即：（1）国家解决国有银行资本缺口与不良债权的注资额为9 422.4亿元；（2）国家弥补国有企业资本金不足所需的注资额为1.8万亿元（其中解除国有企业不良债务注资7 000亿元已包含在解决国有银行不良债权的注资额中），若假定1996年该项注资规模与1995年持平，国家在1996年这一时点上的静态注资总额将达到2.74万亿元，占当年CDP的39.71%。这就是注资求解过程（方式）中国家要付出的直接成本。[①]

那么，国家能不能支付得起这些成本呢？我们已经指出，自改革以来，随着货币化进程的推进，国民收入分配结构与国民储蓄结构发生了巨大变化，原来以国家（政府与国有企业）为主体的储蓄结构迅速转化为以居民部门为主体的储蓄结构。据估计，在1978年，社会总储蓄的96.6%来自国有部门，而在1996年前后，这一比率下降到10%（易纲，1996b；李剑阁，1996）。在这种情况下，国家可以利用的筹资手段不外乎：（1）增加政府税收。从既有的过程看，这一方式很难在短期内奏效。因为中国税基太窄，只能主要依靠国有企业的增值税与所得税（1993年占总体税额的60%），可上述税率已经不低（平均增值税率达14%，所得税率达33%）。据世界银行统计，在1978—1995年间，中国预算收入从占国内生产总值的35%下降到11%，在下降的24个百分点中，约15个百分点可直接归因于国有工业企业税收缴款的下降，因为价格改革和更为激烈的竞争降低了国有工业企业的利润（1997，第26页）。因此，通过向国有企业增税的方式来筹资的可能性不大。实际上，只要能保持既有的水平而不使其下降就已属不易，更何况国有企业的亏损面日益扩大后还占用了国家相当一部分用于亏损补贴的资金，比如自1989年以来财政对国有企业的亏损补贴虽逐年下降，但在1996年仍达353亿元。就个人所得税而言，我们已知，1994年该项收入仅占全部税收的1.5%，税收总额占GNP的0.2%（而西方国家为28%，发展中国家平均为11%）。据乐观估计，即便是到2000年，个人所得税的增加额也不过GDP的0.8%（世界银行，1996b，第38～39页）。若2000年的GDP以10万亿元（1996年为6.8万亿元）计，则个人所得税增加额不过800亿元。（2）增加货币发行，征收通货膨胀税。我们从第二章中知道，随着货币化进程的推进，经济货币化水平的提高，国家通过增加货币发行来获取货币化收益的区间越来越小。尤其是，渐进改革越是往前推进，国家能力与国家信誉因素越显得重要，为了使人们保持对改革的良好预期与对国家的信心，国家也不会轻易使用货币扩张

[①] 这还不包括解决离退休职工养老欠账与安置富余人员等隐性负债所需要的资金。

与通货膨胀的办法来筹资。国家的这种倾向可从 1993 年以来的宏观调控绩效以及货币发行收缩过程（参见本书表 5—2 与表 5—4）得到证明。（3）举债筹资。从总体上讲，中国的政府债券余额占 GNP 的比重不算太高，比如 1995 年为 3 500 亿元，占 GNP 的 6%；1981—1995 年累计发行额也不过 4 794.39 亿元。即便是将全部债券余额加总，1995 年占 GNP 的比重仅为 11%，不仅远远低于德国（83%）、日本（68%）、英国（33%）、美国（112%）等发达国家的水平，而且也低于韩国（42%）、马来西亚（54%）和菲律宾（43%）等发展中国家的水平（World Bank，1995；世界银行，1997，第 36 页）。即便是考虑到外债，1995 年中国的外债余额为 1 066 亿美元，在 1991—1995 年间债务率平均为 80% 左右，偿债率在 20% 以下，均低于国际公认的警戒线（100% 和 25%）（国家外汇管理局，1995，第 2～4 页）。也就是说，直观地看，国家通过举债方式来筹资尚有不小余地，尤其是内债部分。可是，实际的情形可能并不如想象得那么宽松，因为举债水平受制于利率、汇率与经济增长水平等多种因素（高培勇，1995，第 233～234 页；肖耿，1997，第 292 页）。肖耿（1997）曾做过一项模拟分析。在实际利率为 6%、经济增长率为 8%、当期国有体制赤字（相当于应注资额）占 GNP 的比重为 18%、通货膨胀税的税基为 100% 的 GNP 的假设下，基于 1992 年实际内外债占 GNP 的 21.2% 的实际水平，则：（1）若依赖于举债来弥补国有体制赤字的 1/9（GNP 的 2%），那么，举债余额占 GNP 的比率在 1995 年将上升到 26%（据本书作者估算，1995 年实际内外债余额为 GNP 的 23.51%），2000 年将达到 34%，余下的占 GNP16% 的国有体制赤字则需要 16% 的高通货膨胀率来抵补。（2）若用举债方式弥补国有体制赤字的 1/3（即占 GNP 的 6%），那么，举债规模占 GNP 的比率将增加到 1995 年的 38% 和 2000 年的 63%，与此同时，仍需 12% 的通货膨胀率来配合。如果经济增长率低于 8% 的水平（这一水平是国家认可的适当水平），那么，举债规模将会更大（第 308～309 页）。肖耿以上估算所依赖的国家应注资额仅占 GNP 的 18%，这显然是一种低估。依据我们前面的估算，1996 年国家应注资额达到 GDP 的 39.71%，若据此推算，则国家依靠举债注资的可能性就变得更小。不难看出，如果国家试图维持既有的国有金融产权边界不变，而同时又要求通过注资重新赋予国有金融制度以活力与效率，这条路径显然是很难走得通的。这正好同时印证了我们前面已经论证过的收缩国有金融产权边界的命题。

三、注资能否改善国有银行的资本结构？

我们在本章第一节的有关讨论中已经表明，如果国家有能力修复国有银行的资本结构，那么国有银行依然是体现国家效用函数与偏好的金融机构，其政策性信贷供给仍然无法消除，政策性呆账也就依然会滋生。同时，由于资本结构没有改变，因此也意味着国家仍要承担最后的风险责任，或者说，国家要继续对国有银行加以控制。问题在于，既然仍存在外部性，修复后的国有金融产权边界又十分巨大，这样，国家也就仍然无力防范与控制国有银行（还有地方因素）的机会主义行为；根据本章第二节的有关讨论，这也就意味着商业性呆账发生的概率一如既往。结果，即使国家可以消除某一时点上的静态呆账，修复破损的资本结构，却无法从根本上解除呆账再生的产权基础。在这种情况下，隔一段时期后，资本结构依然会被侵损，由于国家是出资人与风险的最后承担者，也就得再一次进行注资修补，直到国家拿不起钱为止。因此，更为根本的问题显然不是国家拿得起钱还是拿不起钱的问题，而是如何从根本上解决国有银行的资本结构与寻求新的出资人与风险承担者的问题。[①]

话又说回来，如果国家有能力为国有银行（或国有企业）注资以恢复其资本结构，也就意味着国家同样有能力继续提供担保。问题的关键似乎在于，无论是国家担保下的储蓄形式的注资（虚置资本）还是国家进行的真实资本注资，有一点是共同的，那就是对国有银行个人而言都属于一种免费资本或无风险资本。国家用直接注资替换原来的虚置资本，无非是转换一下免费资本的形式而已。事实上，国家对国有企业的注资或降低国有企业资产负债率的努力本身也具有同样的性质。注资所引起的只是免费资本比例的增加，最终根本的问题依然没有得到触动与解决（张春霖，1996）。从短期看，给国有银行（或国有企业）注入一笔资金，使资本比率（或资产负债比率）上升（或下降），表明国有银行的资本结构得到了改善，但由于风险承担者与损失的最后结算者并没有内在化于国有银行（仍是国家），因此，就国有银行个人而言，它对这笔注资的使用仍然与替代之前的那一块虚置资本一样。既然国家仍是出资人，国有银行也就倾向于把新的注资资本尽快用于扩展信贷供给，使资产比率下降，从而再要求国家注资。显然，国家注资本身并不能产生修复资本结构的绩效，由此导致的结果往往是不断扩展的信贷提供规模与呆账，尤其是商业性呆账。事实上，在国家作为最后风险承担者的情况下，单方面追求资本充足率没有任何意义。资本充足率的意义只有在国家不再成为最后风险承担者的情况下才会凸现出来。追求资本充足率本身主要是为了防范可能的金融风险，即存款兑付危机，既然在中国，国家一直在承担这种最

---

① 吴晓灵（1995）与周小川等（1994）曾坚持认为国家应通过直接注资来求解，这显然忽视了金融产权结构变迁的至关重要性。

后兑付义务，那么在国有金融资本结构中，真正重要的是国家的兑付能力与人们对国家的信心，而不是国有银行的资本充足率。国有银行的问题在于金融风险过于集中而不是简单的资本充足率不足。资本充足率不足显然可以通过国家筹资加以暂时解决，但风险过于集中与低效率问题则不会因国家注资而缓解。

更进一步讲，在国家注资的条件下，国有银行的金融产权仍属公有（或国有），因此，国家就依然会以所有者的身份让国有银行按国家的偏好行事，从而为国有银行设置体现国家效用函数的激励与约束规则，这样就时常难免以牺牲国有银行自身的配置效率与 X 效率为代价来实现国家的经济社会目标，诸如经济高速增长、充分就业、抑制通货膨胀以及维护社会稳定等。不论国家是如何地想让国有银行个人按照其自身的效用函数行事，产权结构都早已设定了国有银行的行为规则。同时，在公有金融产权条件下，国家作为注资者与出资人，无法通过行使退出权来保护国有金融产权。也就是说，当国家发现国有银行自身出现配置低效率与 X 低效率时，显然无法以退出（如清理不良债权或使银行破产）相威胁。因为，国有银行知道，国家行使退出权的潜在成本将会更大。国家也无法以转让其金融产权相威胁，因为国家的剩余索取权是不可转让与不可分的。既然如此，国有银行的理性反应自然是利用国家无法利用退出权实施惩罚的弱点和信息的不对称，从事最大限度增进自身利益但可能有损于国有产权的机会主义行动，而把大量商业性呆账甩给国家。因此，试图通过注资先让国有银行具有一个完整的国有资本结构，然后再让其按照商业化规则运作，只是一种良好的一厢情愿。国有银行的商业化运作必然要以金融产权的可分割与可交易为前提。

四、国有金融产权可交易的条件与交易求解

既然面对国有金融制度的困境与低效率以及由此导致的过于集中的金融风险，国家一方面无力用注资的方式求解，另一方面注资的方式也无解可求，那么，剩下的唯一可能的方式就是重组国有金融制度结构。[①] 而重组国有金融制度结构的前提是国有金融产权必须具有可分性与可交易性，只有如此，国有金融制度结构的改革才能在国有金融产权的交易过程中逐步推进。

这样，问题就集中到如何使国有金融产权具有可交易性这一点上了。从理论

---

①　如果要保证国有独资的产权结构不变，则资本金的来源渠道会很窄；如果改变产权结构，那么有了资本金，这保证不了国有独资。这是一个两难的问题（吴晓灵等，1997）。而事实是，似乎只有舍国有独资而取资本金一个途径了。

上讲，国家总归是不会自动地让其产权在市场上公平交易的，因为如果是那样的话，国家的效用函数与偏好将会服从于市场的一般规则，从而无法实现其租金最大化要求。一般来说，国家往往要自己确定交易规则以使其收益最大化，在国家垄断的产权结构中就更是如此。而由国家所确定的产权结构与交易规则总与市场交易规则相冲突，前者要实现局部的收益最优，而后者则倾向于实现全局的收益最优。因此，在使国家租金最大化的产权结构与有效率的体制之间存在着持久的冲突，国有银行体制正好体现着这种冲突。按照诺思的研究框架，国家对国有银行产权结构的维护，一方面是基于竞争约束。当面对改革时，国有金融部门既是一种有势力的选民与利益集团，又是国家追求租金最大化目标的初始依托（国有企业提供着国家财政收入的80％左右），因此，为了使它们的财富或收入（既得利益结构）不受产权变动的不利影响，国家便会同意一个有利于这些集团的国有金融产权结构存在而无视它对金融资源配置效率的影响。另一方面则是基于交易费用约束。打破现有的国有产权结构尽管会有助于从总体上增进金融资源配置效率与扩大国家收益（如税收）的长期来源，但是，国有产权结构从打破到重组存在一个时滞。在这段时间里，国有企业若得不到足够的信贷供给，产出水平就会迅速下降，这会导致国家的主要税收来源衰减。可这时，基于时滞的影响，与新的产权结构相适应的生产体系及税收安排一时难以建立起来。这样，国家也就不具有重组国有产权结构的激励。

不过，国家维护国有金融产权结构的偏好并不是一成不变的。因为除了上述两种约束外，正如我们已经在第二章详尽讨论过的那样，国家维护国有金融产权结构的态度与偏好还要受维护（或控制）国有金融体制的成本收益结构的内在影响。也就是说，当维护成本大于维护收益时，国家也会作出放松控制与改变产权结构的努力。事实上，这里的维护成本可以理解为，产权结构的长期低效率必将引起经济衰退、财政收入来源枯竭和社会福利水平的下降，最终反过来会导致国家垄断租金的减少。在这种情况下，国家也会力图通过产权的界定与保护来提高产权结构的效率，增加社会总产出水平以及本身的租金获取水平（杨瑞龙，1996，第79页）。依据第二章与第七章的讨论（尤其是基于图2—4和图7—7），国家的上述努力一开始将体现为收缩金融产权边界，随后为进行产权结构重组（也就是我们将要讨论的交易求解）。而国家作出这种努力的条件则是维护国有金融产权结构的净成本达到最大，即当国家再也无力继续提供金融支持与承担巨额金融风险时（可理解为再这样做就没有什么收益）就会放弃继续维护的努力。国家不再继续维护国有金融产权边界表明，它要出让国有银行的部分剩余索取权，而一旦国家要出让其剩余索取权，就意味着要赋予国有金融产权以可交易性与可分性。当国家感到剩余索取权的拥有更多的是承担风险而不是获取收益时，它自然要作出出让这种权利的抉择，因为出让本身也是国家分散风险的过程。更有意思的是，国有产权的不可分性与外部性在其产权本身的收益大于风险（损失）时表现得十分明显，因为这时，每一个成员对国有产权单独行使权力（比如转让）时，会影响或损害别的成员的利益，因此其出让就会遇到很大阻力。而当这种权力本身的风险大于收益时，个别成员的转让行为就会面临较小的阻力，对别的成员的损害也会小得多（或许这种出让反而会给别的成员带来收益）。在这种情况下，出让（或分割）金融产权无疑会成为一种公共选择的结果。

可值得注意的是，就金融交易求解的过程看，国家维护国有金融产权结构的净成本达到最大，只说明交易求解过程有了一个"卖方"，而这只是交易求解的一个必要条件。如果不具有足够购买力的"买方"，那么，金融产权的交易还是无法达成。我们已经指出，国有银行金融产权的交易与国有企业产权的交易具有不可分性，因此，这里我们就不妨首先从总体上考察国有产权交易求解中的买方情形。

毋庸讳言，在中国，相对于国有产权而言，交易求解的买方无疑是指非国有产权。基于此，中国的产权制度变迁本身便成为国有（国家）与非国有部门互相交换财产权利的过程，而中国制度变迁的特质正好体现在国有产权与非国有产权的交易过程之中。① 这里我们姑且认定买方的购买力用非国有产权的财产价值来表示。那么，非国有产权的购买力究竟有多大呢？首先，作为金融剩余，居民部门（一种非国有部门）的储蓄存款在 1996 年为 3.85 万亿元，占 GDP 的 56.82％，即便是拿定期储蓄算，也达 3.09 万亿元，占 GDP 的 45.54％。实际上，仅此一项，若从总量上做对比，就完全可以买断国家本应注资解决的份额（即 2.7 万亿元的不良国有产权与资本缺口），因为后者只占 GDP 的 39.71％。有意思的是，上述居民部门金融剩余的一部分已被作为债务性注资凝结于国有产权结构之中，因此，用居民储蓄购买国有产权，便部分地带有以所有者权益替换债权的意味。更有意思的是，从理论上讲，因为国有产权本身是不可分的，因而居民的出资购买行为本身便具有赎回那一部分自己本该有份但又难以明确占有的国有产权的意味了。这一过程的深层次意义在于，这种占有不是单方面的简单分割，而是通过双方的自愿交易实现的。国有产权的不可分性与外部性只

---

① 苏联、东欧的制度变迁之所以未能走向渐进，显然是没有非国有产权生长的区间，因此就不可能出现国有与非国有产权交易求解的路径。其中，民主德国的制度变迁可以近似地理解为一种国有与非国有产权的交易与重组，但其交易却是在两国之间实现的，是一种"外部交易解"。而中国的特殊性却体现为在一国之内产生了可能的国有与非国有的"内部交易解"。

体现在简单的分割与占有产权的过程中，当存在购买行为时，则另当别论。这样，中国制度变迁的特殊性似乎就进一步体现在，先让国有产权的名义拥有者（即广大居民）在一个渐进改革区间内积累自己的金融剩余，国家可以暂时借用这笔剩余推行渐进过渡，当渐进过渡进行到一定时期，居民的金融剩余也积累到一定水平，有能力买回自己那名义上的产权时，国家作为实际拥有者也因存有分散风险的需求而愿意卖出产权，这样就可实现国有产权的可分与重组。无论如何，这种买回产权的方式将是一个值得进一步总结的制度变迁案例。

不仅如此，国有产权的重组并不仅仅局限于上述的 2.7 万亿元不良产权与资本缺口，而且涉及总体产权结构的转换。不过，据国有资产管理局的调查统计，1994 年底，国有资产账面值为 34 950 亿元，若按资产净值为资产原值的 70％ 的近期统计规律计算，则国有资产净值约为 24 680 亿元（樊纲，1996，第 205 页），该值占当年 GDP 的 52.94％。1995 年底，29.1 万户国有工商企业资产总额为 9.6 万亿元，其中近 2/3 是由负债形成的，属于所有者权益的部分仅为 1/3 多。若扣除个人与外资等股权，再考虑其中 1/5 左右的非生产性资产（如住宅、学校和医院等），那么，生产性国有资产净值也就不足 3 万亿元（吴敬琏等，1998，第 3 页）。也就是说，国有资产净值大约为 2.5 万亿元，占当年 GDP 的比重仅为 43.1％。与此同时，非国有经济的资产却在迅速增大。依据表 6—1，非国有工业产出占全部工业产出的比重从 1978 年的 22.37％ 上升到 1996 年的 69％。据统计，1993 年底，全部非国有经济所拥有的固定资产总额相当于 1/2 的国有资本，若 1996 年国有资产净值占 GDP 的比重仍维持其 1995 年的水平，那么，非国有比重将占到 GDP 的 21.55％。如果与居民的金融剩余占比相加总，则为 GDP 的 67.09％，远远超出国有资产净值占比。也就是说，无论从哪个角度考察，交易求解的买方都具有足够的购买力。

再就金融产权结构而言，1996 年非国有商业银行的资产总规模为 9 000 亿元，若加上城市合作银行与农村信用合作社的资产，其市场占有率达 25％ 左右（中国人民银行，1997）。考虑到国有银行 59 470.5 亿元资产中有大约 7 000 亿元的不良份额[1]，另外，再加上其他非国有性质的非银行金融机构与外资金融机构[2]，那

---

① 基于此，国有金融产权在出让时肯定要打一定的折扣，也就是说，其要价（卖价）必然要比现值低。

② 截至 1996 年底，各类外资金融机构代表处共 527 家，其中银行 288 家，保险公司 152 家，证券机构 53 家，信用卡机构 11 家，财务公司 7 家，其他金融机构 16 家。在华外资营业性金融机构 156 家，其中外国银行分行 131 家，中外合资银行 6 家，外资独资银行 5 家，外（合）资财务公司 5 家，外（合）资保险公司 8 家，中外合资金融公司 1 家。外资银行（含外资财务公司）总资产为 299.2 亿美元（约合人民币 2 480 亿元），放款余额 194.3 亿美元，存款余额 38.9 亿美元（中国人民银行，1997，第 57 页）。

么，实际比率还会更高一些。正如我们已经指出的那样，非国有金融产权的扩展是中国金融制度变迁至关重要的因素，而这无疑又构成金融产权交易求解的重要买方力量。非国有金融产权越是扩展，市场占有率越高，买方力量就会越强。

既然国有产权的卖方有出让产权的积极性，而国有产权的买方也具有足够的购买力，那么，剩下的就是产权交易本身的问题了。[①] 出于本书的主旨，我们不打算涉及十分具体的有关交易方式与交易步骤的内容，这里我们只讨论国有产权交易本身的经济学问题。毫无疑问，就中国而言，产权交易的卖方虽然名义上是国家（或全民），但事实上这些产权又具体分布于几十万家国有企业（包括国有银行）；而买方更是分散，可以说，每一个储蓄者都是一个买方。如果不对买卖双方进行某种制度上的设计，仅就此进行零散的产权交易，显然不符合分工与效率原则，我们不能指望把国有产权逐一卖给每一个储蓄者或单个非国有机构。事实表明，散户直接投资与分散持股既不利于证券市场的稳定与发展，也不利于产权重组后公司治理结构的改善，因为居民大多数不具有重整和经营企业的能力（吴敬琏等，1998，第 14 页；张春霖，1996）。而如果由每一个国有企业（或国有银行）自己出让产权，那无疑也会出现诸如隐匿出让收益或者廉价出让等机会主义行为，因为出让产权所产生的损益的最后清算者是国家，而不是国有企业（或国有银行）本身，因此，它们便有与买方合谋借机扩大自身收益从而侵损国家收益或把更大的资金缺口留给国家的激励。显然，为了使国有产权的交易达到可能的最优解（即帕累托解），买卖双方都应有一个"产权代理人"[②]。就卖方产权代理人而言，其行为函数与效用函数必须与国家的效用函数取得一致，即以国有产权"出让"收益的最大化为目标，也就是说要尽可能以高价出让国有产权。因为国有产权卖价的高低，直接决定国家要获取多少净收益或者动用多少国有资产来弥补产权出让后的净损失（张春霖，1996）。具体而言，卖价越高，国家可能的净收益就越大，或者要弥补的净损失就越小。而就买方产权代理人而言，其效用函数是买入收益的最大化，首先体现在买入价格的最小化。

假定存在一个健全的金融（产权交易）市场，那么，从理论上讲，国有产权的理想交易将在卖方效用函数线 PR^S 与买方效用函数线 PR^B 相交的那一点达成，如图 8—7 所示，其最优产权交易规模为 Q^*，最优（均衡）成交价格为

---

① 关于国有产权的交易问题，在实践上已有东欧国家的经验（可参见沈莹，1997），这可以节约中国国有产权交易的学习成本。在理论上，中国经济学界也有不少构想（可参见吴敬琏等，1998；鲁利玲、沈莹，1997；肖耿，1997；张春霖，1996）。

② 理论界比较普遍的看法是，应由一个托管机构担当卖方产权代理人，这显然是受民主德国产权重组的启示；就买方产权代理人而言，人们看好投资基金与投资银行。

P^*。如果我们进一步假定按 P^* 出让国有产权，其收益正好抵补净值，或者说，只有 Q^* 规模的国有产权可按抵补价 P^* 出让，那么，由于国有产权的实际"出让"要大于 Q^*（均衡规模），这就意味着有一部分国有产权只能按低于均衡价格 P^* 的价格出售（这也符合实际情况）。我们已经指出，那一部分不良资产必然要打折出让。在这种情况下，我们可以做一条联结 P^* 和 E 两点并向右延伸与横轴平行的直线 Z，让其表示国有产权出让的价格抵补线（零剩余线），那么，当要出售的剩余国有产权为 $Q^* Q_1$ 时，国家就只能以折扣价 P_1 来出售了，这时国家需要弥补的净损失可表示为三角形 EAE_1 的面积。当要出售的剩余国有产权为 $Q^* Q_2$ 时，则国家需要弥补的净损失将达到三角形 EBE_2 的面积。实际上，这时的国有产权将不再有买主。不仅如此，从理论上讲，国家即便是倒贴 CBQ_2 面积的资金，国有产权也卖不出去。在这种情况下，就只有进行自我清理了。

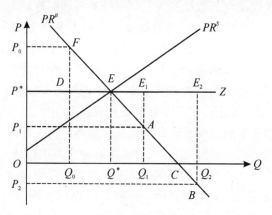

图 8—7　国有产权的交易求解与净损失抵补

尽管国家的补偿在所难免，但与直接注资相比，国家的筹资压力还是要小许多。可以极端地讲，对于国有产权，如果折扣率大于零，国家多少可以得到一笔卖出产权的收益，那么就比国家直接注资划算。更何况，一大部分良好的国有产权若出售变现将获得一笔净收益，这完全可以抵补掉相当一部分净损失。在图8—7中，若假定有 OQ_0 的国有产权是较为良好的，那么就可以按高于零剩余线的价格 P_0 出让，从而获取面积为 $P_0 P^* DF$ 的净收益。更为关键的是，通过产权交易，由于国家从最后注资人与风险最后承担人的位置上退了下来，不再对可能产生的新的不良产权负全部责任，也就没有进一步的筹资压力。因此，其动态收益将远远大于静态收益。而且，基于前面的讨论，由于呆账具有派生效应与递增机制，这就意味着随着时间的推移，国有产权中需要打折扣的份额会不断增加，国家补偿净损失的筹资压力也会逐渐增大。这显示出，国家具有尽早安排国有产权交易日程的内在激励。

国有产权交易最吸引人的方面不仅在于可以从根本上缓解国家的注资压力，而且还在于以下两个方面：第一，合理布置国有产权的分布结构。从总体上讲，进入交易过程的国有产权只是全部国有产权的一部分，从理论上讲，也就是政府失效的那一部分产权，而具有垄断性质与公共性质的产权则依然要保持其国有内涵。因此，通过产权交易，国有产权将导向多元化的结构，比如国家垄断的国有产权形式、存在于国家控股企业中的国有产权形式与存在于非国有企业中的非控股性国有产权形式等等。这也意味着，国家不仅要交易不良产权，也要出售良好产权，用出售良好产权的净收益抵补出售不良产权的净损失，其余额用以强化国家垄断的国有产权形式。事实上，这种国有产权的分布结构会更有效率。尤其是，把国有资产加以分解，有利于风险分散与效率增进。进一步地，将国有产权分布于非国有产权结构中，国家可以"搭"其他产权所有者和经理人员成功经营的"便车"。直观地讲，对国家来说，在盈利的非国有企业中拥有一定比例的股权明显好于百分之百地拥有一个亏损企业，因为百分之百地拥有零资产还是等于零（肖耿，1997，第296页、第466页）。

第二，推动金融市场的完善与发展。我们已经指出（参见第六章），在中国渐进改革中发展起来的金融市场（尤其是证券市场）实际上是国家金融约束与金融支持策略的一个组成部分，旨在通过证券市场将居民的储蓄重新注入国有企业。由于国有企业的产权结构依然如故，因此，大量的证券融资与通过国有银行注入企业的信贷资金一样都是低效率的[①]，而且大部分国有股无法流通（交易），只是一种筹资工具。从此种意义上讲，它们都算不上真正的证券融资，也正是基于此，我们才在第三章把由此带动的金融增长计为虚假成分。而在产权交易中出现的基金、股票与证券等则会与国家基于金融支持而发展起来的证券市场迥然不同。由国有产权交易导出真正的金融市场是中国渐进改革逻辑的又一重要结果。由于国有产权交易本身蕴含着对金融市场的巨大需求，因此，完全可以推断，国有产权开始交易之时便是中国金融市场制度开始建立之日。

有了以上的讨论，下面我们便可以进一步说明国有金融产权的交易求解过程。我们假定，经过国有企业产权的交易，国家已经把7 000亿元的国有银行的不良债权折价"出让"，并把出让的所得资金悉数归还国有银行，其净损失也经由国家通

---

① 根据对1993年所有沪深上市公司进行的统计分析，无论用何种指标衡量，深圳上市公司的效益都与国家股比重成反比（国家股比重越大，企业效率越差），和法人股所占份额成正比，与个人股、职工股以及B股比重无关（许小年，1996）。

过发行债券与动用国有银行的呆账准备金等方式加以弥补。从静态的角度看，国有银行完全可以用这笔资金补足过于低下的自有资本（即所有者权益）且有剩余。问题在于，这时的国有银行的资本结构已经得到很好修复，资本充足率已达到合格的水平，此时是否就没有必要再做些什么了呢？基于已有的讨论，这种静态的合理资本结构如果转变成动态的，将会出现再侵损。因此，国有银行资本结构的修复只是其金融产权交易的第一步。若按照国有企业产权的交易与重组逻辑，国有银行的金融产权也应该倾向于形成一种多元结构。首先，有必要把国有银行的一部分金融产权委托给"卖方产权代理人"以推向"交易"过程。由于这时国有银行产权的品质是良好的，完全可以卖出一个较好的价钱。至于出让多少国有金融产权，可依据不同国有银行的具体情况来定。① 比如中国建设银行因其贷款的"公共性"强一些，可以考虑少"出让"一些国有金融产权，形成国家控股型的金融产权结构；而中国工商银行等则因其贷款的"竞争性"强一些而考虑多"出让"一些国有金融产权，形成国有参股式的金融产权结构。或者将几家国有银行金融产权的"内部结构"依照贷款的性质进行重整组合，然后再综合考虑"出让"比例。至于出让国有金融产权所得的收益，可主要用于对国家政策性银行的注资，以保持国家的"金融支持"与"渐进过渡"不会因金融产权交易而受到太大的冲击。从现有国家政策性银行的资本结构来看（见表8—5），除财政拨付少量资金作为其资本金外，其资金大部分依靠向金融机构发行金融债券筹集（如国家开发银行与中国进出口信贷银行），或者主要依靠向中央银行借款取得（如中国农业发展银行），筹资成本十分高昂。比如1995年三家政策性银行从中央银行共取得贷款3 555亿元人民币，发行金融债券筹资775亿元，而国家财政拨付的资本金只有154亿元人民币（许健，1997，第68页）。这种资金来源结构，在国际政策性金融领域是极为罕见的。在这种情况下，政策性银行就只能高进高出，难以发挥政策性融资的作用。同时，正是由于低成本的资金来源不足，才使国有银行的政策性贷款业务一直无法取消，而政策性银行本身的这种极不协调的资本结构也使其具有扩张动机，倒逼中央银行给钱或多发金融债券（吴晓灵等，1997）。如果把国有金融产权交易的一部分收益作为其注资，那么这无疑会大大改善国家政策性银行的资本结构。而根据我们的讨论，什么样的资本结构将决定一个银行有什么样的信贷行为；更何况，经过国有金融产权的交易，原来国有银行的政策性业务将要悉数划转到政策性银行，因此更需要有一个完好的"政策性"资本结构来支撑。

① 1992年开始，捷克对国有银行实行民营化改造，国家仅保留37%～53%的股份（沈莹，1997）。

表 8—5	1996 年国家政策性银行的资本来源结构		（%）
	国家开发银行	中国农业发展银行	中国进出口信贷银行
所有者权益	13	2	12.1
发行金融债券	87		80.2
向中央银行借款		91.7	

资料来源：吴敬琏等（1998，第 46 页）。

不难看出，国有金融产权的交易求解实际上是中国渐进改革的内在逻辑使然，是从改革一开始就已"锁定的"金融制度变迁路径（读者如果在此对前面的讨论作一番简要回顾，那将是十分有好处的）。这种金融产权的交易将产生令人满意的金融制度变迁绩效。首先，使国有银行解除不良债权与资本金严重不足的双重困扰并使金融产权实现重组；国家不再是主要的最后"出资人"（剩余的主要占有者）与风险的最后承担者，金融风险得以化解；另外国有银行的商业化改革也在产权交易中得以实现，消除了呆账再生的产权基础。其次，使国家垄断的金融产权形式即国家政策性银行的资本结构得以修复，保证国家效用函数的实现与渐进过渡的顺利延续，这本身也意味着国家将在金融产权交易中得到应有的"实惠"，从而使国家始终成为金融产权交易的支持者。也就是说，国有金融产权结构转化的进程兼容了金融支持与渐进过渡，可谓一举两得。这样，金融产权交易本身便成为一个对谁都有利可图的"帕累托改进"过程。这也同时为哈耶克（Hayek，1944；1945）的著名命题提供了一个新的例证，这个著名的命题是：一种有效率的经济制度只能通过产权的自由和自愿的买卖自发地形成。当然，以上绩效也将有力地支持我们在前面提出的国有金融产权边界最终收缩于政策性银行的假说。

第九章

地方性金融安排的进入与金融制度变迁逻辑

第一节 信贷市场结构与金融资源配置效率

一、金融产权结构是唯一重要的吗?

在第八章中,我们已经讨论了改变国有银行金融产权结构的方式及绩效。从总体上讲,金融产权的交易可以使国家不再成为剩余索取权的主要所有者和金融风险的最后承担者,一方面避免使国有银行受国家偏好的驱使提供大量的政策性信贷从而导致政策性呆账,另一方面也可约束国有银行自身因国有银行产权的外部性而产生的机会主义信贷行为以及由此产生的大量商业性呆账。毫无疑问,至少从理论上讲,在经过我们假想中的金融产权交易之后,国有银行的产权结构将消除由风险与收益不对称所形成的外部性,从而产生新的激励,重新规范与重塑银行的金融行为。由于不再存在转嫁风险的机制,银行自身将对每一笔贷款的风险负最后责任,同时也会从每一笔成功的贷款中获取全部收益。这样,银行将千方百计地搜寻最能给自身带来最大收益的信贷机会,若把每一个银行最大化了的自身信贷收益加总起来便会组合成总体金融资源配置的最优效率。

可是,事情并非如此简单。进一步的问题在于,就国有银行而言,仅对其金融产权结构进行多元化改造使之具有追求信贷收益最大化的激励是否就意味着通过其信贷行为便可以实现金融资源的最优配置呢?换一种表述,即金融产权结构与金融资源的最优配置之间是无条件对应还是有条件对应?

　　若依据交易费用经济学的"小数目条件"（small number）（Williamson，1975），那么我们似乎不难推断，在金融产权结构一定的情况下（即内部条件），金融资源的配置效率取决于在信贷市场上提供信贷的金融组织的数量（即外部条件）。很显然，即使国有银行的产权结构得到优化，其结果也只是形成了个别的信贷提供者，这些信贷提供者会随即成为信贷市场的垄断者。从理论上讲，当信贷市场存在若干个商业化了的国有银行（我们不妨称之为"后国有银行"）时，就会形成一个垄断的信贷市场结构。信贷市场上的信贷提供者越少，信贷市场的金融资源配置机制就越是不灵，因为，市场结构越是垄断性的，市场的交易费用就越高，资源配置的效率也就会越低。依据盛洪（1994）的分析，一般而言，在一个竞争性的市场结构中，市场交易是平等的人与人之间的自愿交换，他们在讨价还价中的地位是平等的。可是，随着市场结构的变化，这种法律上的平等地位并不能保证避免某一方具有讨价还价的优势，而另一方处于劣势地位；造成讨价还价地位优劣的是相对垄断程度，而影响相对垄断程度的首先是交易双方的经济个体数量的对比（第106～107页）。无疑地，经济个体数量的多少与讨价还价的地位成反比；同时我们假定，经济个体之间具有达成协议以操纵资源稀缺程度从而获得较为有利的价格的偏好。很显然，在由中国国有银行产权结构转化而形成的信贷市场上，作为信贷提供者的后国有银行由于数目较少，因而相互之间达成某种减少资金供给的协议以操纵金融资源稀缺程度的交易费用就较低。相比之下，信贷的需求者则数目庞大，在他们之间达成协议的交易费用十分高昂，因此，其共同减少信贷需求以降低金融资源稀缺程度的努力将难以奏效。由于后国有银行在信贷市场的讨价还价中取得了优势，所以它们就有可能按照对自己有利的较高资金定价（提高金融资源稀缺程度），向处于讨价还价劣势的信贷需求者提供信贷。由于社会在某一特定时期的总收益是一定的，因此信贷提供者获取的额外收益（即垄断资金定价减去竞争定价的差额）事实上成为信贷需求者的成本付出（或交易费用）。若信贷需求者能最终选择接受信贷供给者的资金定价，那么显然可以理解为，其在讨价还价中多支付的交易费用将高于垄断定价可能带给它们的损失。结果，它们会放弃继续讨价还价而选择接受垄断价格。无论如何，后国有银行的额外收益虽然在金融产权结构发生变化后可能迅速上升（在国有产权结构未变时，因国有银行要履行金融支持义务，正如我们在第八章已经讨论过的，它要将其部分剩余转付给国有企业），但其收益上升所引起的效用改善却是建立在信贷需求者效用受损的基础上的，这显然不符合金融资源配置的帕累托条件。

　　不难看出，国有银行内部产权结构的改造只能改变其内部激励，而不能保证金融资源配置效率的提高。就改善国有银行的资源配置效率而言，改造产权结构是必要条件，但不是充分条件，充分条件是改善外部市场结构。具体而言，就是在后国有银行之外增加信贷提供者的数目，让更多的非国有银行进入信贷市场，从而降低其讨价还价的优势与产生机会主义行为的动机，最终使信贷提供者与信贷需求者双方的讨价还价能力以及交易费用达到某种均衡状态。只有当信贷提供者与信贷需求者双方中的任何一方不能苛求另一方时，金融资源的配置效率才会达到某种最优状态。

二、信贷市场的自由进入与效率改进

上述过程还可用图 9—1 来作进一步的刻画。当国有银行产权结构转变后，由于其占据金融市场的垄断地位，具有绝对优势的讨价还价能力，同时几家后国有银行之间达成共谋协议的可能性极大，因此，从短期看，我们有理由认定它们会按 $MC=MR$ 的较高垄断价格 r_4 向金融市场提供较少的信贷 L_1（相当于图 8—1 中的 L_0）。在这种情况下，国有银行在总体上将获得 $r_4-AC(L_1)$ 规模的超额利润。如果国有银行都意识到能凭借其垄断地位获取这笔超额利润，那么它们就都具有内在的合谋激励。也就是说，尽管国有银行的内部产权结构有了改进，但这种改进只激励了它们独立获益（与承担风险）的行为，而没有同时提供使之将信贷行为自动地纳入金融资源帕累托有效配置途径的装置。从图 9—1 可以看出，

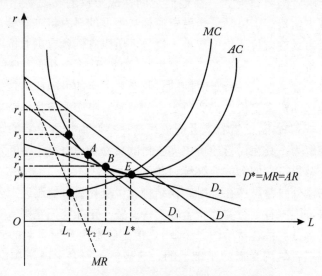

图 9—1　信贷市场的"自由进入"模型

在后国有银行共谋配置信贷的场合，整个社会承受着巨大的平均成本付出，与帕累托有效配置的平均成本水平 $AC(L^*)$ 相比，将多支付相当于 $AC(L_1)-AC(L^*)$（由 r^* 到 r_3 的垂直距离）的平均社会成本。很显然，国有银行产权结构的改变只解决了国有银行相对于国家的机会主义行为问题，但并没有从根本上解决金融资源有效配置问题。因此，那种认为只要国有银行实现了商业化经营即可万事大吉的观点是不足取的，这种观点明显地高估了金融产权结构转变本身的作用。

至少从理论上不难推导，在产权结构给定的条件下，要解决国有银行有效配置金融资源的问题，只有通过外部的竞争，除此别无选择。而外部竞争的产生又依赖于其他金融产权形式的自由进入。在图 9—1 中，我们可以清晰地领略产权自由进入所产生的改善金融资源配置效率的绩效。当外部金融产权开始进入时，就意味着后国有银行的垄断市场结构被打破，可以设想，每个银行的信贷需求曲线会向内移动，即形成图 9—1 中的 D_1 曲线。需要指出，新形成的信贷需求 D_1 曲线将与信贷提供的平均成本曲线在 A 点相切，由于新的金融产权形式的进入使后国有银行的超额利润随之消失，大家都只能共同面对同一条 AC 曲线。在这种情况下，金融资源配置效率将出现可能的改善。当 D_1 曲线与 AC 曲线相切时，信贷提供价格将从 r_4 下降到 r_2，而信贷提供规模由 L_1 扩展到 L_2，相应地，信贷提供的平均成本由 $AC(L_1)$ 下降到 $AC(L_2)$，表明预期的金融资源配置效率得到了可能的改善。

需要指出的是，在 D_1 与 AC 相切的这一点上，实际上显示的是一种长期垄断竞争均衡情形。虽然出现了零利润点 A，但这并不是帕累托效率点，因为利润与效率问题完全无关（Varian，1990，第 540 页）。进一步地，当利率 r 仍然大于边际成本 MC 时，金融组织存在继续进入并增加信贷供给的有效率自变量与激励，同时也说明这时金融资源配置仍没有达到帕累托最优状态。若排除共谋可能，在 A 点上，后国有银行实际上面临的是垄断竞争情形。显然，与共谋或垄断情形相比，垄断竞争将更有效率，尽管它仍然是低效率的。

当更多的金融产权形式进入信贷市场提供信贷供给时，信贷需求曲线将变得越来越富有弹性，也就是说 L 对 r 的变化越来越敏感。反映在图 9—1 中，信贷需求曲线将继续向左下方转动，其斜率会变得越来越平缓，如图中的 D_2 曲线。由于每一个金融组织仍然都只能面对同一条平均成本曲线，并在这种条件下追求各自的利润最大化目标，因此新的信贷需求曲线 D_2 将与平均成本曲线 AC 相切于 B 点。在这一点上，信贷提供的规模将得到新的扩展（由 L_2 到

L_3），信贷提供的平均社会成本随之进一步下降，即由 $AC(L_2)$ 到 $AC(L_3)$。此时，由于 $AC(L_3)>AC(L^*)$，同时也是 $MC<AC$，$r_1>MC(L_3)$，因此金融组织的继续进入仍有利可图，或者说，金融资源配置的效率仍有进一步改进的余地。从理论上讲，只有当金融组织的进入一直使 $AC(L_i)=AC(L^*)$（$i=1$，2，…，n）或者 $MC=AC$ 时，金融组织才会停止继续进入，这时便出现一个完全竞争的信贷市场结构，信贷提供的社会平均成本也降到最低点 E，且每家银行的信贷需求曲线 D^* 与 AC 曲线相切于 E 点，MR（还有 AR）曲线最终将与 D^* 曲线重合，金融资源配置随之达到帕累托最优状态。这时的利率 r^* 便是市场均衡利率，它由众多信贷提供者之间的竞争同时也是信贷提供者与信贷需求者双方对等的讨价还价来决定。不难看出，此时的情形正好对应于我们已经在第八章第二节第二点中揭示的第一种情形。当然，无须赘述，这种完全竞争的信贷市场结构只是一种理论状态，在现实中很难找到对应的模式。但我们仍然从垄断、垄断竞争到完全竞争这一过程所体现的效率增进假说中领悟到市场结构改善的现实含义。尽管实际的信贷市场永远无法达到 E 点的状态，但我们却可以通过上述考察认识到信贷市场越是接近 E 点，金融资源配置效率就会越高。中国金融制度变迁的过程就是使信贷市场的均衡点逐渐移向 E 点的过程。

三、关于效率不对称问题

我们已知，国有银行的产权转换将使其获得谋求自身最大收益的激励，更严格地说，这种激励是在尽量保证一定风险水平的条件下追求可能的最大化收益的冲动。在国有金融产权结构中，国有银行自身也时常有谋求自身收益最大化的机会主义冲动。但那种冲动仅是一种不考虑风险损失（或无风险硬约束）条件下的单方面趋利行为，由此导致了金融资源配置的低效率（如大量商业性呆账的出现）。并且，不为人们所关注的还有，尽管国有银行以公权谋私利的行为屡禁不止，但由于没有风险压力与外部竞争压力，国有银行自身也缺乏金融创新激励，从而使其未能在现有的技术与金融资源基础上生产出最大化的金融产品（或者金融服务），由此造成的金融效率损失并不比商业性呆账小，或许其影响更为广泛与深刻。现实情况也是如此：国有银行的技术水平普遍不低，所拥有的金融资源与市场份额也很高，但人们所能享受到的金融服务却与其技术水平相去甚远。而且，与非国有银行相比，国有银行产出单位金融服务的成本明显偏高。这可从四大国有银行经营费用与资产总额比率的变化中得到间接反映（见表9—1与图9—2）。

表 9—1　　　　　国有银行经营费用占资产总额的比重变化：1986—1994 年　　　　　（％）

	1986	1987	1988	1989	1990	1991	1992	1994	1985—1994	
									经营费用平均增长	资产总额平均增长
中国工商银行	0.68	0.79	1.04	0.95	0.91	0.87	0.85	1.17	32.86	26.01
中国农业银行	1.20	1.41	1.88	1.61	1.18	1.27	1.48	1.89	30.73	22.68
中国银行	0.69	0.63	0.59	0.63	0.65	0.56	0.55	1.13	31.12	23.26
中国建设银行	0.16	0.19	0.25	0.37	0.42	0.48	0.74	1.25	67.10	26.47

资料来源：武捷思（1996）表 6—6、表 6—7。

　　另据统计，1995 年四大国有银行的人均利润仅为 1.11 万元，交通银行为 12.3 万元，而中信实业银行与中国光大银行则分别达 39.53 万元和 39.49 万元（武捷思，1996，第 166 页）。也就是说，国有银行本身在生产金融产品时并没有遵循成本最小原则，从而造成了普遍的低效率。对于这种情形，显然可以用莱本斯特恩（1966）提出的 X 效率概念来概括。

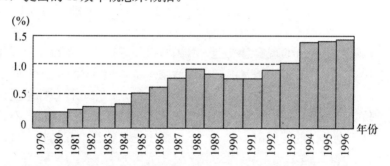

图 9—2　国有银行经营费用与资产总额比率的变化：1979—1996 年

资料来源：附录Ⅱ，表 B。

　　无疑地，金融产权结构改造可以明显改善上述国有银行相对于国家（出资人）的机会主义行为与本身的 X 效率。反映在图 9—3 中，对于给定的金融资源 FR^A 与 FR^B，金融产权转变将使金融资源的配置从初始的 X 低效率点 A 向右推向 X 有效率点 B。我们已经指出，金融产权转变使得国有垄断的金融市场结构走向国有银行垄断竞争的市场结构，这本身具有改善金融资源配置效率的可能性，这种可能性体现为 U_1 曲线上移到 U_2 曲线。由于 B 点处在金融资源配置的生产可能性边界 PP 上，因此，国有银行自身获得了效用满足与可能的收益最大化。而此时，基于前面的分析，由于后国有银行之间的可能共谋使信贷需求方的交易费用扩大，它们的一部分信贷需求未能得到满足，这就意味着金融资源的配置仍未达到有效率的状态，即存在配置低效率。① 这种配置低效率可用图 9—3 中金融资源配置的实际社会效用曲线 U_2 与帕累托社会效用曲线 U_3 之间的距离来衡量。在图中，若以生产可能性边界与 U_3 相切的 E 点表示金融资源配置的帕累托最优，在 PP 线为连续的且外凸以及一组 U 线为连续的且内凸的假定下，这个帕累托最优就是唯一的，除此之外的任何点都不可能成为最优配置点。既然如此，我们不妨再来看 B 点的情形。之所以 B 点是配置低效率点，那显然是因为在此点上，金融资源存在帕累托改进从而有使社会福利水平进一步提高的可能，而且是在不损害信贷供给者效用与福利的条件下。当金融资源配置点从 B 点向最有效率的 E 点移动时，由于 E 点与 B 点处在同一条 PP 线上，所以国有银行的效用将保持不变（即不会受损），但社会福利水平与效用满足程度则有了提高，即穿过 E 点的 U_3 曲线明显高于穿过 B 点的 U_2 曲线。不过，与从 A 点到 B 点的推移不同的是，要从 B 点移向 E 点，需要一个自由进入与富有竞争性的信贷市场结构。国有银行产权结构的转变不具有使 X 有效率点走向配置有效率点的作用，它的作用最多是把处在 PP 边界内的配置点推移到 PP 边界之上。

以上理论分析的现实意义是，对国有银行进行产权重组与商业化改革固然意义重大，因为这是解决国有银行内部激励不足、经营风险与经营收益长期分离以及成本偏高等问题的关键步骤。但同样关键的是一个允许新的信贷供给者自由进入的信贷市场的存在，只有这样才能使获得新的产权结构的后国有银行面对一个逐渐趋于竞争性的信贷市场结构，从而赋予国有银行产权结构变迁以效率持续改

---

① 杨小凯（1997）曾经分析过不同产权结构中垄断企业在自由市场上的效率差别。他认为，用国营垄断企业与一个自由市场上的私营垄断企业的差别可以说明 X 效率与资源配置效率的差别。私人垄断企业因为有老板的私人剩余权，所以在技术可行的条件下，生产潜力会完全发挥，所以是 X 有效的，但此企业会利用其垄断地位抬高其产品的相对价格，从而限制其售卖量，剥削了消费者，使此产品相对于其他商品生产得太少，这对资源配置而言是无效的。而对一个国有垄断企业而言，没有私人能占有企业的剩余，所以监管效率低，很多技术上可行也容易做得到的事情，人们没有刺激去做，所以产生了 X 无效。当然，此企业也会利用垄断权抬高价格来剥削消费者（特别是在价格放开后），因而同时产生资源配置无效率（第 212 页）。由此似乎可以推断，对国有银行进行产权改革，在不存在外部竞争的条件下，只是把一种垄断金融形式（国家行政垄断）转变为另一种垄断金融形式（银行自身的市场垄断）。不同的只是，前者是 X 低效率与资源配置低效率并存，而后者则是 X 有效率与配置低效率并存。

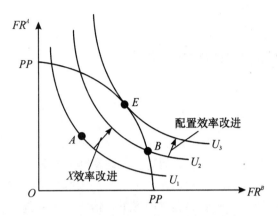

图 9—3　金融产权转变中的效率不对称情形

进的含义。否则，在放开金融约束与金融控制（国有银行产权结构变迁必然要求放松或取消长期以来存在的金融控制）的情况下，如果没有外部的竞争约束，这些新的国有银行会利用市场垄断（高利率与信贷量控制）来剥削社会。产权重组并非是一剂包医百病的灵丹妙药，它具有自己特定的作用范围，亦即我们已经指出的，它可以改进 X 效率，但对配置效率无能为力，因为那是自由价格、自由进入、资本市场等因素所决定的（杨小凯，1997，第 158 页）。因此，其他金融机构（包括私人银行）的发展，对消除金融资源配置的无效率具有决定性的作用。

　　由此能够引申出的政策含义是，相对于国有银行产权结构的转变与金融约束的放松，其他金融产权形式的发展以及与此相对应的自由进入的信贷市场结构的建立需要先行。就改革策略而言，扶植（至少不压制）非国有的金融机构，而不是首先急于改变国有银行的行为（由其产权结构或资本结构决定）可能是一条更符合中国金融制度变迁逻辑的路径。当非国有金融机构的市场份额日益重要时，游戏规则将被改变，国有银行将被迫面对竞争性的市场环境，它们的行为也将随之变化（易纲，1996a，第 334 页）。值得注意的是，这其中包含着一个十分有意义的命题，即尽管国有银行的产权结构重组可以独立进行，但最终还是要由市场来选择最优的金融产权结构，而不是由金融产权结构去选择市场。或者说，是金融产权结构适应信贷市场，而不是信贷市场迁就金融产权结构。[①]

---

　　① 关于市场优先还是产权优先，曾在中国经济学界引起一场不小的学术争论（主要论点可参见林毅夫等，1997；张维迎，1996）。本书的上述讨论似乎可以对进一步澄清这一问题提供某种帮助。

第二节 信贷市场的进入方式

一、自由进入的难题

　　根据上面的讨论，信贷市场的自由进入与竞争性市场结构的先期形成，可以避免自由化（或商业化）了的国有银行从行政垄断转化为市场垄断，从而导致金融资源配置效率的损失。但是问题在于，自由进入本身也面临一些难题。在国有银行的产权结构已经发生转变的假定前提下，信贷市场的自由进入单从价格竞争条件上看是容易实现的，因为市场垄断的国有银行安排本身将向信贷需求者索要较高的价格，这意味着自由进入信贷市场的价格障碍并不存在。也就是说，维持高的资金价格会引起市场以外的外部金融组织的进入从而侵占国有银行的市场份额。不过，由于国有银行占据着信贷市场的垄断地位，因此外部金融因素进入的数量仍将十分缓慢。更何况，正如我们已经指出的那样，垄断性的后国有银行之间达成共谋的交易费用较低，因此，从短期看，外部金融因素或许会利用价格策略迅速地进入，但从长期看，则会因后国有银行间可能达成的某项价格协议（联合定价）而把外部金融因素逐出信贷市场。尽管外部金融因素之间也可以采取同样的方式相对抗，但因其讨价还价能力毕竟处于劣势而无法谋求到满意的结果。

　　那么，在国有银行产权结构不发生改变的情况下又会是怎样的情形呢？显而易见，国有银行提供信贷本身因有国家的担保性注资（第八章）与金融约束（第六章）而面临一个较低的边际成本（尽管国有银行同时因承担大量的政策性信贷与 X 低效率而有较高的平均成本），因此具有较低的信贷提供价格，对外部金融因素而言，就意味着存在很高的进入壁垒。结果，外部金融因素只在"边缘市场"上小规模地存在，而无法进入正规市场。尽管在改革过程中，边缘市场上的非正式信贷活动不时出现，有时还十分活跃，但在我们一贯坚持的国家具有较强的控制能力的假定下，边缘市场的扩展是有限度的，而且这种信贷市场因其自身的高风险而缺乏扩展的能力。尽管国有银行长期推行低利率政策，但国家信誉使之得到了相应的抵补，因此若考虑高风险因素边缘市场的高利率本身并不具有太大的吸引力。

　　若排除其他因素，我们假定在边缘市场上存在正常的信贷提供者，它只能以较高的利率吸收储蓄存款，这就同时意味着其提供的信贷具有较高的边际成本。若同时存在一个向边缘市场开放的同业拆借市场，那么其拆借的资金成本也会较高。显然，与国有银行相比，外部金融因素本身一开始就面临较低的平均成本，但却有着一条较高的边际成本，因此资金价格必然要高于国有银行。如果从长期看，较高的边际成本最终将导致较高的平均成本，那么外部金融因素迟早会退出市场。但就国有银行而言，因有国家的担保性注资与金融约束，即便是平均成本高到出现亏损经营也依然不会退出市场。因此，外部金融因素很难与国有银行展开正常竞争。需要指出，以上所谓的国有银行亏损只是从总体上来定义的，仅就每一个国有银行单独来看，其经营本身的收益受较高平均成本的影响不大。不仅如此，它们还都存在尽量增加经营成本的偏好，因为对每一家国有银行而言，当面对费用与利润两个指标时，前者与自身的切身利益密切相关，后者则仅与国家财政的利益休戚与共，当两者发生矛盾时，作为一个利益集团，国有银行自身必然是要确保前者而搁置后者。因此，对单个国有银行而言，它本身既感受不到平均成本高的压力（感到有压力的是整个国有银行或者作为剩余索取权拥有者的国家）又同时享受着低边际成本的优势。

从图 9—4 可以直观地看出，国有银行自身面对一条较高的存贷净收益曲线 $R(L)-A(L)$。同时，由于从中央银行取得借款的利率高低与其平均成本并无直接关系，而且在许多情况下，中央银行的信贷还是被倒逼出来的，加之拆借利率较低（相对于非国有部分），规模也小，因此国有银行面对一条较低且平缓的拆借净收益曲线 $Rc(L)$。而依据前面的讨论，自由化的金融安排将面对一条较低的存贷净收益曲线 $R'(L)-A'(L)$ 和一条较高且陡峭的拆借净收益曲线 $Rc'(L)$。若我们假定国有银行与自由化的金融安排同处在一个信贷市场上，那么，很显然，自由化的金融安排将最终成为市场的退出者。在图 9—4 中，当信贷提供量都为 L_1 时，自由化金融安排仅获得 E' 的净收益，且净收益已达到最大点，而

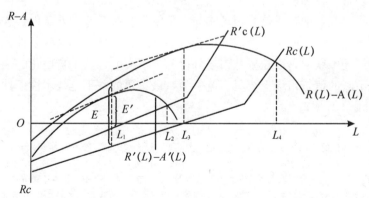

图 9—4　自由进入的障碍

国有银行此时的总净收益为 E，且远未达到最高总净收益的贷款规模 L_3。这就预示着，在 L_1 点，国有银行仍存在继续扩大信贷供给的能力与激励，而对自由化了的金融安排来说，却意味着要作退出市场的准备了。结果，在信贷规模到达 L_2 时，信贷市场上将不再存在自由化的金融安排，整个市场会被国有金融所垄断。

当然，上面所讨论的自由化金融安排被排挤的结果是在坚持同一信贷市场（即信贷市场不是分割的）的条件下得出的。而事实上，在中国经济转轨过程中，信贷市场在很大程度上是相互分割的。[①] 具体而言，国有银行与自由化的金融安排分别存在和运作于不同的信贷市场上，它们面对不同的利率、不同的技术水平与不同的资产报酬以及金融政策。正是基于这种情形，在现实中才会存在一些自由化的民间金融安排，而且在国有金融占据绝对垄断地位的条件下，相当顽强地生存了下来。[②] 可是，应当看到，即便如此，自由化的民间金融安排依然只是分散地与小规模地进行资源配置活动，而无法真正大规模地进入更高一级的信贷市场（如正规信贷市场）并给国有金融带来竞争压力；或者正如上面讲到的，即便是进入了，也会被轻易地重新挤回原来的市场层次。

无疑地，无论是现实中国有银行的国家垄断还是假设中产权改革所导致的市场垄断，都没有给纯粹的自由化金融产权安排留出进入的空间。如此看来，在中国的渐进改革中，要让体制外（自由化）金融产权安排大量进入以便给国有金融安排造成足够的竞争压力，还得寻找其他更为有效的进入方式。

二、一种特殊的进入方式

不难理解，在国有银行先入为主地占据垄断地位的信贷市场结构中，体制外的金融安排要有效地挤进信贷市场参与竞争就得拥有一些特殊条件，这些条件又必须与国有金融安排的条件达成某种程度的针对性。显然，这些条件无论如何无法从信贷市场中获取，而需要从市场外得到。事实上，一个自由化的金融安排在国有银行垄断的信贷市场上要具有竞争力，最重要的并不是技术性条件，而是制

---

① 麦金农（Mckinnon，1973）曾精辟地指出了分割经济中的资本现象。他认为，在发展经济中，企业和住户被严重隔绝，以至于它们面对的土地、劳动力、资本和产品有着不同的实际价格，并且难以获得同等水平的生产技术。在这种意义上，经济是被分割的。正是这种分割才鼓励了政府的干预，由此导致更广泛和更进一步的经济分割，或者说继续迫使政府干预。而在发达经济中，资本市场成功地调节着市场功能，由此推动实质资产与金融资产的收益趋于均等来调整已有的资本存量，从而大大增加了平均收益（第6~11页）。

② 当然，必须注意的是，其中也包含了程度不同的地方支持与呵护。

度性条件。就出资人而言，它注入这种金融安排的就不仅仅是一笔货币化的资金，而且还必须包含一些特殊的制度性成分。更直观地讲，出资人不仅要给予金融安排以充分的资本条件，而且还要由此形成有力的讨价还价优势（能力）。这就是竞争条件的针对性或对应性。

很显然，在中国渐进改革的过程中，能够同时提供这种条件的出资人只能是地方政府（或者其他政府部门）。地方政府的注资一方面使进入者获得了足够的低成本资金，抑或给予其进一步筹资（如发行债券）的便利；另一方面，由于地方政府具有较强的谈判能力，因此也会节约进入本身的一大笔交易费用（如市场准入费用），从而使进入者具有较低的边际成本。这都意味着反映在图9—4中的自由化进入者的存贷净收益曲线上移而拆借净收益曲线下移。而且，由于这些新进入者本身并没有像国有银行那样承担着很重的金融支持义务与金融补贴负担，因此，同时具有较低的平均成本。这样，新进入者不但不会被挤出市场，而且还会成为国有银行的有力竞争者。无疑地，这是使国有银行的市场占有率（以贷款表示）从1985年的92％逐步下降到1996年的75％左右的一个基本原因。

然而，即便是地方政府具有使体制外金融安排进入信贷市场的能力，这里还有一个地方政府自身的内在激励问题，也就是说，它是否（或为什么）能这样做。能不能支持是一回事，愿不愿意支持又是一回事。但我们确认，地方政府的确已经做了，剩下的问题就是讨论"它为什么会做"这样一个激励问题。

我们在第七章中已经指出，在国有金融制度安排的扩展过程中，地方政府曾经一度参与其中，并力图使国有银行的地方分支机构具有其地方的效用函数。已有的讨论业已表明，地方政府的确从国有银行那里得到了一部分效用满足。既然如此，地方政府为什么不继续通过扩展国有金融的方式来满足其偏好呢？或者说，如果通过既有的金融安排能够获得效用满足，那么它还会有寻求别的金融安排的激励吗？

这里，我们有必要重新提及国家控制金融的能力。在中国金融制度变迁的过程中，国家的金融控制或金融约束能力一直没有削弱，这一点成为中国渐进过渡之所以成功推行的基本原因。正是基于此，我们不难想象，在地方政府试图让国有银行的地方分支机构满足其偏好时，必然会时常引发激烈的利益冲突。国有银行地方分支机构的出格信贷行为尽管使地方政府获得了一部分金融资源的支配权，但这种支配权的获取在一个强政府（金融）的格局中并不是免费的（更不是廉价的）。可以想象，即便是地方政府获取了一笔国有信贷资金的使用权，但与这种收益相比，其付出的交易成本也是十分可观的。而且，从改革以来频繁进行的治理整顿过程看，地方政府争取国有银行信贷支配权本身并不是一件轻松与省力的事情。而且，只要国有银行信贷资金中有地方政府的支配努力存在，中央与地方之间的金融博弈就会一直持续下去，博弈双方就会持续支付高昂的交易成本与讨价还价成本。从理论上讲，中央政府对交易成本过大的本能反应是收缩国家边界（参见第七章），以便挤出地方偏好（还有国有银行个人偏好）；对地方政府来说，这一过程则意味着，在国家边界收缩的条件下，要维持地方偏好的介入，就得支付比以前更高的交易成本（即更多的讨价还价与更多的寻租以及在控制领域内更为频繁的活动）。当然，在此过程的背后，总是地方的企业首先向地方政府寻租，使其在控制领域进行相应的活动。既然如此，当地方政府所可能支付的预期交易成本超过一定程度（比如大于因创设地方性银行而支付的创设成本）时，地方政府就会放松对国有银行的寻租，而转向新的具有更大潜在收益的领域。有意思的是，在国有银行安排内寻求地方偏好的满足，诱发的是中央与地方之间的一种无限重复的金融博弈。由于改革实践一再表明，国家是强有力的，其长期坚持控制的金融与金融约束本身的威胁无疑也是可置信的，因此，地方政府预期的交易成本将不是递减而是递增的，最终地方政府会具有从国有银行安排中后撤或退出的倾向，也就是说，博弈的一个均衡解是中央继续控制而地方政府退出。但需要说明的是，地方政府只是退到边际收益等于边际交易成本的那一点，这就意味着地方政府仍然要设法控制一部分国有银行的信贷支配权，因为边际收益等于边际成本的那一点的地方信贷支配规模往往小于最终退出点的地方信贷支配规模。不过，这同时也表明，如果边际收益等于边际成本那一点的地方信贷支配规模正好等于（或大于）地方实际信贷支配规模，那就意味着地方的全面退出。无论如何，只要在边际点的信贷支配额小于地方实际需要的亦即使地方收益达到最优的信贷支配额，那么，地方政府就会有寻求新的金融制度安排的激励与需求。如果地方政府自己出面创设地方性金融安排，那么这就意味着原有金融博弈格局的结束与新一轮金融博弈过程的开始。

那么，在新一轮地方创设地方性银行的博弈中又是如何导出地方性银行的创设这一均衡解的呢？或者说，国家凭什么在设立地方性银行问题上作出让步与妥协？从理论上讲，国家之所以要作出让步，自然是因为让步更划算。我们已经指出，国家控制金融本身是有成本的，而且这种成本会随着地方偏好（还有国有银行个人偏好）的介入而呈递增趋势。若假定，对一个地方政府来说，要获得本地区的经济增长与利税扩展，只有两种可选的金融渠道，一是从国有银行取得信贷；二是从非国有银行取得信贷。如果后者尚不存在，那就只有从国有银行的地方分支机构那里获取必要的信贷支持了。尽管如上所述，向国有银行取得信贷需要支付巨大的交易费用，但如果再假设地方政府获取信贷资金的预期收益很高，那么这就意味着存在一个足够大的寻租区间，对国有银行的寻租将十分持久而有力。一旦中央面对这种地方政府，其控制成本将会很高。事实上，当双方的博弈处在某种僵持状态时，假定这个地方的经济增长与税收贡献对国家而言也十分重要，那么，国家也会考虑给予该地方以某种程度的金融优惠，这种优惠既包括扩大信贷规模，也包括信贷市场的某种准入。对地方而言，这两种优惠都求之不得，但相比之下，后者则更具有一劳永逸的性质。这时，对国家而言，则牵扯到在信贷倾斜与地方金融进入之间的效用权衡。

可以想象，由于一个地方在一定时期内的信贷需求量是一定的，因此从总体上讲，从国有银行那里满足得多，就会减少对金融准入的要求，反之亦然。既然对我们所假定的地方而言，它存在一个足够大的交易成本支付区间，因此尽管国家控制金融的能力很强，但一般情况下，在如此强大的寻租能力面前，也很难不妥协。因为，如果不满足其信贷需求，国家就会付出经济增长减速与税收下降的代价。而事实上，对这些地方而言，国有银行的分支机构具有与地方政府合谋向国家非优先部门（而是地方优先部门）提供信贷的倾向，因为这样做对双方都有好处。这些地方的国有银行分支机构通常首先运用它们自己的可贷资金对非优先部门放款，然后再从中央银行借出额外资金为优先部门放款。更重要的是，中央银行拨给国有银行用于优先部门政策性放款的贷款量属于高能货币信用，它不仅通过乘数效应增加对优先部门的信贷总量，而且也增加对非优先部门的信贷总量，对非国有部门最终信用的扩张比国有部门更多（肖耿，1997，第402页）。对愿意支付更多交易费用的地方来说，非国有部门占比一般较大，地方从这些非优先（非国有）部门所得的实惠也就更多。

可见，尽管国家具有较强的控制能力，但在与这些地方所展开的信贷规模博弈中，则存在投鼠忌器的难题。若不控制，信贷规模扩张超出货币供给可承受的限度，就会诱发信贷膨胀与通货膨胀；若控制，则只有采取一刀切的方式，因为信息的不完全使国家很难区别先控制哪些项目的贷款，后控制哪些项目的贷款。这样，结果往往是一项紧缩计划对这些地方的非优先部门的损害远比优先部门更为严重（肖耿，1997，第416页）。这显然也是国家不愿意看到的结果，因为正是这些非优先部门越来越成为经济增长与就业机会的主要贡献者。既然如此，当地方政府为了节约无限重复博弈的交易费用而提出创设地方性银行的制度准入要求时，国家就会默许或给予批准。这样做，一方面不需要国家拿钱注资，另一方面可以减少地方经济对国有银行的信贷扩展要求与寻租压力，更重要的是减弱因地方与国有银行分支机构合谋对中央银行高能货币的扩张要求。这就等于把地方对国有银行高能货币的挤压转移到了对地方性银行的一般性信贷需求。从总体上讲，这只是一种信贷需求的转移与重组，而不是信贷需求的扩张，对国家与地方两方面都有好处。或者说，地方性银行的创设至少是一种帕累托改进，是中央与地方都感到再相互争执下去对谁都没有好处时的一种博弈均衡。当然，在这种情况下，如果地方政府仍存在对国有银行的信贷扩张要求，国家就可以采取强硬的约束政策，因为在存在地方性银行的情况下，国家的控制行为将不会导致这一地区非国有经济受到过大的影响。这同时表明，国家对地方性银行的准入不是无条件的。我们也不能排除国家为了执行倾斜政策而给某些地方以信贷市场的优先准入权（比如经济特区），但这也是以某些地方经济的相对重要性为前提的，这种相对重要性同时也增强了这些地方讨价还价与寻租的相对优势。当然，更为根本的是，不管怎样，这些地方总是要首先具有对地方性银行准入的足够制度要求，然后才会有国家的制度供给。

三、机会成本假说

值得注意的是，地方对银行准入的制度需求受到机会成本的严格约束。若我们假定地方满足其效用最大化的信贷需求量为 L^L，而地方通过向国有银行争取的最大信贷量为 L^*，这个最大信贷量也就是我们上面所讲的，既包括国家主动的计划供给量，也包括地方通过各种方式争取到的计划外信贷提供量，L^* 的大小又进一步取决于地方所支付的边际交易成本与边际收益的大小，也就是说，它处于地方所支付的边际成本等于边际收益的那一点上。这样，一个地方获取国有银行信贷的机会成本就取决于最大化的效用信贷需求量 L^L 与从国有银行争取到的最大信贷供给量 L^* 之间的差额。

进一步地，就不同的地方而言，因其市场结构、产权结构、经济发展机遇与水平以及资源配置效率等的差异，将具有不同的机会成本。对一个市场较为发达的地区 A 而言，我们有理由认定其具有较大的 L_A^L，相比之下，L_A^* 较小，因此：

$$L_A^L - L_A^* = \Delta L_A > 0 \tag{9.1}$$

ΔL_A 越大，表示其机会成本越大。可是对一个市场较不发达、经济发展机会受到种种局限的地区 B 而言，则会有较小的 L_B^L 和相对较大的 L_B^*，也就是说，能争取到的国家银行的信贷供给对其最大化的效用信贷需求的满足率较高，则：

$$L_B^L - L_B^* \rightarrow 0 \tag{9.2}$$

ΔL_B 越是接近于零，地方争取国有信贷供给的机会成本就越小，对国有信贷供给的依赖性就越强。在某些特殊的情况下，等式（9.2）也可能出现小于零的情形，比如若一个地区的经济发展对国家的效用大于对地方本身的效用（如能源与基础产业集中的地区），那么，国家的信贷供给 L^* 将会超过地方最大效用的信贷需求量 L^L。这同时也表明，一个地区产业结构的性质与经济地位的重要性共同决定着国家的信贷供给倾向，由此进一步决定着地方寻求国家信贷支持的机会成本。十分有趣的是，公共性产业与国有经济占较大份额的地区，对国家效用实现的意义更为巨大，这些地方一般比较容易从国家的信贷支持中得到满足，其对国有银行信贷供给的依赖性也较强，从而其金融制度创新的动力与激励相对低下。可是，对私人性产业或非国有经济占较大比重的地方而言，它们从国有银行信贷中得到效用满足的程度相对较低，因此存在金融制度结构创新的较大激励。

事实上，在中国的国有金融制度结构中，由于经济的区域发展不平衡以及体制的局限，存贷比率在地区间存在很大差异。一般而言，在资金充裕的经济发达地区 A，国有银行分支机构一般处于存差状态；而在资金紧缺的经济欠发达地区 B，国有银行则一般处于借差状态。就前者而言，资金供给能力大于信贷控制规模，因此这些地区的许多信贷需求（尤其是符合地方效用函数的）得不到满足。还由于把剩余资金存入中央银行或拆借出去可以获得丰厚的利息收入①，而且风险极小，因此，其扩大放款尤其是给体制外的项目放款的激励较低。而充裕的资金来源与较大的市场容量为地方 A 的金融进入也提供了良好的条件。就后者而言，其资金供给能力主要取决于新增加的流动性负债（主要是中央银行贷款），且资金供给能力小于信贷规模，缺口主要由中央银行贷款或通过拆借弥补。由于地方的效用与本地区国有经济的发展相关程度较高，所以地方政府效用增进的主要手段就是向国有银行分支机构施加压力，增加信贷供给，而不是寻求别的途径。即便是地方 B 有金融进入的打算，也会受到市场狭窄与资金来源稀少的约束。

以上讨论可以从图 9—5 中得到直观的展示。从图 9—5（a）中可以看出，对地方 A 而言，由于 L_A^L 大于 L_A^*，因此存在金融创新的区间，金融创新的目的就是寻求弥补信贷供给缺口 ΔL_A 的途径，以实现其效用的最大化。我们有理由确认，地方性银行（包括乡镇政府支持与默许下的民间金融产权形式）的出现，在很大程度上弥补了这个信贷供给缺口。L_A^* 是地方政府通过寻租与讨价还价等手段所能争取到的国有银行的最大信贷量，而我们已知，由于面临 $MC=MR$ 的硬约束，因此地方不可能在 L_A^* 的右边继续向国有银行争取信贷供给。但地方 A

① 1997 年 10 月 23 日存款准备金与备付金存款利率加权平均为 7.35%，高于金融机构吸收的 5 年期存款利率 6.66%。自 1998 年 3 月 21 日起调低到 5.22%，相当于金融机构所吸收的 1 年期存款的利率。

拥有更好的投资与经济增长机会，在得不到足够的国有银行信贷支持的情况下（给定国外部门），如不寻求别的资金来源渠道，将意味着增长机会的失去，因此，在出现 ΔL_A 时，地方 A 便不会有耐心等待国有银行的信贷追加，而倾向于追求金融制度创新，其主要途径是要求对信贷市场的进入。基于前面已经指出的理由，国家也会作出相应的妥协，最终，地方性银行（包括其他民间金融机构）的进入便成为一种博弈均衡。

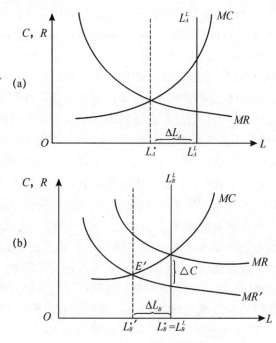

图 9—5　机会成本与地方的金融创新激励

可是，对地方 B 而言，由于国有经济占比较大，地方就信贷供给规模与国有银行谈判的力量较强，或者说，地方利用本地区国有企业这一利益集团向国家讨价还价的余地很大，而且在这种讨价还价过程中，国家也会表现得相对软弱，因此地方 B 得到信贷支持的可能性较大。当国家的信贷供给小于地方最大的信贷需求时，地方政府会有足够的耐心等待，因为对地方 B 而言，一方面，金融制度创新的成本很高，另一方面由于国有经济占比较高，在本地区内除了效率低下的国有企业，再也没有更多的增长机会，因此等待的机会成本很低。结果，对地方 B 而言，当出现信贷缺口时，其最优的策略选择不是在国有金融制度框架外进行金融制度创新以寻求新的资金来源，而是在国有银行框架内等待。在多数情况下，国有银行也会迫于国有经济的社会压力而不得不解囊相助，这样，地方

B 的等待与国家增加信贷供给便成为又一种博弈均衡。图 9—5（b）中的 E 点反映的便是该博弈均衡的一种极端情形。我们在图 9—5（b）中还可以看到，对地方 B 而言，如果一开始的情形是 $L_B^l > L_B^{*\prime}$，即国家信贷供给处于较小的 $L_B^{*\prime}$，那么，对信贷需求缺口（$L_B^l - L_B^{*\prime}$）而言，地方政府将选择等待的方式来让国家银行追加信贷供给，而不是自己试图通过制度变迁增加信贷供给。但有意思的是，等待本身也是一种寻租行为或者无声的讨价还价。对地方 B 而言，它不怕等待，即便是要不到追加信贷，最大的风险与损失承担者首先是国家而不是自己。等待本身当然也不是免费的，但对地方 B 而言，如果最后国家还是追加了信贷供给从而使 $L_B^{*\prime}$ 移向 L_B^* 点，那就意味着在较高的边际成本与边际收益水平上重新实现了均衡；或者说，均衡点从原来较低的边际水平 E' 移到了较高的边际水平 E。相比之下，对地区 A 而言，ΔL_A 导出了金融制度创新、对信贷市场的进入与信贷市场结构的转变；而对地方 B 而言，ΔL_B 导出的则是国有信贷需求与供给在更高的边际成本水平上的维持。对地方 B 来说，只要国家最终追加了信贷，对它自身而言，就是有效率的，或者说使其效用达到了最大化，因为 $L_B^l = L_B^*$，也就是说，均衡点从 E' 移向 E 点对地方 B 是一种效率改善，这便是式（9.2）的真正含义。但是，对国家而言，则不一定就是如此，或许这种信贷供给的追加从社会政治意义上可能是一种收益，但从经济意义上讲，如果这种追加主要用于低效企业的补贴，那么就意味着又有一笔信贷资金被低效配置了，直观地看，在图 9—5（b）中，其新增的效率损失相当于 ΔC。

如果以上推论成立，地方性银行的进入本身便会刻画出一种符合"诺思分布"的金融组织空间结构。我们在图 7—3 中已经指出，国有金融组织在地方竞争的驱动下，形成了一种金融组织的空间均齐分布。也就是说，金融组织的分布密度并不受一个地方经济活动规模与市场范围的约束。在图 7—6 中，表现为一条较为平缓的金融组织空间分布线 D^s。但在地方性银行进入的场合，由于金融组织的分布主要受经济发展水平与市场范围的支配，也就是说，金融组织是经济活动规模的函数，因此，金融组织分布密度将在经济发展水平高的地方（如地方 A）相对较大，而在经济发展水平低的地区（如地方 B）相对较小。结果，图 7—6 可以重新描绘成图 9—6。不难看出，图 7—6 的诺思分布线与图 9—6 中的地方性金融组织的分布线 D^L 重合。在图中，D_A^L 与 D_B^L 分别表示地方 A（经济活动规模为较大的 G_2）和地方 B（经济活动规模为较小的 G_1）的金融组织密度。既然如此，从理论上讲，地方金融的进入本身不仅可以改善信贷市场结构，而且同时具有明显改善总体金融组织空间分布结构的绩效。

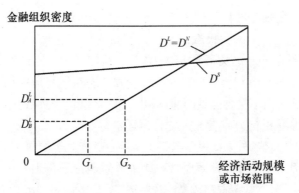

图 9—6 地方金融进入下的金融组织空间分布

四、关于地方性金融安排的效率

从理论上讲，地方性金融安排的进入是改进中国信贷市场结构的一种可能方式。随着更多的金融产权形式（信贷供给者）的进入，国有金融安排的产权重组也将逐步具备起码的外部条件。不过，进一步的问题是，地方性金融安排进入后的信贷市场结构会具有什么样的金融资源配置效率与 X 效率呢？只有经得起效率检验，由地方性金融安排的进入所引发的金融制度变迁才会是有效的。之所以有上述疑虑，是因为，在地方性金融安排后面站立着的同样是一种政府（地方政府），而只要是政府，就必然具有某种暴力潜能与不同于金融产权形式的效用函数与偏好，从而会与国家（或中央政府）一样在制度变迁中面临同样的问题，即：在其推动下的制度变迁中，不仅具有通过降低交易费用实现社会总产出最大化的动机，同时也具有力图获取最大化的垄断租金的期望。这预示着，地方性金融安排的进入本身在理论上也可能面临所谓的"诺思悖论"（North paradox）。

不过，杨瑞龙（1998）的一项研究表明，在中央与地方的财政收入分享比例既定的条件下，不仅地方政府追求可支配财政收入最大化的目标依赖于企业利润最大化目标的实现，而且政府的垄断租金最大化目标的实现也与本地的经济发展水平息息相关，而这又都依赖于企业的扩张与效率的提高。也就是说，地方政府的制度创新具有效率导向。就地方性金融安排而言，它在地方支持下取得进入机会后，时常面临的问题是如何与既有的国有金融安排展开竞争。而要在金融竞争中争取更多的存款份额与信贷市场占有率，就必须进行金融创新。也就是说，地方性金融安排具有创新的内在激励，这种激励有利于其充分利用现有的技术资源向社会提供更加优良的金融服务，因此，地方性金融安排无疑是倾向于 X 有效率的。对以上推论的一种反证情形是，在地方性金融安排进入的地区，国有银行为了维护其市场占有率，大都倾向于金融工具创新，推出多样化的更为便捷的金融服务以应付其他金融安排（包括地方性金融安排）的竞争。[①]

我们已经指出，金融安排的 X 效率取决于其产权结构。可以想象，地方性金融安排进行金融创新的最直接受益者除了金融安排自身之外就是地方政府。因为地方性金融机构通过业务创新与服务创新获取的资金来源越多，就越有利于弥补地方实现最大化效用的信贷需求与从国有银行获取的最大信贷供给之间的差额，并从地方经济的迅速发展中进一步受益。显然，地方政府没有理由不让地方性金融安排拥有一个相对有效率的金融产权结构。有意思的是，地方性金融安排的 X 有效率情形本身取决于这样一种后进优势，即当它进入时，信贷市场上已经存在着其他金融安排（至少已经有国有金融安排），因此，进入本身便意味着竞争的开始。而我们已经在本章第一节第三点中指出，是信贷市场（竞争）选择金融产权结构与激励机制，而不是相反。也许更为重要的是，由地方性金融安排进入而触发的竞争显然不同于国有金融安排内部（如国有银行之间）的竞争，前者是不同金融产权间的竞争，而后者则是同一金融产权内部的竞争。对前者而言，竞争成败的收益（或风险）由不同的剩余索取权的拥有者分别获取（或承担）；而对于后者，如果竞争成功，其收益的大部分很可能由不同的国有银行个人攫取，竞争失败的风险损失则将由同一个剩余索取权的拥有者（即国家）承担。

进一步的问题是，地方性金融安排有谋求收益（效用）最大化的激励并拥有相对有效率的产权结构，那么这能否进一步保证其会将金融资源配置到最有效率（或者说最符合社会福利最优）的地方去呢？会不会因为谋求其自身（包括地方政府）的效用最大化而损害金融资源配置的总体效率（亦即以局部的有效损害全局的有效）呢？从理论上讲，我们不能排除这种可能性，但问题是发生这种情形的概率究竟有多大，会不会存在局部有效与全局有效相互契合的可能性呢？我们已经指出，地方性金融安排的空间分布基本符合"诺思分布法则"。有激励与有能力创设地方性金融安排的地方，其经济发展水平较高，市场范围也较广。这些地方在国有金融安排占据垄断地位的情况下，由于国有银行的存差效应会使金融资源的配置无法达到帕累托最优状态。直观地讲，就是有一部分有效率的生产能力没有得到有效利用从而造成经济增长潜力的浪费与闲置。这部分生产能力的未充分利用对总体金

---

① 这所隐含的一层含义是，地方性金融安排进入的程度同时也决定了这一地区国有金融安排的激励与效率。或者更直观地讲，在地方金融安排进入程度较高的地区，国有金融安排也会具有较高的效率。

融资源配置效率而言无疑是一种损失，而对地方政府的效用实现关系尤切。因此，地方性金融安排设立的直接效应就是可以明显增进对这部分生产能力的充分利用，从而使全局与局部的效用都得到改善。不难看出，地方性金融安排仅从促使生产能力的充分利用这一点上具有使局部有效与全局有效相互契合的机制与可能。可以推想，正因如此，国家也将容忍和默许甚至支持这些地方政府的金融制度创新活动，从而使地方性金融安排进入的成本与难度下降。当国家发现给予地方政府以金融制度创新的机会使该地方的生产能力得到充分利用、金融资源得到有效配置并引起更为迅速的经济增长与税收收入的增加，从而抵消其因金融资源直接控制权力的出让所付出的成本（或减少的收益）时，它便会与地方达成某种程度的合作并有诚意相互维护承诺。如果退出合作对签约双方中的任何一方都没有好处，那么这种签约便是有效率的和富有稳定性的。

值得注意的是，地方性金融安排的配置效率还可从地方间经济的所有制结构与生产力水平的差距相关这一情形中得到说明。肖耿（1997）的一项统计分析结果表明，地方经济的所有制结构与地方工业的生产力水平密切相关。国有工业集中的地区（如西部），工业生产力水平偏低，而非国有工业集中的地区（如东部），工业生产力水平偏高（第431页）。[1] 工业生产力水平的这种地区差异，除国有产权与非国有产权本身所蕴含的不同效率机制外，还导因于市场（竞争）结构的不同。如果假定非国有企业相对效率更高，那么，一个地区非国有企业进入市场的数目越多，或者说其市场占有份额越大，这一地区的总体生产效率就会越高；同时，非国有企业的进入也产生了促使国有企业改进效率的外部市场压力，从而使这些地区的国有企业也具有更高的效率。地方性金融安排率先进入的地区大体上是非国有经济占比较大的地区，而这些地区国有金融安排的效率也较高。[2] 既然如此，我们显然可以由一个地区总体生产力水平的高低和信贷市场的进入者数目的多少来推断其地方性金融安排效率的大小。

---

① 肖耿（1997）对 1985—1987 年间各省多要素生产力指数作了估算，结果是，东部沿海省份为 114.5，内地为 94.2，西部边疆省份为 87.4，全国平均为 100。而沿海省份的高生产力指数基本上可以用其高的非国有工业占比作解释。比如，浙江的非国有经济占比为 66.7%，江苏为 63.4%，广东为 50.6%，山东为 49.5%，福建为 47.5%，全国平均水平为 40.3%（第 436～437 页）。而这些省份正好是地方性金融安排（包括民间金融）最早进入和市场占有率最大的省份（上海市可能是一个特例，但若考虑到 20 世纪 90 年代以来上海经济所有制结构的变化，则它无疑也符合这种情形）。截至 1996 年底，8 家地方性银行中就有 7 家位于广东、山东、福建和上海等地区。浙江虽然没有地方性银行，但其民间金融却十分活跃。

② 值得指出的是，这些地区也是其他全国性非国有商业银行（如中信实业、光大、华夏、招商、民生等）分支机构分布最密的地区，多种金融产权形式的进入与相互竞争共同促进了这些地区金融资源配置效率与生产力水平的提高。

第三节　中间过渡因素与中国金融制度的变迁逻辑

　　以上讨论表明，地方性金融安排不仅具有进入信贷市场的能力，而且也能经受住进入后的效率检验，因此，可通过形成竞争性的信贷市场结构为国有金融安排解决产权结构重组难题创造外部竞争条件，并由此推进国有金融制度结构的变迁。不仅如此，地方性金融安排的进入本身有助于我们从总体上把握中国金融制度的变迁逻辑。在第四章中，我们曾经详细论证了中国渐进改革路径之所以区别于其他中央计划经济国家的基本金融原因。其中主要说明了货币化区间、强大的国家能力以及由此形成的金融支持对中国经济渐进过渡所起的关键作用。不过，这些讨论只说明了中国渐进过渡之所以成功的金融原因，而没有能够说明以下状况：在支持了总体经济渐进过渡的同时，金融制度本身似乎面临着激进的前途，因为国有银行的金融支持能力因巨大的效率损失而处于十分脆弱的境地。一旦国有金融制度难以为继亦即出现激进的迹象，总体经济的渐进过渡就将功亏一篑。正如我们在第七章所表明的那样，如果说中国前半段渐进改革的成功是取决于国有金融制度的扩展与金融支持的贡献，那么，后半段渐进改革的进一步成功推进将取决于国有金融制度能否顺利地实现边界收缩。很显然，前面有关金融支持的分析主要讨论了前渐进改革之所以成功的原因，如果不引入其他因素，我们显然无法依此来解释后渐进改革顺利推进的机理。

　　有幸的是，地方性金融安排的进入使我们寻找到了解释后渐进改革的关键因素。从理论上讲，我们已知，中国存在通过国有金融产权的交易成就其国有金融制度变迁的可能路径，但是，产权交易本身只能改善其金融产权结构与内部激励，却不具备改善金融资源配置效率的功能与绩效。尤其是，在信贷市场上只有几家占有垄断地位的国有银行的情况下，即便其产权结构有了明显转变，也只意味着它们由原来的国家垄断转变为市场垄断，而市场垄断同样会造成金融安排的低效率。更进一步讲，国家垄断的金融安排不管如何低效率，但它总归为前渐进过渡提供了足够的金融支持。在中国渐进过渡中，国家金融垄断的实质是金融约束，即以较低的利率向体制内企业提供较多的信贷，从而保证体制内产出的正常增长。而市场垄断的金融安排则表现为以较高的利率向经济提供较少的信贷，其结果必然是抑制实际经济产出的增长，这就意味着，和国家垄断不同，市场垄断的金融安排具有瓦解渐进改革机制的效应。在这种情况下，信贷市场上新的进入因素的出现就成为保证后渐进过渡的关键。

　　这里，我们有必要重新回到在本书一开始就已经提出的二重结构命题。在导论中，我们确认中国 1978—1996 年这近 20 年的制度变迁面对的是历史遗留下来的制度二重结构背景。通过对 1978 年以来近 20 年中国金融制度结构变迁过程的考察可以看出，这种二重结构本身无疑具有支持渐进改革的功能。因为二重结构本身存在一个富有控制力的上层结构即国家，而强有力的国家的存在又无疑是前渐进改革得以成功推行的关键因素。可是，二重结构不具有推进后渐进过渡的功能。如果说前渐进过渡最需要的是金融资源的集中与体制内产出的平稳增长且只有强有力的国家才能做到这一点，那么后渐进过渡最需要的是分散由前渐进过渡积累下来的改革成本尤其是金融风险，而这显然需要产权结构的重组。产权结构的重组作为一种产权交易过程，又需要一个有效率的市场结构。可是，在不变革二重结构的情况下，由于一方面是强大的占据垄断地位的国家产权形式，另一方面是数目众多而又分散弱小的（由于达成合约的交易费用高昂）很难组织起集体行动从而无法形成强有力的交易行动的经济下层组织，因此，难以构成能够支持产权交易并有效分散风险的市场结构。正如前面有关讨论所证明的那样，这种市场结构不具有保证后渐进过渡的功能。最终，问题就归结为在渐进改革过程中，是否存在走出二重结构的机制。

　　我们的有关讨论已经表明，要走出二重结构，就需要在上层结构与下层结构之间楔入一个中间结构。这个中间结构在现代市场经济制度中表现为产权结构、市场结构与法律结构，有了中间结构，上层结构与下层结构就不再直接接触，其相互关系与利害冲突都通过它来调整，而事实证明，由此构成的三重结构是富有效率的。不过，中间结构的形成并非一蹴而就，而是一个演进过程的结晶，这个演进在西方曾经历过一个相当漫长的时期。因此，对现实的制度变迁而言，更为重要的是寻求中间过渡因素。这个因素需要向上具有与上层结构谈判的能力，向下与下层结构具有某种程度的共同的效用函数与相关利益结构，由此对下层的产权予以保护，同时还可组织起某种程度的集体行动。

　　在中国的渐进过渡过程中，地方政府恰好充当了这种中间过渡因素。[①] 事实表明，地方性产权形式（包括地方性金融安排）的出现对中国制度变迁过程起了某种程度的决定作用。它为中国的制度结构走出二重结构提供了可能。也正是基于此，中国的后渐进过渡才有了延续的制度基础，尽管它对前渐进过渡也十分重要。我们在导论中之所以特别强调"地方行为假定"，其意义也在于此。如此看来，本书所讨论与揭示的地方性金融产权安排进入的重要性本身对中国总体制度

---

　　① 杨瑞龙（1998）曾详尽地阐述了地方政府在中间扩散型制度变迁方式中的特殊功能。

变迁过程具有普遍意义。在 1978—1996 年这近 20 年的中国总体制度变迁过程中，几乎没有哪次成功的产权创新行动离开过地方行为的参与。可以说，中国总体制度变迁过程集中体现为国家与地方以及下层经济组织之间的交易、谈判与妥协。如果这一过程取得成功，将创造一个在长期铸就的二重结构中渐进地内生出崭新的三重制度结构的制度演进范例。理论界已经作出成功解释的中国农村的产权改革经历（周其仁，1994）以及以乡镇企业为代表的非国有经济的成长（田国强，1996；李稻葵，1995）便是最好的例证，而本书的讨论无疑从金融角度为此提供了新的理论解释与经验支持。

二重结构与制度演进
——对中国经济史的一种新的尝试性解释

1. 引言

用经济学方法重新解释经济史的变迁，已在西方获得了巨大成功。这对中国的经济学家和经济史学家来说，无疑是一种前所未有的挑战。中国的经济史是丰富而独特的，可迄今为止的研究却显得单调与缺乏足够的解释力。诺思教授曾在他那本备受推崇的著作（1981）的中文版序言中敏锐地指出："中国现存的详尽的制度知识及其是如何演化的，这亟待作分析。"如果引入新的方法，着眼于新的视角，我们或许会发现有不少历史迹象应当还其本来面目，甚至预示着中国的经济史需要重写。

本文将首先严格界定一些基本概念，因为这些概念一直困扰着人们对中国经济史真相的深入观察。在此基础上，我们依赖既有研究成果的理论支持，解析中国经济史的结构与演进过程。当然，这些成果所涉学科领域以及分析角度互有差异，但我们试图对它们加以整合，使其互相补充。应当指出的是，本文不管使用多少理论工具，最基本的仍然是经济学工具。用经济学方法解释中国经济史，是本文的主旨。不过，本文的讨论只是尝试性的，我并不奢望确立一个重新解释中国经济史的理论框架。

从严格意义上讲，近年来使用经济学尤其是制度经济学方法来讨论中国经济史变迁的成果不能说是没有，并且有些显然是包含着真知灼见的；[①] 国外学术界也不时有这方面的讨论（如鲍威尔逊，1988）。可是从总体上看，这些讨论大都是零散的和简略的，并没有系统触及中国经济史结构与变迁的要害问题。值得一

---

① 比如张宇燕、孔泾源、林毅夫、汪丁丁等的研究。

提的是，许多曾对此问题感兴趣并时有论述的中国学者后来大都转入"过渡经济学"领域，即主要从事 1978 年以来经济改革这一短期制度变迁过程的研究，从而使原本就不雄厚的研究力量更趋薄弱。或许就讨论问题的深度与准确性而言，中外学术界从其他学科领域对中国制度变迁过程所作的研究要比经济学领域做得更好。① 显然，我们需要从这些学科领域汲取更多的知识和获得必要的启迪。

2. 封建主义及其在中国的演进

封建主义是一个存有颇多争议的概念，何怀宏（1996）曾对此作过很好的综述。尽管我并不打算介入史学界长期以来各执一端的有关封建分期的争论，或另立新说，但为了便于本文的分析，我们又无法对此问题加以回避。客观地说，在中国封建分期问题上，西方学者的观点更值得重视。他们比较一致的看法是，先秦为中国封建制度的发生发展期。韦伯（1915）称，先秦以前的中国与西方很相似，到了秦朝，官僚俸禄制的建立意味着封建主义的终结。布迪（1986）认为，"与欧洲封建主义的相似点几乎完全足以说明把这个字眼用于周代开始的四个或五个世纪是有道理的"（第 35 页）。

为了将以上讨论纳入经济学框架，我们不妨依照新制度经济学与制度变迁理论对封建主义进行重新归纳。显然，典型意义上的封建主义至少具备两层内涵：一是封建领主的领地所有权与世袭性；二是封建领主与平民之间的契约关系与产权保护关系。我们之所以强调以上两点，主要是为了进一步表明，典型的封建主义一方面有助于所有权结构在封建国家与封建领主之间的确立；另一方面，当社会经济发展使平民成为所有权的重要拥有者后，有利于在他们与国家之间确立足够的谈判、重新签约以及谋求产权保护的空间。

根据现有的知识积累，我们还很难确定中国的封建主义是不是典型意义上的。但有一点可以肯定，自西周开始大规模实施的封建分封制度显然是国家自上而下刻意安排的，也就是说，"因周室征服中国，分遣其人众以控御四方"（许倬云，1984，第 162 页）。而西欧封建主义则是在罗马帝国消亡的混乱状态中自发兴起的，具有自下而上的性质。借用勒帕日（1977）的表述，封建主义是"奴隶制末期的欧洲人为摆脱混乱局面和恢复最低限度的公共安全而同意付出的代价"（第 66 页）。如果我们把封建主义视为一种制度产品，那么中国封建主义与西欧封建主义的主要区别在于，前者是一种对该产品的强制供给过程，而后者则基于对这种产品的广泛需求。从这种意义上讲，中国西周的封建主义与西欧的封建主义就仅仅是貌似，而实质上则是迥异的。

---

① 如韦伯、亨廷顿、何怀宏、许倬云、梁漱溟、魏特夫、费正清和张光直等的研究。

如果不作严格意义上的考证和时限划分，西周封建主义在公元前 770 年的东迁之后已近乎瓦解。若把封建主义肇始的年代确定在周代建国之时（即公元前 1025 年），那就是说，中国的封建主义前后不过存在了两个半世纪的时间。而西欧封建主义则自公元 5 世纪到公元 1500 年前后存在了 1000 年（诺思，1981，第 141 页）。封建主义在中国存在的时间如此之短是耐人寻味的。理论界已有人觉察到：如果中国不是相当早地进入，而是相当早地脱离了封建社会，那么就会有一个并非"中国封建社会为何如此之长"而是"为何如此之短"（或者说"中国为何如此早地进入，又如此早地退出封建社会"）的问题（何怀宏，1996）。或许中国两千余年经济停滞不前最后让西方远远超出之谜就隐藏于此。

实际上，中国封建主义的短促命运在其自上而下形成的那一刻即已注定。从严格意义上讲，中国的封建主义并不具有内在的契约关系和产权保护因素，而是从嫡庶制到宗法制再到封建制演进而来的。费正清和赖肖尔（1973）认为，西周的封建主义"与西方的封建主义确有某些相似之处，但实际内涵可能相差甚远，它主要依靠血缘的和非血缘的亲属关系纽带来进行有效的控制，其次才依靠封建的法律准则"（第 32 页）。也就是说，与欧洲的封建主义相比，西周封建主义具有浓厚的"亲亲色彩"（何怀宏，1996，第 11 页）。这种封建主义的存在完全取决于封建君主的权威与控制能力，因此它缺乏内在的制衡机制而具有极不稳定的性质。当封建君主的控制能力趋于下降时，封建结构便随之松弛。在这种情况下，原来的封臣就会相继成为独立的君主，原来的封国也随之变成独立的国家（如春秋五霸与战国七雄）。进而，各个新国家为了集中更多的资源与对手展开竞争并在竞争中取得优势，便纷纷废除世袭以集中权力，把国土组合成各种新的行政单位（如郡县），重新任命官吏进行管理。结果，封建主义遂告瓦解。

由以上讨论可以进一步引出国家与封建主义的两种迥然不同的逻辑联系。在西欧，真正意义上的国家是封建主义瓦解的产物。根据诺思（1981）的考察，国家之所以出现，是因为由国家接替封建领主对产权实施保护更为经济；尤其是，"当贸易与商业的发展超出了庄园和城镇的范围时，农民、商人和托运人就发现，更大的强制性权威可以降低保护的私人成本"（第 158 页）。无疑地，这里有一个产权保护职责由封建领主向国家自然转移的过程。可是在中国，国家从一开始就介入了封建主义，它不是一个演进过程的结晶。或者说，国家①是封建主义这一制度安排的提供者与创设者，这是中国封建主义的基本特征。仅从这种意义上讲，在中国就从来没有出现过典型的封建主义。

---

① 当然，这里的国家并不是现代意义上的国家。

需要指出，国家的过早介入是一柄双刃剑。较早地进入国家社会的优势是，可以在短期内动员和集中大量的经济社会资源，创造出空前的文明。但这种优势的另一面却是其致命的劣势。国家社会很难保证统治者总是能够单方面主动地推行适宜的社会经济政策，当国家为了满足自身偏好而追求某种低效乃至无效的资源配置方式时，由于缺乏相应的约束和制衡机制，就会导致资源的巨大浪费和经济社会发展的停滞乃至倒退。李约瑟（Needham，1986）曾归纳了两个具有挑战性的问题，即：为什么中国历史上一直远远领先于其他文明？为什么中国现在不再领先于外部世界？林毅夫（1994）将此概括为"李约瑟之谜"。麦迪森（Maddison，1996）也曾通过详尽的历史考察表明，"中国的经验更加令人困惑，两千年以前，它的经济实绩水平可能相似于罗马帝国，从大约公元 500 年—1400 年高于欧洲水平，但是中国人均收入从 1400 年到 1500 年停滞不前，而西方则慢慢地赶上去了。"他猜测，这恐怕是"中国在造就世界上最庞大、最持久的政治实体方面的成功与资本主义发展的成功不能并存"（第 28 页）。而根据上面的讨论，我们可以确认，其中的奥秘在于国家的过早介入。15 世纪后的中国之所以开始落后于西方，显然是因为在那时，西方开始出现现代意义上的国家，这种国家与中国长期存在的国家相比，无疑具有创造现代文明与增进资源配置效率的比较优势。

3. 中间层与二重结构

西欧封建主义的主要功绩是给西方社会经济结构成功地塑造了一个中间层。[①] 前面已经指出，西欧封建主义（尤其是庄园制）最鲜明的特征是平民与领主间的契约关系，这种契约关系使封建领主得以发挥其特殊作用。他们一方面是介于君主与平民之间的一个缓冲层，在面对外力的侵扰时，他们要保护其平民的利益；另一方面，对其平民他们不能为所欲为，因为领主与领主之间的竞争使其常常"有诱因去遵守契约规定"（诺思，1981，第 147 页）。由于保护产权与遵守契约是有成本的，因此当贸易与交换规模突破领主的地理限制时，领主们也情愿把产权保护权转让给国家这个在保护产权方面具有规模经济优势的组织。由于原来处于领主保护下的平民此时已获得了稳定的财产权利，因此他们也就具有了与国家谈判的能力，也就是说，国家已不可能进行单方面的控制。与此同时，在商业与制造业发展的推动下，新的产权保护组织（如行会）随之出现，这些组织

---

① 从理论史的角度考察，亚里士多德曾在《政治学》中论及商业中产阶级（中间层的一种形式）与民主政治的关系；刘易斯（1955）阐述了制度变迁过程中中间层的重要作用；布罗代尔（1979）曾考察了市场上层组织（即本文所指的中间层）与西欧资本主义发展的内在联系。

"提供一套初步的规则，通过非官方的管理对成员的财产提供保护"。到后来，基于同样的理由，产权保护已从这些组织转向国家（诺思，1981，第151页）。结果，国家通过提供制度产品来保护产权而不介入经济过程实施控制，商人、企业家以及经济组织则自愿地支付一定的费用（税收）购买制度产品并消费国家的产权保护。这样，当领主退出后，自由民、商人和企业家则能够继续得到国家更为廉价的保护，而没有普遍出现国家介入的情形。正是在这种情况下，企业家、银行家和许多类型的经济组织迅速崛起，成为经济增长的主要贡献者和社会经济结构稳定的中间层。在布罗代尔（1979）看来，仅西欧完成了市场上层组织的构造，这也许是上帝的错爱。由此可见，西欧封建主义为资本主义的发展准备了起码的产权与组织条件。

然而，中国的封建主义缺乏导出中间层的机制。我们已知，西周封建主义具有自上而下的形成逻辑与征服后的控御性质，因此，封臣和贵族是作为君主的代理人去控制与管理平民的，这就决定了，在君主控制能力强大时，封建领主不会发挥多少缓冲作用，而当君主力量式微后，他们却都纷纷各自转变为新的君主。领主的不同作用决定了中国与西欧社会结构的巨大差异。在西欧，领主处在经济社会的中介位置发挥着缓冲作用，因而形成一种君主—领主—平民相互制衡的三重结构；而在中国，贵族要么受制于君主，要么完全脱离君主，它始终没有扮演过像西欧封建领主那样的角色，结果导致了社会结构的二重性质。进一步地，由于中国封建领主与平民间的关系具有强制性，因此不难设想，平民时常怀有不满情绪和对抗心理，他们不免存有从这种关系中脱身以寻求更能满足其偏好的制度的愿望。伴随封建主义解体而出现的官僚等级体制正好迎合了这种偏好。这种制度除了使他们走出原有的那种强制关系外，更重要的是使自己获得了前所未有的升迁机会与选择自由。仅从这种意义上讲，正是平民与新的官僚力量联合在一起战胜了封建（贵族）主义。结果，原来依附于贵族的平民变成了新的国家的经济和军事势力的基础（谢和耐，1972，第68页），社会不再是贵族与非贵族对称，而是官与民对称（何怀宏，1996，第82页），从此形成了对以后中国社会经济演进过程发生决定性影响的官民二重结构。在这种结构中，"按照法律，家产制官僚机制直接统领小市民与小农民，西方中世纪时那种封建的中间阶层，无论在法律上，还是实际上，都不存在"（韦伯，1915，第100页）。当然，需要指出的是，这种官民二重结构实际上直接导因于上述封建主义的二重结构，或者说，前者是以一种新的形式对后者加以承继和强化的结果。

在封建二重结构中，领主与平民间并不存在严格意义上的契约关系，这就意味着，他们的行为与境况一直偏离某种均衡状态，因而相互间存在很大的调整余地与改善区间，尤其是平民的调整需求十分强烈。这种调整需求一方面促使了封建主义的过早解体；另一方面也导致了封建主义解体后社会流动性的骤然增强。根据许倬云（1982）的统计，春秋时期在政治上活动的出身微贱的所谓"新人"所占的百分比为 26％，到战国时期则上升到 55％（第 329 页、第 340 页）。本来，社会流动性的增强是更有效率地动员和配置社会经济资源、创造更高程度文明的重要条件，比如刘易斯（1955）就曾得出过实证考察结论，"经济增长一般是与向上或向下的高度垂直流动相关的"（第 101 页）。不过，出人意料的是，这种常理却并不适用于解释在中国发生的事情。[①]

　　问题的关键是，在中国，上述调整或社会流动只能在一种新的二重结构中进行。或许，封建主义解体后出现的官民二重结构在很大程度上正是通过这种调整过程才得以确立和强化的。相对于封建二重结构而言，官民二重结构无疑提供了更多的选择机会，这就预示着人们的境况有了得到某种改善的可能。对整个社会来说，这是一种莫大的激励，人们便都为改善自己的境况而纷纷行动起来。但是，从总体上讲，境况改善的过程是零散的，仅与孤立的个人行动相联系，而一时无法加总为一种整体改善。不过，零散的境况改善具有其特殊意义。在封建主义解体后，社会要素与资源在按照新的二重结构作重新组合，而这种重新组合需要的正是零散的境况改善；一旦出现整体改善，新的二重结构将难以维系，因为整体改善合乎逻辑的结果是具有谈判能力并可采取集体行动的新阶层（极有可能是中间层）的出现。事实上，与西欧相比，中国封建社会解体后，经过迅速的内部分化融解，社会成为分散的个人的集合，而不像西欧那样是阶层或集体的集合。在这种情况下，士农工商只是四种职业，而不是阶层，因此中国社会是一个职业分立而非阶层对立的社会。"在此社会中，非无贫富、贵贱之差，但升沉不定，流转相通，对立之势不成，斯不谓之阶级社会耳"（梁漱溟，1937，第 171 页）。无疑地，正是上述的分散的个人集合与零散的境况改善以及"升沉不定，流转相通"，才保持了官民二重结构的超稳定性与长期延续。

　　同等重要的是，在中国的官民二重结构中，存在着一个特殊的获益机会分布结构。也就是说，获益机会主要集中分布于社会的上层结构（即官的层次）中，相比之下，西欧的获益机会则集中分布于中间阶层。获益机会的这种分布状态决

---

　　① 当然，刘易斯也注意到了这一点，如他曾认为，开放社会（即允许垂直流动）有利于经济发展，但并不存在一种简单的历史形式。"如果对比 19 世纪的中国和日本，就不容易确定在这种意义上说日本社会是否比中国社会开放"（第 105 页）。关于此类问题的讨论还可参见赖肖尔（Reischauer，1957）、W. 洛克伍德（Lockwood，1956）、霍尔特和特纳（Holt & Turner，1966）以及亨廷顿（1968）。

定了各种社会成分（士农工商）的行为选择与社会资源的流向。我们不妨以士、商为例。前者拥有知识，后者拥有资本，但在中国，他们都不是把知识和资本分别投向技术发明与产业投资从而贡献于可能的经济增长，而是主要用于与上层结构有关的各种渠道（比如科举与寻求官府的庇护等）。

至此不难看出，中国长期以来所谓的社会流动原来是以社会资源的此种配置为内容的，因此可以大胆推断：正是封建主义解体后骤然加快的社会流动，摧毁了中间层形成的基础。

4. 产权保护的重要性

在封建主义解体之后，中国的社会流动大大增强，人们获得了空前的经济自由。据一些学者的研究，早在战国时期，中国社会就已经发育成具有显著市场经济特征的形态，其大部分土地归私人所有，劳动力已实行高度社会分工，并且有了相当的自由度和运行完好的生产要素市场和产品市场（Chao，1986，第 2～3 页）。甚至有人认为，那些被经济学家和历史学家认作是产生了 18 世纪末英国工业革命的所有主要条件，在 14 世纪的中国几乎都已存在了（林毅夫，1994，第 244 页）。但问题是上述自由与市场条件并没有促成中国的工业革命与经济增长。韦伯（1915）在对中国社会经济演进过程作了一番细致考察后不解地指出："中国人享有广泛的货运自由，和平、迁徙自由，职业选择与生产方法自由，并且也不嫌恶商业精神。然而，这一切却没有导致现代资本主义在中国兴起。"（第 272～273 页）自由、市场出人意料地与经济增长失去了应有的逻辑联系，这的确令人费解。

若循着本文前面讨论的路径，不难推断：在一个缺乏制衡机制与产权保护装置的社会里，过早地出现财产私有、经济自由与市场交换，并不一定是一件十分有意义的事情。我们注意到，公元前 594 年鲁国的"初税亩"和公元前 350 年秦国的"废井田，开阡陌"并允许"民得买卖"土地等史实实际上标志着中国社会开始从封建二重结构向官民二重结构全面转换。将赋税直接缴给独立后的国君而不是原先的封建领主，说明封建贵族与平民之间原本就不那么牢固的封建关系完全解体。尽管这种社会转型使平民获得了经济自由并因此产生了巨大的劳动激励从而有助于提高假设的农业产出，但是新的自由又迫使农民完全负责他们自己的需要，而得不到封建主原来提供的保护（布迪，1986，第 42 页）。结果，出现了新的产权形式与产权保护制度极不配称的格局；前者所蕴含的巨大经济能量也就无法顺利导入正常的经济增长过程。

新的产权形式与产权保护制度未能同步确立，这是中国封建主义解体的必然后果。从理论上讲，国家是不会自动提供产权保护的，只有当社会与国家在对话、协商和交易的过程中形成一种均势，才可能使国家租金最大化与保护有效产权创新之间达成一致。经济长期增长的关键，既不是孤立的国家，也不是孤立的产权形式，而是产权与国家之间先是随机进行，而后是被制度化了的彼此妥协（周其仁，1994）。我们已知，在中国短促的封建阶段，平民并没有获得多少谈判能力，因此封建主义解体使人们得到的只是更多的经济自由、选择机会与孤立的产权形式，而不是一个作为谈判与协商结果的全新的产权结构。前者可以理解为官僚制度对平民支持的一种报偿，但这种报偿是有限度的，也就是说，不能将平民所获得的相对分散的经济自由与财产权利最终加总为后者从而成为一种制衡力量。平民们或许最终会发觉，他们在与新的国家联手战胜了封建贵族之后，得到的却是没有保护装置的所有权、自由与机会。

事实上，中国封建主义的解体所引致的只是国家代理人角色的替换，即由原来可世袭的封建贵族转变为不可世袭的官僚阶层，而国家作为财产最终所有者的身份（即"普天之下，莫非王土"）并未发生丝毫变化。相比之下，在封建贵族时代，因其世袭性，贵族与平民之间具有较长期的利益预期；虽然双方之间的契约关系并不像西欧那样牢固，但国家毕竟因此不能直截了当地支配平民，尤其是在封建领主的力量处在上升时期时就更是如此。可是到了官僚时代，官吏是国家意志的直接代表，而且因其不可世袭而具有很强的流动性，这样，在官吏与所辖平民之间就没有稳定的利益预期，相互之间根本不存在保护关系，国家对平民的支配也就变得更为直接了。由此不难理解，为什么国家动辄利用其暴力潜能变更或侵入平民的所有权边界以及其面对土地的周期性兼并和掠夺却束手无策。值得指出的是，如果从中国制度变迁的长期过程来观察，就会发现在历朝所推行的"均田制"改革、历代农民起义"均贫富"的呐喊以及改朝换代之际对土地大规模重新分配的举措背后掩藏的是残缺的产权结构与产权保护制度。

作为国家与社会彼此妥协的一种制度化结果，法律体系结构最能反映一国产权保护装置所达到的水平。根据诺思（1981）的考察，古代西方世界经济史的核心就是发展中的政治结构和纳入罗马法的产权的相应演变。这种传统在欧洲大陆一直保留到现代。他认为："伴随着这种政治转变的是罗马法的发展与日益完善，这种法律是确立在要素和产品市场的排他性个人产权基础上的。雅典的产权结构是以法律为基础的，而罗马人的贡献是精心设计出一套完整的民法体系，它强化了高度发达的交换经济中的契约关系。在公元最初两个世纪里，在整个地中海地区交换经济都在发展。商法的制定是罗马社会在经济上的一大成就。同样重要的是财产法，它们解决了对在帝国早期曾是劳动力的主要来源的奴隶所有权问题。"（第123页）泰格和利维（1977）在专门研究法律与资本主义兴起之间的关系时发现，商人阶级随着自身实力的不断壮大，其扩展活动领域的要求也日益强烈，他们创办了工厂、银行与市镇，由此触动了封建领主的经济政治利益，双方的冲突也就不可避免；冲突的结果是最终达成妥协，并出现法律协调。与此同时，基于商业贸易对契约法则的内在需要，商人阶级也自己订立了法律。总之，在西欧，随着以商人阶级为最早代表的中间层的崛起，产权保护需求迅速扩大，与此相对应，法律体系也就应运而生。结果，产权结构与法律制度一道共同奠定了资本主义发展的基础。

可是，在古代中国，几乎不存在旨在保护产权与调整经济生活的法律结构。布迪（1963）的研究表明，中国古代的法律（成文法）完全以刑法为重点。对于民事行为的处理，要么不作任何规定（例如契约行为），要么用刑法加以调整（例如对于财产权、继承等）。保护个人或团体的利益，尤其是使经济利益免受其他个人或团体的损害，并不是法律的主要任务，而对于受到国家损害的个人或团体的利益，法律则根本不予保护。可以说，在法律出现以后，它既不维护传统的宗教价值，也不保护私有财产，其基本任务是政治性的，是国家对社会施行更加严格的政治控制的手段。法律作为一种公共物品，出于规模经济的考虑本应由国家提供，但问题在于，这种提供是出于国家单方面的制造，还是基于社会经济的广泛需求，其绩效是迥然不同的。更明确地说，法律作为一种产权保护装置，它一定是内生于产权的；若不是如此，它不仅不能对产权形式提供保护，而且还会导致对产权的侵损。实际上，从古代中国中间层之式微即可推出产权保护装置之脆弱。我们已经指出，在二重结构中，社会经济力量的分布极为松散，几乎没有什么阶层能拥有足够的谈判能力，这样，社会经济中就不会有广泛而有效的产权保护需求。显然，法律体系之残缺与中国社会的二重结构具有内在的逻辑联系。

既然缺乏产权保护的法律装置，那么社会的技术进步与投资欲望便会受到遏制。史实表明，在中国，商人和企业家如果得不到官方支持就无法兴旺发达，即使发了财的人，也宁愿将财富用于购置地产和兴办教育，而不投资发展早期产业（肯尼迪，1988，第10页）。在这种情况下，唯有国家保护下的产权形式即韦伯所定义的"政治资本主义"才能得到扩展，而"企业资本主义"则很难产生与生存。

5. 制度演进的周期性

在中国社会的二重结构中，一方是具有暴力潜能的国家及其规模庞大的官僚体制，另一方是分散的民众阶层。这种力量极不对称的社会结构意味着上层的偏好与决策缺乏来自下层的制约与纠偏，由此决定了社会稳定与经济增长在很大程度上依赖于国家或帝王的权威性、开明程度、所采取政策的有效性以及代理人阶层的廉洁与办事效率。显然，这些条件对任何一个官僚统治集团来说都是近乎苛刻的。比如，国家的权威性会随着权力的逐代传递而递减，统治者的有限理性会影响其开明程度与政策的有效性，而监督控制成本与信息成本的存在使得官僚体制的廉洁与效率难以保持。在中间层存在的场合，这些问题可以经由一个有效运转的市场与法律结构以及其他相应的制度安排得到处理。事实上，中间层本身就是一个克服有限理性、节约制度成本与实现经济协调的装置。可是在中国，由于缺乏这一装置，以上问题就只有通过周期性的制度震荡来解决了。具体表现为，在每朝开国之初，君主贤明而富有权威，且政令畅通，整个制度的运转效率也较高，因此社会趋于安定，经济逐渐复兴。但是随着时间的推移，上述支撑制度有效运转的条件会逐一失去，这样，由盛而衰的转折将难以避免，而且往往一发不可收拾。每到此时，一个新的统治集团便随之涌现出来，并开始重复又一个制度演进周期。

不容忽视的是，在制度有效运转条件逐一失去的同时，整个官僚阶层的规模及其消费需求却随之膨胀起来，而这种状况反过来又进一步加速了制度运转条件的消失。由于残缺的产权结构与产权保护制度不能给作为主要生产者的下层提供足够的激励，导致了生产技术的落后与投资不足，经济产出也因此出现停滞乃至负增长（在遭遇自然灾害时就更是如此，而中国又是一个灾害频繁发生的国度），因此每当制度演进跨过由盛而衰的折点，社会的需求与供给便立刻进入高度紧张的状态。这种状态既体现在呈周期性上扬的粮食价格上（张杰，1993，第 135～149 页），也反映在下层（尤其是土地耕作者）所承担的越来越繁重的赋税上。当粮价与赋税超越某种限度时，下层与上层之间的"革命性"冲突就在所难免。

以上的讨论显然带有常识性。不过，值得深入考察的是，上述革命性冲突并没有产生制度创新的绩效，而是频繁导致了下层对上层的简单替换。由于原本就不存在双方认可并得到有效保护的产权边界，或者这种产权边界仅仅显示的是上层的偏好，因此每次由下层发动的制度变迁行动便必然从打破原有的产权边界开始，而以按自己的偏好重新界定产权边界告终。并且，由此确定的产权边界同样不体现双方同意的原则与包括谈判妥协的内涵。剥夺剥夺者，以强制对付强制，成为中国古代制度变迁的基本逻辑。基于这种逻辑不难推断，作为制度变迁的发动机制，中国历代的农民起义无非是把某一部分人从上层赶下来再让另一部分人跻身上层的过程。或者说，每次制度变迁在付出了巨额的成本之后，其结果只不过是对原有制度结构的简单复制。

社会的二重结构最容易造就导致上述周期性变迁的社会基础，从理论上讲，整个下层都是制度变迁的潜在支持者与参与者。我们已知，在每朝开国伊始，人们大都获得了土地与其他形式的财产并具有了相对稳定的收益，但这种收益并没有从产权制度上得到确认与保护，从长期看，它具有极不稳定的预期。随着王朝从早期的平稳走向中晚期的动荡，预期的不稳定性也会陡然加剧。当人们从现有制度中所获收益递减且不稳定性上升时，对制度变迁的期望值无疑会增大。换言之，如果人们在现有制度内得不到什么收益，那也就意味着，在这个制度被推翻的过程中，他们几乎不支付任何成本，制度变迁可能带来的预期收益在他们眼里就会被无限放大。在这种情况下，人们很容易被"均贫富"与"耕者有其田"等许诺所吸引而加入到制度变迁的过程中去。相比之下，在三重结构中，由于存在完备的产权结构与产权保护制度，人们具有稳定的收益预期。在面临是否参与制度变迁的选择时，他们首先得考虑制度变迁要支付多大成本与可能带来多少收益。只有当制度变迁的边际收益大于边际成本时，他们才选择支持或参与制度变迁。由此可见，由三重结构所支撑的制度框架具有相对稳定性。即使发生了制度变迁，其结果也不会是制度复制，而是制度创新。

从某种意义上讲，制度变迁的周期性与复制功能进一步说明了制度本身所具有的可塑性与柔韧性。希克斯（1969）曾经认为，中国成功的官僚政治制度确实达到一种非常稳定的均衡状态，它经受得住猛烈的冲击（如 13 世纪蒙古人的入侵），并在强大的冲击之后仍能复原（第 20～21 页）。事实上，每次制度变迁所起的作用是释放掉导致制度非均衡的能量，制度变迁告终之时，便是制度恢复均衡之日。由于在制度变迁过程中，改变的只是财富、权力等制度存量的分配与占有结构，而很少有制度增量的产出与积累，因此，不管制度变迁行动表现得多么激烈，也仍不过是在原有的制度结构中兜圈子。破而不立，这是中国古代制度变迁的显著特征。从理论上讲，制度创新是否能够实现，取决于制度变迁能否改变既有的制度结构，从而调整和扩展制度选择集合以及制度选择空间，因为一种创新的制度安排只能从可供选择的制度安排集合中挑选出来。制度安排集合越多，制度选择空间越大，制度创新的概率就越高。可是在二重结构这样一个制度环境中，许多制度安排被剔除，制度选择的空间十分狭窄。当原来的制度结构被打破后，在所面对的制度安排"菜单"上，除了原有的那些制度安排外，并没有什么别的"菜"可选。

6. 儒家意识形态的作用

对处在不同社会背景与制度环境中的经济组织与个人而言，其实现行为规范与利益协调的途径与方式存在显著差异。在一个健全的三重结构中，主要依赖于以法律与市场结构为主体的正式制度安排，而在二重结构中，除了国家的直接控制外，则基本借助于意识形态这一非正式的制度安排。当然，意识形态作为一种节约机制与使经济体制可行的社会稳定要素（诺思，1981，第 51 页、第 53 页），为任何社会所必需。但问题在于，意识形态在不同制度环境中的作用性质及次序是迥异的。在西欧，意识形态在正式制度安排的基础上发挥作用，二者的关系是互补的；而在古代中国，由于不存在严格意义上的市场与法律结构，因此前者在很大程度上充当了后者，并与国家控制互为补充。显然，意识形态在中国发挥着与西欧不同的节约功能。它节约的不是经济资源配置中的交易费用（事实上反而增加了这笔费用），而是国家控制费用。

应当看到，在二重结构中，上述现象的产生具有逻辑上的必然性。我们不妨领略一下秦汉之际法家与儒家角色转换的奇特历史图景。法家强调国家的严格控制，秦国统治者采纳其主张并在与六国的竞争中获得了最后的胜利。但令人惊讶的是，这种"法家的胜利"却颇为短命。这表明，在二重结构中，仅仅依赖国家的控制是远远不够的。随着国家规模的迅速扩大，国家的代理人结构趋于复杂，代理链条也大大加长，加上社会流动性自战国以来骤然加剧，而失去既得利益的封建贵族不时存有抵触情绪，这一切都会导致国家控制费用急剧上升。新统治者为了追求租金最大化就不得不继续使用法家的严刑酷律，结果，从历史巨变中尚未完全平静下来的下层被再度触动，新王朝在他们的不满与对抗中顷刻瓦解。继之而起的汉王朝无疑从中获取了教训。在经过汉初崇尚"无为而治"的短期调整（这种矫枉过正的策略也招致了社会不稳定）之后，新统治者开始谋求一种不"法"（避秦之弊）不"道"（避汉初之弊）亦法亦道的国家治理结构（张杰，1993，第43~45页）。相比之下，法失之严酷，道失之放任，而儒则显得宽严有度，兼法道之所长。因此在新的国家治理结构中，它自然而然地登堂入室（"罢黜百家，独尊儒术"），成为占支配地位的意识形态。[①]

需要指出的是，儒家意识形态的地位一经确立，其礼的精神与规范便不仅全面渗入人们的日常社会经济生活，而且逐渐融入法典，导致了法律的儒家化。据考证，这一过程始于汉代，完成于653年颁行的《唐律》。这样，儒家的道德习俗（礼）以实在法（法）的形式存在，具有了正式的法律效率；实在法作为自然法（礼）的具体化，又发挥着道德规范的作用（布迪，1963）。结果，古代中国社会便完全交由儒家意识形态来调整。

社会的调整是依赖于市场机制与法律契约还是意识形态或道德伦理，其绩效是截然不同的。就前者而言，尽管价格和法律体现了人们由冲突（非均衡）到妥协（均衡）的内生逻辑，或者说它们是人们制造出来的，可是妥协或均衡一旦达

---

① 当然，此儒家已非彼儒家，它是一个广泛整合了其他学派思想包括法家思想的折中主义体系（布迪，1963）。

成，价格和法律便都会成为外生于人们具体的社会经济行为的权威，任何个人都无法对其施加影响，最终它们也就被人们一致认可为普遍主义的准则而加以尊崇。事实表明，普遍主义准则的存在使社会的信任结构与合作秩序得到扩展，并由此进一步产生了节约社会交易成本和改善资源配置效率的绩效。

相比之下，在由儒家意识形态来调整的古代中国社会里，人们彼此认定的都是具体的人，而不是什么抽象的原则或法律条文（霍夫亨兹和柯德尔，1982，第58页）。可以说，整个社会结构是依托于人际关系的网络而确立并扩展的。显然，在这种所谓的"差序社会"中，由于"一切普遍的标准并不发生作用，一定要问清楚了，对象是谁，和自己什么关系后，才能决定拿出什么标准来"（费孝通，1948，第35页），因此，存在着无数个小的信任系统。[①] 在这种信任系统内部，人们彼此之间的信任感十分强烈，而在信任系统之间，又表现出同样强烈的不信任感。韦伯（1915）不无偏激地认为，在中国，作为一切买卖关系之基础的信赖，大多是建立在亲缘或类似亲缘的纯个人关系的基础之上的。同时，政治与经济组织形式的性质完全依赖于个人的关系，以至于所有的共同行为都受纯粹个人的关系尤其是亲缘关系的包围与制约。官方的独裁、因袭的不诚实，加之儒教只重视维护面子，结果造成了人与人之间普遍的猜疑。这种怀疑一切的态度，妨碍了所有的信用与商业的运作（第266～274页）。基于此，经济资源被人为地分割成无数小块，相互之间的流动与组合往往因需支付高昂的交易成本而无法实现，整个社会难以享受到由合作与交换范围的扩展所带来的巨大好处。

7. 特殊主义的两种后果

将中国和日本看作处于近似文化结构中的两个国度，这似乎已成为一种共识。但问题在于，既然中日两国的文化结构似同，却为何走出了迥然不同的发展道路呢？有人也许会把日本制度结构的演进与迅速的经济发展归因于19世纪明治维新的成功，而将中国的停滞不前归咎于几乎同一时期的"百日维新"的失败。可是，事实上，中日两国的根本制度差异可以追溯到更遥远的时期。

美国经济学家鲍威尔逊（1988）的一项研究表明，在公元6、7世纪，日本的财产所有权制度受到中国的很大影响。公元604年的大化革新使日本确立了皇帝的至高无上的权力，并没收了豪门贵族的土地，推行了中国的均田制。但是，从8世纪形成庄园制之后，却在制度结构上走上了与中国不同的道路。在这种庄

---

① 这里的小信任系统具有多种形式，它可以是一个单独的个人，一个家族，一群朋友，一个部门，甚至是一个地方。

园制中，皇帝的势力不如有封地的贵族，使贵族得以在皇帝与农民之间充当缓冲角色。因此，与中国相比，在日本，国家对农民财产权的控制要弱得多。到了14、15 世纪，便形成了一个类似于西欧封建主义的契约封建体制。在这种体制中，无论是封建领主、幕府将军还是皇帝都无权否认农民与商人的财产权利。17世纪以后，随着商人阶级的崛起，一些有利于生产与商业的法规获得通过，法律结构与产权结构因此得以确立（第 125～128 页）。可见，导致日本制度创新与经济增长的制度基础早在 8—12 世纪的封建主义时期就已初步奠定。

显然，中国与日本的制度差异可直接追溯到各自封建主义的差异。从总体上讲，日本社会与中国秦以前的社会有很大的类似性，但与秦以后的中国社会类似性很小（贝拉，1955）。一直到 19 世纪中期，日本的权威和权力都要分散得多，中国是个官僚政治帝国，而日本则实质上仍是封建的。日本社会等级分明，社会流动几乎不可能；中国社会则比较开放，允许个人在社会和官僚的阶梯上上下流动（亨廷顿，1969，第 154 页）。难怪洛克伍德（Lockwood，1956）说，在 1850 年，如果一个外人被问道，中日两国未来的发展潜力孰大孰小，他会"毫不犹豫地把宝压在中国身上"。而根据我们已有的讨论，正是这种上下流动导致了中国的停滞。就是这样一个使得德川时代的日本与清代中国相比显得如此落后的封建体制，为将传统的宗族和"新生商业集团一起融入政治体系之中提供了社会基础"（Reischauer & Fairbank，1960）。因此，日本的封建主义发挥了与西欧的封建主义十分近似的作用，也就是说，它成功孕育了一个三重社会结构。由此就可以解释，为什么日本与西欧虽然在 16 世纪以前互不往来，并且在之后的德川时期减少了与对方的交往，但经济演进与发展过程却是如此相似，而且在 11 世纪后两者出现了令人难以置信的巧合。

我们已经指出，在中国，儒家意识形态之所以被推崇是为了弥补封建主义过早解体后所出现的社会协调机制（主要是产权结构与法律制度）的断层。也就是说，它已不仅仅是一种意识形态，而在实际上成为整个制度结构中一个不可或缺的正式制度安排（尤其是在法律儒家化之后）。而在日本，儒家意识形态的引入并没有对其制度集合中的任何一种制度安排起到替代作用，儒教仅仅是一种非正式的制度安排。事实上，儒教并非从结构到要素完全被日本所接受，而是受到日本古代社会结构与历史文化的制约而被加以选择的（陈来，1997）。森岛道夫（1967）认为，"如果人们承认对同一个《圣经》的不同解释能够在不同的民族中培育出相异的民族精神，并有助于创造出一个完全不同的经济环境，那么，应该说这种理论不仅应用于西方时肯定正确，在应用于东方时也肯定正确"（第 7页）。日本的儒教非常不同于中国的儒教，日本的儒教开始时与中国的儒教信奉同样的准则，但由于对这些准则的解释不同，结果在日本产生了一种完全不同于中国的民族精神。

由此就不难进一步理解，日本的特殊主义竟然与分工制达成了一种默契，并创造出最高的效率（郑也夫，1995，第52页），原来是因为有成熟完备的产权结构与法律制度（普遍主义）作基础。在普遍主义存在的场合，特殊主义的介入会节约交易费用，增进合作、交换与效率。可以说，特殊主义为日本社会经济结构提供了许多有利于减少监督成本与组织成本的小信任系统，而在这些小信任系统之间又有健全的市场和法律等普遍主义要素相沟通，从而使之可以进一步扩展为有利于竞争展开、信息传递与资源有效配置的大信任系统。特殊主义与普遍主义相互兼容，这或许是日本崛起之谜的真正谜底。而我们已知，在中国，小信任系统十分发达，但是由于缺乏产权、市场和法律制度等普遍主义要素，它们无法联结成一个大的信任系统。在不存在普遍主义的场合，特殊主义会变异为关系主义，从而增加交易费用，妨碍合作秩序的扩展。

8. 结论性评论

本文对中国经济史的结构与演进过程作了尝试性的考察与解释。结果表明，对制度演进路径与绩效产生决定性作用的封建主义在中国表现出与西欧以及日本迥异的情形。中国的封建主义带有浓厚的国家塑造色彩，其确立与延续取决于国家自身的控制能力，可是，国家控制能力又很难长久保持，因此，当国家控制能力在春秋之际急剧下降时，封建主义便告终结，代之而起的是社会的剧烈流动和官僚集权制度的建立。令人感到意外的是，本文的讨论揭示了与理论界长期坚持的"封建主义的延续导致了中国经济停滞"这一观点截然相反的命题：中国经济增长自14世纪以来之停滞，不在于封建主义之漫长，而在于封建主义之短促。其原因在于，由于封建主义短促，作为经济社会发展的中间层没有获得确立与发展的机遇，而在西欧长达10个世纪的封建主义演进过程中，它却得到了充分发育。当然，中国封建主义之短促，进一步的原因在于国家的早熟性的介入，而在西欧，国家则是封建主义解体的产物。

中间层的发育程度进一步决定着一国社会的基本结构与制度演进绩效。在西欧，封建贵族与平民之间的契约关系以及产权保护孕育了中间层最初的胚胎，这种胚胎在产权保护由领主向国家逐步传递的同时发育为独立的商业贸易阶层。到后来，该阶层又把商业利润投资于工业，形成了产业资本家，在此基础上，富有创新精神的企业家与银行家阶层迅速崛起，成为制度创新与经济增长的主要推动者。不仅如此，市场规则与法律制度最终也被以上过程合乎逻辑地内生出来。进一步地，中间层一旦确立，社会便会形成稳定而有效的三重结构。在市场和法律制度正常发挥作用的情况下，一方面，国家的暴力潜能受到约束，其提供公共产品的效率随之提高；另一方面，分散于下层的资源也会得到充分动员与有效配置。可是，在中国，国家长期以来一直控制和支配着社会经济生活。由于没有相应的缓冲与制衡机制，制度演进深深地陷入了二重结构困境并呈现出显著的周期性。最终，这样一个早在春秋时期就已开始出现私有产权形式与经济自由的国度并没能把握住发展的机遇。

本文的讨论还发现，普遍主义与社会三重结构并行不悖，而二重结构则往往只能导出特殊主义。在中国，儒教伦理自汉代起逐渐确立其地位，而且由意识形态迅速上升为正式制度安排（礼法），这显然具有替代三重结构中产权与法律制度安排的意义。任何社会都需要均衡与协调机制，这种机制在三重结构中是由中间层提供的，而在二重结构中，由于不存在中间层，就只能由儒教伦理来充当了。儒家意识形态固然有助于降低国家控制社会经济的成本，但同时也把社会分割成许许多多小的信任系统（或圈子），使特殊主义进一步蜕变为关系主义，由此限制了合作秩序的扩展。在这里，日本的经验值得格外珍视。日本的成功并不像人们通常所说的那样主要是依赖于与中国同源的儒教伦理（特殊主义），恰恰相反，它和西欧一样，成功的关键依然在于其普遍主义（完善的产权与法律制度）。与西欧的不同之处只不过是，在其普遍主义的基础之上，抹上了一层特殊主义的"润滑剂"而已。

值得强调的是，本文的研究除了有助于增进对中国制度结构及其演进过程的理解外，还具有更实际的意义：它可以让我们更加深刻地认识现实中的改革。从总体上看，迄今的改革经历无疑是成功的，它冲击着原有的制度结构并推动了经济的持续增长。但是，毋庸讳言，确立新制度框架所必需的条件并未准备就绪。从某种意义上讲，经济增长以及改革本身的动力与激励基本上是由下层新获得的经济自由提供的，这种经济自由曾经一度被中央计划经济体制所禁锢。可是，仅凭下层经济的活跃并不能说明制度变迁所真正达到的水平。因为我们已知，古代中国的下层交易与社会流动就曾经十分广泛，而同样的情形在印度与非洲的许多发展中国家也随处可见（布罗代尔，1979）。因此我们需要把目光投向其他层次的变迁。可事实表明，无论是起初的分权化改革还是后来的市场化改革，都未能在产权制度创新与市场环境改善方面取得显著进展，企业家阶层的成长进程也十分缓慢。也就是说，中间层尚未在改革中得到真正发育。由此也就不难推断，整个经济运行与资源配置过程仍在很大程度上依赖于国家的行政协调与控制。一方面是强大的国家，另一方面是分散的经济下层组织，这显然是典型的二重结构特征。在这种情况下，经济运行出现周期性的收放循环也就完全在情理之中了。[1] 看来，我们已经触到了问题的要害。实际上，由二重结构转入三重结构，是中国改革所具有的更为深邃的含义。正是在这里，我们遇到了真正的挑战。从一个层面看，中国的改革需要从二重结构的缝隙中发育中间层（区别于西欧逻辑）；从另一个层面看，又需要用特殊主义兼容普遍主义（区别于日本逻辑）。这预示着：如果中国的改革获得成功，将提供一个与西欧、日本经验相映成趣的制度演进例证。

---

[1] 张曙光教授（1995）曾对中国粮食购销制度的变迁过程作过案例分析，他认为，放开粮价，放开经营，只是粮食购销制度变迁的必要条件，而不是充分条件。粮食经营的市场化必须要有独立的市场主体和相应的市场组织，以形成适当的市场结构。否则，粮食市场结构就会呈现出：一方面是强大的国有粮食部门；另一方面是分散的农户和广大消费者，粮食从农民的庄稼地走向消费者餐桌的过程，与其说是按照市场的逻辑运行，不如说是按照行政指令行事。在这种情况下，粮食购销制度变迁过程的反复与收放的死乱循环就成为必然的了。显然，这给本文有关制度演进周期性的观点提供了一个现代注解。

 附录 II

国家控制金融的收益与成本：分项计算资料

表A		*SE*：1979—1996 年	
	M（亿元）	*P*（%）	*SE*（亿元）
1979	267.7	102	54.61
1980	346.2	106	74.06
1981	396.2	102.4	48.83
1982	439.1	101.9	42.10
1983	529.8	101.5	89.36
1984	792.1	102.8	255.16
1985	1 950	108.8	1 064.25
1986	2 420	106.0	443.40
1987	2 720	107.3	279.59
1988	3 580	118.5	725.74
1989	4 420	117.8	713.07
1990	5 770	102.1	1 322.23
1991	7 170	102.9	1 360.54
1992	8 540	105.4	1 299.81
1993	11 340	113.2	2 473.50
1994	14 740	121.7	2 793.76
1995	17 210	114.8	2 151.57
1996	23 790	106.1	6 201.70

资料来源及说明：（1）M 为基础货币，其中 1979—1984 年仅为 M0 值，它连同 1979—1990 年的 *P* 值（物价指数）均引自易纲（1996a）表 8—1、表 8—2。（2）1985—1995 年 M 值引自世界银行（1996b）表 15。（3）1996 年 M 值及 1991—1996 年 *P* 值引自《中国金融展望》（1997）表 3—1、表 3—3。（4）1978 年 M0 值为 212 亿元。（5）M=流通中现金＋法定准备金＋金融机构存款。

表 B BT：1979—1996 年

	L (亿元)	L_r (亿元)	L_i (亿元)	S (亿元)	S_r (亿元)	S_i (亿元)	MC_r (%)	BC (亿元)	MC (亿元)	BP (亿元)	BT (亿元)
	(1)	(2)	(3)	(4)	(5)	(6)	(7)	(8)	(9)	(10)	(11)
			(1)×(2)			(4)×(5)			(7)×(8)	(3)−(6)−(9)	
1979	2 040	4.32	88.13	1 340	3.96	53.06	0.2	2 163	4.32	30.75	6.15
1980	2 414	4.32	104.28	1 659	5.40	89.59	0.2	2 624	5.25	9.44	1.89
1981	2 765	4.32	119.45	2 006	5.40	108.32	0.25	3 048	7.62	3.51	2.17
1982	3 052	5.76	175.8	2 287	5.76	131.73	0.3	3 415	10.25	33.82	23.67
1983	3 431	5.76	197.63	2 676	5.76	154.14	0.3	3 885	11.66	31.83	25.62
1984	4 420	7.92	350.06	3 386	5.76	195.03	0.35	5 080	17.78	137.25	115.29
1985	5 906	10.8	637.85	4 273	6.84	292.27	0.5	6 431	32.16	313.42	250.74
1986	7 590	10.8	819.72	5 382	7.20	387.50	0.68	8 206	55.80	376.42	301.14
1987	9 032	10.8	975.46	6 572	7.20	473.18	0.76	9 976	75.82	426.46	341.17
1988	10 245.7	10.8	1 106.54	6 686.1	8.64	577.68	0.94	11 541	108.49	420.37	336.30
1989	12 064	10.8	1 302.91	7 982.3	11.34	905.19	0.89	13 618	121.20	276.52	193.56
1990	14 759.8	10.8	1 594.06	10 459.4	8.64	903.69	0.79	16 838	133.02	557.35	390.15
1991	17 594.8	9.0	1 583.53	13 299.7	7.56	1 005.46	0.80	20 614	164.91	413.16	289.21
1992	21 081.8	9.0	1 897.35	17 484.3	7.56	1 321.81	0.91	24 269	220.85	354.69	248.28
1993	25 869.7	12.24	3 166.45	21 400.1	10.98	2 349.73	1.00	29 872	298.72	518.00	362.60
1994	32 441.2	12.24	3 970.8	29 331.0	10.98	3 220.54	1.36	40 903	556.28	193.98	135.79
1995	39 249.6	13.5	5 298.7	38 782.6	10.98	4 258.33	1.36	51 382	598.80	441.57	309.10
1996	47 434.7	11.7	5 549.86	49 593.3	8.33	4 128.64	1.40	63 247	885.46	535.76	375.03

资料来源及说明：(1) 本表依据《中国金融展望》(1994—1997)，《1978—1994 中国改革与发展报告：中国的道路》表 7，谢平 (1996) 表 4—1 以及武捷思 (1996) 表 6—7 等有关资料计算。(2) 表中 L 为国有银行贷款额，L_T 为 3 年期固定资产贷款利率，L_i 为贷款利息收入，S 为存款额，S_r 为 1 年期定期存款利率，S_i 为存款利息支出，MC_r 为银行经营费用占资产总额的比率，BC 为银行资产，MC 为经营费用，BP 为国有银行的理论利润，BT 为国有银行的财政贡献估计值。(3) 1997—1985 年以及 1993 年、1995 年、1996 年度的 MC_r 为作者估计值，其余比值为四大国有银行平均值。(4) 之所以称 BP 为理论利润，是因为一方面本表对银行费用与收益的计算相对粗略，另一方面，表中所显示的利润在进入 20 世纪 90 年代以来只是账面利润，许多国有企业的贷款利息难以收回，比如 1996 年应收未收利息高达 1 185 亿元，若考虑到这一因素，则此年银行实际亏损 649.6 亿元。(5) 1996 年的 S_r 值为 5 月 1 日利息率 9.18% 与 8 月 23 日利息率 7.47% 的平均值。(6) 引用此表数值时应谨慎，最好与其他有关资料相互印证。

表 C *FS*: **1979—1996 年**

	FS/GDP（%）	GDP（亿元）	*FS*（亿元）
1979	5.5	2 163	118.97
1980	9.5	2 624	249.28
1981	6.9	3 048	210.31
1982	6.4	3 415	218.51
1983	5.6	3 885	217.56
1984	5.2	5 080	264.16
1985	4.8	6 431	308.69
1986	5.9	8 206	484.15
1987	8.4	11 307	949.79
1988	8.1	14 074.2	1 140.01
1989	8.9	15 997.6	1 423.79
1990	10.3	17 681.3	1 821.17
1991	8.7	21 617.8	1 880.75
1992	8.2	26 638.1	2 184.32
1993	9.8	34 634.4	3 394.17
1994	5.7	46 622.3	2 657.70
1995	5.7	58 260.5	3 320.85
1996	6.0	67 795	4 067.70

资料来源及说明：（1）本表依据《中国统计年鉴》（1992），《中国金融年鉴》（1992），世界银行（1996b），《中国金融展望》（1994—1997）以及《1978—1994 中国改革与发展报告：中国的道路》等资料计算。（2）1979—1986 年的 *FS*/GDP 值仅为财政挤占国有银行资产的比值，相应年份的 GDP 值为国有银行资产值，这种计算显然低估了金融的财政贡献。（3）1996 年的 *FS*/GDP 值为作者估计值。

表 D *MC*: **1979—1996 年**

	MC_r（%）	BC（亿元）	MC（亿元）
1979	0.20	2 163	4.32
1980	0.20	2 624	5.25
1981	0.25	3 048	7.62
1982	0.30	3 415	10.25
1983	0.30	3 885	11.66
1984	0.35	5 080	17.78
1985	0.50	4 141	20.71
1986	0.68	5 376	36.56
1987	0.76	6 756	51.35
1988	0.94	7 481	70.32
1989	0.89	8 598	76.52
1990	0.79	10 268	81.12
1991	0.80	12 364	98.91

续前表

	MC_r（%）	BC（亿元）	MC（亿元）
1992	0.91	14 559	132.49
1993	1.00	16 742	167.42
1994	1.36	23 683	322.09
1995	1.36	30 622	416.46
1996	1.40	36 358	509.01

资料来源及说明：（1）本表数据来源于表 B 中的相应栏目。（2）表中 1985—1996 年的 BC 值系从表 B 的 BC 中剔除了中央银行的资产值得来的，因此相应年份的 MC 值比原来有所减少。

表 E   SC：1985—1996 年

	SC_r（%）	CBC（亿元）	SC（亿元）
1985	0.50	2 290	11.45
1986	0.68	2 830	19.24
1987	0.76	3 220	24.47
1988	0.94	4 060	38.16
1989	0.89	5 020	44.68
1990	0.79	6 570	51.90
1991	0.80	8 250	66.00
1992	0.91	9 710	88.36
1993	1.00	13 130	131.30
1994	1.36	17 220	234.19
1995	1.36	20 760	282.34
1996	1.40	26 888.5	376.44

资料来源及说明：（1）本表依据表 B，世界银行（1996b）表 15 以及《中国金融展望》（1997）表 3—3、表 3—7 等有关数据计算。（2）表中 SC_r 为中央银行资产费用比率，CBC 为中央银行资产。（3）1979—1984 年的 SC 值已包含在表 D 的 MC 值中。（4）本表以国有银行的资产费用比率表示中央银行的资产费用比率，并以经营费用近似地表示监督成本，不宜直接引用。

表 F   SI：1979—1996 年

	S（亿元）	S_r（%）	SI（亿元）
1979	281.0	3.96	11.13
1980	399.5	5.40	21.57
1981	523.7	5.40	28.28
1982	675.4	5.76	38.90
1983	892.5	5.76	51.41
1984	1 214.7	5.76	69.97
1985	1 622.6	6.84	110.99
1986	2 237.6	7.20	161.11
1987	3 073.3	7.20	221.28
1988	3 801.5	8.64	328.45
1989	5 146.9	11.34	583.66

续前表

	S（亿元）	S_r（%）	SI（亿元）
1990	7 034.2	8.64	607.75
1991	9 241.6	7.56	698.66
1992	11 758.0	7.56	888.90
1993	15 203.5	10.98	1 669.34
1994	21 518.8	10.98	2 362.76
1995	29 662.3	10.98	3 256.92
1996	38 520.8	8.33	3 208.78

资料来源及说明：（1）本表依据表B，易纲（1996a）表4—2以及《中国金融展望》（1997）表3—9有关数据计算。（2）本表中S为城乡居民储蓄存款额。

表 G   *BD*：1979—1996年

	BC（亿元）	I_1/BC（%）	BD（亿元）
1979	2 163	1.3	28.12
1980	2 624	3.0	78.72
1981	3 048	0.6	18.29
1982	3 415	1.3	44.40
1983	3 885	0.5	19.43
1984	5 080	0.04	2.03
1985	6 431	0.2	12.86
1986	8 206	1.1	90.27
1987			850
1988			1 110
1989			1 560
1990			1 740
1991			1 862
1992			3 000
1993			6 500
1994			7 000
1995			8 000
1996			10 000

资料来源及说明：（1）表中 I_1/BC 为银行垫补企业亏损占BC的比值，依照《中国统计年鉴》（1992）和《中国金融年鉴》（1992）有关数据计算。不过，依此算出的BD值显然偏小。因为，1980年以后国有银行开始发放固定资产贷款，1985年又将国家给国有企业的拨款改为贷款，出现了一批无资本金或资本金很少、几乎全靠贷款建立的企业。1984—1988年间，财政欠拨流动资金365亿元，1985—1988年间，财政欠补企业亏损1493.7亿元（蔡重直，1992，第245~249页）。在此情况下，无论资金使用效率如何，总会有一部分贷款成为不良债权。（2）1987—1990年的BD值引自世界银行（1996b）表A3—1，为银行向国有企业赤字的融资额，该数值与国有银行不良债权十分近似。（3）关于1991—1996年的BD值，理论界的说法最为杂乱，本表依照一些权威性文献对此进行了力所能及的估计，由于所涉文献篇目繁多，恕不逐一列举。

表 H 国家控制金融的收益与成本分项比重：1979—1996 年 （%）

	SE	BT	FS	MC	SC	SI	BD
1979	30.38	3.42	66.19	9.92		25.55	64.54
1980	22.77	0.58	76.64	4.97		20.44	74.59
1981	18.69	0.83	80.48	14.06		52.19	33.75
1982	14.81	8.33	76.86	10.96		41.58	47.46
1983	26.87	7.70	65.42	14.13		62.32	23.55
1984	40.21	18.17	41.63	19.80		77.93	2.26
1985	65.55	15.44	19.01	13.27	7.34	71.14	8.24
1986	36.09	24.51	39.40	11.90	6.26	52.45	29.39
1987	17.80	21.72	60.47	4.48	2.13	19.29	74.10
1988	32.96	15.27	51.77	4.55	2.47	21.23	71.76
1989	30.60	8.31	61.10	3.38	1.97	25.77	68.88
1990	37.42	11.04	51.54	3.27	2.09	24.50	70.14
1991	38.54	8.19	53.27	3.63	2.42	25.63	68.32
1992	34.82	6.65	58.52	3.22	2.15	21.63	73.00
1993	39.70	5.82	54.48	1.98	1.55	19.71	76.76
1994	50.00	2.43	47.57	3.25	2.36	23.82	70.57
1995	37.21	5.35	57.44	3.48	2.36	27.24	66.91
1996	58.26	3.52	38.21	3.61	2.67	22.77	70.95
平均值	35.15	9.29	55.55	7.44	2.98	35.29	55.29

资料来源：同本书表 2—5。

参考文献

[1] T.埃格特森. 新制度经济学. 北京：商务印书馆，1990. 76～83

[2] J.鲍威尔逊. 中国发展中的财产所有权问题：历史的比较. 见：汪熙，杜恩. 中国经济改革：问题与前景. 上海：复旦大学出版社，1994. 118～132

[3] R.贝拉. 德川宗教——现代日本的文化渊源. 北京：三联书店，1997

[4] D.布迪. 中国法律的基本概念. 见：布迪，莫里斯. 中华帝国的法律. 南京：江苏人民出版社，1995. 1～35

[5] D.布迪. 秦国和秦帝国. 见：崔瑞德，鲁惟一. 剑桥中国秦汉史. 北京：中国社会科学出版社，1992. 34～116

[6] J.M.布坎南. 自由、市场与国家. 上海：上海三联书店，1988

[7] F.布罗代尔. 15至18世纪的物质文明、经济和资本主义. 北京：三联书店，1993

[8] 蔡重直. 中国通货膨胀形成的研究. 北京：中国人民大学出版社，1992

[9] 陈来. 现代化理论视野中的东亚传统. 读书，1997（3）：3～12

[10] 陈剑波. 乡镇企业的产权结构及其对资源配置效率的影响. 经济研究，1995（9）：24～32

[11] 崔之元. 对中国发展股份制和股票市场的思考. 见：中国（海南）改革发展研究院. 中国走向市场经济的理论与现实. 北京：新华出版社，1995. 202～206

[12] 樊纲. 我对经济学方法论若干问题的理解. 见：江苏人民出版社编. 当代中国百名经济学家自述（1）. 南京：江苏人民出版社，1992. 881～903

[13] 樊纲. 双轨制过渡——中国渐进式市场化改革的成就与问题. 见：樊

纲. 走向市场（1978—1993）. 上海：上海人民出版社，1994

[14] 樊纲. 渐进改革的政治经济学分析. 上海：上海远东出版社，1996

[15] 樊纲等. 公有制宏观经济理论大纲. 上海：上海三联书店，1990

[16] 范一飞. 国民收入流程及分配格局分析. 北京：中国人民大学出版社，1994

[17] 费孝通. 乡土中国. 北京：三联书店，1985

[18] J. K. 费正清，E. 赖肖尔. 中国：传统与变革. 南京：江苏人民出版社，1995. 58～77

[19] 高培勇. 国债运行机制研究. 北京：商务印书馆，1995

[20] R. W. 戈德史密斯. 金融结构与金融发展. 上海：上海三联书店，1988

[21] 国际货币基金组织. 中国经济改革的新阶段. 北京：中国金融出版社，1995

[22] 国家外汇管理局. '95 中国外债发展报告. 北京：中国财政经济出版，1995

[23] 郭克莎. 中国：改革中的经济增长与结构变动. 上海：上海三联书店，1993

[24] T. 赫尔曼，K. 穆尔多克，J. 斯蒂格利茨. 金融约束：一个新的分析框架. 见：青木昌彦，金滢基，奥野正宽. 政府在东亚经济发展中的作用. 伦敦：牛津大学出版社，北京：中国经济出版社，1998

[25] 何怀宏. 世袭社会及其解体——中国历史上的春秋时代. 北京：三联书店，1996

[26] S. 亨廷顿. 变化社会中的政治秩序. 北京：三联书店，1989. 152～160

[27] 洪银兴等. 发展资金论. 北京：人民出版社，1992

[28] 胡汝银. 低效率经济学：集权体制理论的重新思考. 上海：上海三联书店，1992

[29] 黄小祥. 通货膨胀与经济增长，管理世界，1988（2）：47～56

[30] 霍夫亨兹，柯德尔. 东亚之锋. 南京：江苏人民出版社，1982. 53～64

[31] 加藤繁. 中国经济史考证（1～4）. 北京：商务印书馆，1959—1963

[32] 柯荣柱. 长期谈判的均衡问题：制度变迁与博弈——兼论"科斯定理"的改进. 中国社会科学季刊（香港），1997，春夏季卷：78～93

[33] B. 肯尼迪. 大国的兴衰. 北京：中国经济出版社，1989. 4～10

[34] E，赖肖尔. 当代日本人——传统与变革. 北京：商务印书馆，1992. 103～184

[35] 勒帕日. 美国新自由主义经济学. 北京：北京大学出版社，1985

[36] 李稻葵. 转型经济中的模糊产权理论. 经济研究，1995（4）：42～50

[37] 李悦等. 中国工业部门结构. 北京：中国人民大学出版社，1983

[38] 梁漱溟. 乡村建设理论. 见：梁漱溟全集. 第2卷. 济南：山东人民出版社，1990

[39] 林毅夫. 关于制度变迁的经济学理论：诱致性变迁与强制性变迁. 见：科斯，阿尔钦，诺斯. 财产权利与制度变迁——产权学派与新制度学派译文集. 上海：上海三联书店，上海人民出版社，2004. 371～409

[40] 林毅夫等. 李约瑟之谜：工业革命为什么没有发源于中国. 见：制度、技术与中国农业发展. 上海：上海三联书店，上海人民出版社，1992

[41] 林毅夫等. 中国的奇迹：发展战略与经济改革. 上海：上海三联书店，上海人民出版社，1994

[42] 林毅夫等. 充分信息与国有企业改革. 上海：上海三联书店，上海人民出版社，1997

[43] 铃木淑夫. 现代日本金融论. 上海：上海三联书店，1991. 85～123

[44] W. A. 刘易斯. 经济增长理论. 上海：上海三联书店，上海人民出版社，1994

[45] 鲁利玲，沈莹. 国有企业改组中的债务处理. 北京：经济科学出版社，1997

[46] C. 罗兰德. 东欧所有制转型中的政治经济学问题. 见：青木昌彦，钱颖一. 转轨经济中的公司治理结构——内部人控制和银行的作用. 北京：中国经济出版社，1995. 43～72

[47] 马洪. 现代中国经济事典. 北京：中国社会科学出版社，1982

[48] A. 麦迪森. 世界经济200年回顾. 北京：改革出版社，1997. 27～29

[49] R. I. 麦金农. 经济发展中的货币与资本. 上海：上海三联书店，1988

[50] R. I. 麦金农. 经济市场化的次序—向市场经济过渡时期的金融控制. 上海：上海三联书店，上海人民出版社，1996

[51] D. 诺思. 经济史中的结构与变迁. 上海：上海三联书店，1991

[52] D. 诺思. 制度、制度变迁与经济绩效. 上海：上海三联书店，1990

[53] 钱颖一. 中国的公司治理结构改革和融资改革. 见：青木昌彦，钱颖一. 转轨经济中的公司治理结构——内部人控制和银行的作用. 北京：中国经济出版社，1995. 113～150

[54] 秦朵. 改革以来的货币需求关系. 经济研究，1997（10）：16～25

［55］森岛道夫. 日本为什么"成功". 成都：四川人民出版社，1986

［56］沈莹. 银企重组模式的国际比较. 中国证券报，1997－07－03，1997－07－10，1997－07－31

［57］盛洪. 分工与交易——一个一般理论及其对中国非专业化问题的应用分析. 上海：上海三联书店，上海人民出版社，1994

［58］盛洪. 关于中国市场化改革的过渡过程的研究. 经济研究，1996（1）：68～80

［59］世界银行. 中国：宏观经济稳定与工业增长. 北京：中国财政经济出版社，1990

［60］世界银行. 1989 年世界发展报告：金融体系与发展. 北京：中国财政经济出版社，1989

［61］世界银行. 1996 年世界发展报告：从计划到市场. 北京：中国财政经济出版社，1996

［62］世界银行. 中国经济：治理通胀、深化改革. 北京：中国财政经济出版社，1996

［63］世界银行. 2020 年的中国：新世纪的发展挑战. 北京：中国财政经济出版社，1997

［64］史晋川等. 市场深化中民间金融业的兴起——以浙江路桥城市信用社为例. 经济研究，1997（12）：45～50

［65］T. W. 舒尔茨. 制度与人的经济价值的不断提高. 见：财产权利与制度变迁——产权学派与新制度学派译文集. 上海：上海三联书店，上海人民出版社，1995

［66］J. 斯蒂格利茨. 政府在经济发展中的作用. 经济导刊，1997（6）：1～8

［67］M. 泰格，M. 利维. 法律与资本主义的兴起. 上海：学林出版社，1996. 3～53

［68］田国强. 内生产权所有制理论与经济体制的平稳转型. 经济研究，1996（11）：11～20

［69］王继祖. 金融深化论：20 年来的发展与影响. 南开经济研究，1997（5）：34～44

［70］王军. 中国资本流出的总量与结构分析. 改革，1996（5）：91～101

［71］王绍光，胡鞍钢. 关于中国国家能力的研究报告. 见：集权与分权——中央与地方关系的构建. 北京：经济科学出版社，1996. 12～42

［72］M. 韦伯. 儒教与道教. 洪天富译. 南京：江苏人民出版社，1995

[73] 武捷思. 中国国有商业银行行为研究. 北京：中国金融出版社，1996

[74] 吴敬琏等. 国有经济的战略性改组. 北京：中国发展出版社，1998

[75] 吴少新. 中国金融风险：现状、成因与防范. 金融体制改革，1997（8）：2～15

[76] 吴晓灵. 中国国有企业——银行债务重组问题. 经济社会体制比较，1995（3）：11～21

[77] 吴晓灵等. 中国金融体制改革跟踪研究. 改革，1997（3）：64～75；1997（4）：83～98

[78] J. 希克斯. 经济史理论. 北京：商务印书馆，1987

[79] E. J. 夏皮罗. 宏观经济分析. 北京：中国社会科学出版社，1985

[80] 肖耿. 中国的金融改革：制度演变、理论与政策. 中国社会科学季刊（香港），1995，秋季卷：52～65

[81] 肖耿. 产权与中国的经济改革. 北京：中国社会科学出版社，1997

[82] J. G. 谢和耐. 中国社会史. 耿升译. 南京：江苏人民出版社，1995. 55～70

[83] 谢平. 中国金融制度的选择. 上海：上海远东出版社，1996

[84] 谢平，俞乔. 中国经济市场化过程中的货币总量控制. 管理世界，1996（4）：45～55；1996（5）：29～40

[85] 许健. 中国经济转轨中的货币控制. 北京：中国金融出版社，1997

[86] 许小年. 信息、企业监控和流动性. 改革，1996（4）：77～86；1996（5）：39～43

[87] 许倬云. 求古篇. 台北：联经出版事业有限公司，1982

[88] 许倬云. 西周史. 北京：三联书店，1994

[89] 薛暮桥. 中国社会主义经济问题研究. 北京：人民出版社，1979

[90] 亚里士多德. 政治学. 北京：商务印书馆，1965

[91] 杨瑞龙. 现代企业产权制度. 北京：中国人民大学出版社，1996

[92] 杨瑞龙. 我国制度变迁方式转换的三阶段论——兼论地方政府的制度创新行为. 经济研究，1998（1）：3～10

[93] 杨小凯. 当代经济学与中国经济. 北京：中国社会科学出版社，1997

[94] 杨晓维. 中国经济学对方法的选择及其他——兼答对《案例集》的评论. 中国社会科学季刊（香港），1997，春夏季卷：254～258

[95] 易纲. 中国的货币需求与通货膨胀. 经济研究，1995（5）：51～58

[96] 易纲. 中国的货币、银行和金融市场：1984—1993. 上海：上海三联

书店，上海人民出版社，1996

[97] 易纲. 中国金融资产结构分析及其政策含义. 经济研究，1996b（12）：26～33

[98] 臧旭恒. 中国消费函数分析. 上海：上海三联书店，上海人民出版社，1995

[99] 张春霖. 论国有企业的债务问题. 改革，1996（1）：22～33

[100] 张春霖. 从破产、兼并试点看国有企业改革. 改革，1997（4）：9～18

[101] 张风波. 中国宏观经济结构与政策. 北京：中国财政经济出版社，1988

[102] 张杰. 天圆地方的困惑——中国货币历史文化之总考察. 北京：中国金融出版社，1993

[103] 张杰. 中国经济体制变革中的财产权利. 经济学家，1994（4）：5～16

[104] 张杰. 中国金融改革的检讨与进一步改革的途径. 经济研究，1995a（5）：3～10

[105] 张杰. 中国金融成长的经济分析. 北京：中国经济出版社，1995b

[106] 张杰. 地方政府的介入与金融体制变异. 经济研究，1996（3）：21～26

[107] 张杰. 中国的货币化进程、金融控制与改革困境. 经济研究，1997a（8）：20～25

[108] 张杰. 国有银行的不良债权与清债博弈. 经济学家，1997b（6）：55～63

[109] 张杰. 中国金融改革的内在逻辑. 新闻报，1998a

[110] 张杰. 中国国有金融体制变迁分析. 北京：经济科学出版社，1998b

[111] 张军. 现代产权经济学. 上海：上海三联书店，上海人民出版社，1994

[112] 张军. 双轨制经济学：中国的经济改革（1978—1992）. 上海：上海三联书店，上海人民出版社，1997a

[113] 张军. 改革后中国农村的非正规金融部门：温州案例. 中国社会科学季刊（香港），1997b. 秋季卷：22～37

[114] 张曙光. 国家能力与制度变革和社会转型——兼评《中国国家能力报告》. 中国书评（香港），1995a（3）

[115] 张曙光. 放开粮价，取消粮票——中国粮食购销制度变迁研究. 见：中国制度变迁的案例研究（第1集）. 上海：上海人民出版社，1995b. 266～303

[116] 张曙光. 推进实证与融入主流——答谢周其仁和张军博士. 中国社会科学季刊（香港），1997，春夏季卷：247～253

[117] 张维迎. 中国国有企业改革的理性思考. 中华工商时报, 1995-01-23

[118] 张维迎. 博弈论与信息经济学. 上海: 上海三联书店, 上海人民出版社, 1996

[119] 张亦春, 周颖刚. 不对称信息、企业改革和证券市场. 经济研究, 1997 (5): 24～30

[120] 郑先炳. 利息导论. 北京: 中国金融出版社, 1991

[121] 郑也夫. 代价论——一个社会学的新视角. 北京: 三联书店, 1995. 41～56

[122] 中国改革与发展报告专家组. 1992—1993 中国改革与发展报告: 新的突破与新的挑战. 北京: 中国财政经济出版社, 1994

[123] 中国改革与发展报告专家组. 1978—1994 中国改革与发展报告: 中国的道路. 北京: 中国财政经济出版社, 1995

[124] 中国工商银行湖南省分行课题组. 国有企业过度负债问题探讨. 中国工业经济, 1996 (4): 26～34

[125] 中国金融年鉴. 历年

[126] 中国人民银行. 1979—1986 年中国货币流动调查. 北京: 中国金融出版社, 1988

[127] 中国人民银行. 中国金融展望 (1994－1997)

[128] 中国统计年鉴. 历年

[129] 中国统计师事务所. 中国国情报告: 1978—1995. 北京: 中国统计出版社, 1996

[130] 周其仁. 中国农村改革: 国家与土地所有权关系的变化——一个经济制度变迁史的回顾. 见: 北京天则经济研究所编. 中国经济学——1994. 上海: 上海人民出版社, 1995. 26～89

[131] 周小川. 企业和银行关系的重建. 改革, 1994 (6): 72～83

[132] 周小川等. 企业改革: 模式选择与配套设计. 北京: 中国经济出版社, 1994

[133] 朱玲. 有感于农村金融机构的重组与分设. 改革, 1995 (4): 12～14

[134] 左大培. 中国经济学现代化的探索——评《中国经济学 1994》. 经济研究, 1996 (4): 61～63

[135] Chao, Kang, 1986, Man and Land in Chinese History: An Economic Analysis, Stanford: Stanford University Press.

[136] Chen, Chien-Hsun, 1989, Monetary Aggregates and Macroeconomic

Performance in Mainland and China, *Journal of Comparative Economics*, June, Vol. 13, No. 2, 314-324.

[137] De Wulf, Luc & David Goldsbrough, 1986, The Evolving Role of Monetary Policy in China, IMF Staff Papers, June, pp. 209-242.

[138] Feltenstein, A. & Ziba Farhadian, 1987, Fiscal Policy, Monetary Targets, andthe Price Level in a Centrally Planned Economy: An Application to the Case of China, *Journal of Money*, *Credit and Banking*, Vol. 19, No. 2, pp. 137-156.

[139] Fry, M. J. , 1978, Money and Capital of Financial Deepening in Economic Development?, *Journal of Money*, *Credit and Banking*, 10 (4), November.

[140] Fry, M. J. , 1982, Models of Financially Repressed Developing Economics, *World Development*, 10 (9), September.

[141] Fry, M. J. , 1988, Money, Interest and Banking in Economic Development, The John Hopkins University Press.

[142] Gelb, A. H. , 1989, Financial Policies, Growth and Efficiency. World Bank working paper, *Country Economics Department*, No. WPS 202.

[143] Golbis, V. , 1977, Financial Intermediation and Economic Growth in Less Developed Countries: A Theoretical Approach, *Journal of Development Studies*, 13 (2), January.

[144] Gordon, H. S. , 1954, The Economic Theory of a Common Property Resource: The Fishery, *Journal of Political Economy* 62 (April), pp. 124-144.

[145] Hayek, F. A. , 1944, The Road to Serfdom, Chicago, University of Chicago Press.

[146] Hayek, F. A. , 1945, The Use of Knowledge in Society, *American Economic Review*, 35, pp. 519-530.

[147] Holt, R. & Turner, J. , 1966, The Political Basis of Economic Development (Princeton, N. J. , Van Nostrand), Passim, but esp. pp. 233-291.

[148] IMF, 1983, International Financial Statistics, Washington, D. C.

[149] Kitchen, R. L. , 1986, Finance for the Developing Countries, John Wiley & Suns.

[150] Kapur, B. K. , 1976a, Two Approaches to Ending Inflation, in

Money and Finance in Economic Growth and Development. Essays in Honor of E. S. Shaw, edited by R. I. Mckinnon, New York: Marcel Dekker.

[151] Kapur, B. K. , 1976b, Alternative Stabilization Policies for Less Development Economies, *Journal of Political Economy*, 84, August.

[152] Lockwood, W. , 1956, Japan's Response to the West: The Contrast with China. World Politics, 9, 38-41.

[153] Mathieson, D. J. , 1978, Financial Reform and Stabilization Policy in a Developing Economy, unpublished, Research Department, International Monetary Fund, March.

[154] Mckinnon, R. I. , 1973, Money and Capital in Economic Development, Washington.

[155] Naughton, B. , 1994, Reforming Planned Economy: Is China Unique? in Lee, C. , and Reisen, H. , eds, From Reform to Growth: China and Other Countries in Transition, Development Centre, OECD, Paris, France.

[156] Nee, V. , 1992, Organizational Dynamics of Market Transition: Hybrid Forms, Property Rights, and Mixed Economy in China, *Administrative Science Quarterly*, Vol. 37, No. 1.

[157] Needham, Joseph, 1986, Introduction: in Robert K. G. Temple. China Land of Discovery and Invention, Wellingborough: Patrick Stephens.

[158] Portes, R. & Santorum, 1987, Money and the Consumption Goods Market in China, *Journal of Comparative Economics*, Vol. 11, pp. 354-371.

[159] Qian, YingYi, 1993, Lessons and Relevance of the Japanese Main Bank System for Financial Reform in China, Center for Economic Policy Research, Stanford University Press.

[160] Reischauer, E. , 1957, The United States and Japan. rev. ed. Cambridge, Mass. , Harvard University Press.

[161] Reischauer, E. & Fairbank, J. K. , 1960, East Asia: The Great Tradition, Boston, Houghton Mifflin, pp. 672-673.

[162] Sachs, J. & Woo, W. , 1994a, Structural Factors in the Economic Reforms of China, Eastern Europe and the Former Soviet Union, Economic Policy, April.

[163] Sachs, J. & Woo, W. , 1994b, Understanding the Reform Experi-

ences of China, Eastern Europe and Russia, in Lee, C., and Reisen, H.,
eds, From Reform to Growth: China and Other Countries in Transition, Devel-
opment Certre, OECD, Paris, France.

[164] Shaw, E. S., 1973, Financial Deepening in Economic Development,
New York.

[165] Stiglitz, J. E., 1993, Economics, W. W. Norton of Company, Inc.

[166] Stiglitz, J. E., and Weiss, A., 1981, Credit Rationing in Markets
with Imperfect Information, *American Economics Review*, 71: 393−410.

[167] Varian, H. R., 1990, Intermediate Microeconomics, W. W. Norton
& Company, New York, London.

[168] Williamson, J., 1975, Markets and Hierarchies: Analysis and An-
titrust Implications, New York, Free Press.

[169] World Bank, 1995, The Emerging Asian Bond Market. International
Financial Statistics.

[170] World Bank, 1996, China Reform of State-owned Enterprises, Re-
port No. 14924−CHA, China and Mongolia Department, East Asia and Pacific
Region, June 21.

第一版后记

　　本书旨在刻画1978年以来中国金融制度的结构及其变迁过程，同时也为分析这一过程提供一个新的理论框架。从理论史的角度考察，运用现代经济学理论解释某一特定时期的制度变迁过程，在西方已有世所公认的成功先例（如诺思等的研究）；在中国，它也吸引着越来越多的经济学家（尤其是年青一代的经济学家）的研究兴趣。事实上，对20世纪70年代末期开始的经济体制转轨过程进行严肃认真的经济学分析，既是中国经济学家义不容辞的责任，也是推动中国经济学步入现代（主流）发展轨道的迫切需要。本书愿为此尽一份微薄之力。

　　我对中国金融制度变迁问题的最初研究可以追溯到1987年。当时我对中国2000年来货币金融制度的历史演进轨迹产生了浓厚兴趣，经过数年努力，其最终研究成果《天圆地方的困惑——中国货币历史文化之总考察》（硕士学位论文）由中国金融出版社于1993年出版。但从严格意义上讲，这项成果并不能纳入金融制度变迁分析的范畴，因为它只着眼于历史描述与文化反思，尽管研究本身触及和揭示了一系列十分有意义的命题。1990年以后，我开始关注中国金融改革与发展问题，先后出版了《中国金融成长的经济分析》（中国经济出版社1995年版，博士学位论文）与《中国国有金融体制变迁分析》（经济科学出版社1998年版，博士后研究课题），另有一些研究成果发表在《经济研究》、《经济学家》和《改革》等学术期刊上。从总体上讲，这一时期的研究虽不乏新的理论尝试，但却没有形成某种系统的分析框架。相比之下，本书则试图通过确立一系列具有内在逻辑联系的理论模型（或假说），把有关中国金融制度结构及其变迁总体图景的描述与分析包容于一个前后贯穿一致的理论架构之中。

　　我要首先感谢复旦大学经济学院的伍柏麟教授，他使我有机会参与由他主持的"中国经济改革 20 年系列研究"项目，该项目被列为上海市社科"九五"重点研究课题。在他的鼓励与鞭策之下，我得以重新梳理积累多年的研究思路，他那提挈后学、给青年学人以机会的风范将使我终身受益。在本书写作过程中，我有幸得到陈观烈教授的指点，特别值得一提的是，他对作为本书"附录 I"的那篇论文提出了十分具体而中肯的修改意见。但是由于种种原因，一直到本书完稿付梓之时，我都未能很好地吸收这些意见，对此我深感遗憾和不安。本书的构思与写作占用了我在复旦大学经济学博士后流动站工作时的绝大部分时间，国际金融系的姜波克教授、胡庆康教授以及研究生院博士后办公室的顾美娟老师自始至终给予我多方面的关心与支持，在此一并表示衷心的感谢。在此期间，我还十分幸运地与这里的许多青年学者愉快相处和讨论问题。在为本书写作提纲所召集的一次讨论会上，我从黄亚钧博士、张军博士、袁志刚博士、华民博士等的评论中获益良多。当然，对本书中可能出现的任何错误，本人愿承担全部责任。

我要对山西经济出版社在学术著作出版方面所表现出的远见与勇气表示敬意，感谢该社李肖敏女士与寇志宏先生在本书出版过程中所付出的努力与心血。

在本书出版之际，我还要向我远在甘肃老家的母亲表达深深的思念与歉疚之意。屈指算来，已有将近五载未能回家探望，让她老人家饱尝倚门盼归之苦。同时，谨以此书纪念我的父亲。我今日之所以矢志于治学之途，不无受他当年启蒙之影响。

最后我要感谢我的妻子陈未，她为本书所作出的牺牲是难以言表的。可以说，没有她的理解、鼓励和支持，本书的完成与出版将难以想象。

张 杰

1998 年 7 月 28 日于古城西安